CUADERNO DE PRACTICA

¡AVANCE!

Intermediate Spanish

SEPT 2005

¡AVANCE!

Intermediate Spanish

Mary Lee Bretz
Professor Emerita
Rutgers University

Trisha Dvorak
University of Washington

Rodney Bransdorfer
Central Washington University

Contributing Writers:
Miryam Criado
Rutgers University

José Manuel Reyes
Rutgers University

José Luis Suárez
Colorado State University

Boston   Burr Ridge, IL   Dubuque, IA   Madison, WI   New York   San Francisco   St. Louis
Bangkok   Bogotá   Caracas   Kuala Lumpur   Lisbon   London   Madrid   Mexico City
Milan   Montreal   New Delhi   Santiago   Seoul   Singapore   Sydney   Taipei   Toronto

The **McGraw·Hill** Companies

This is an ⌐FBI book.

Published by McGraw-Hill, an imprint of The McGraw-Hill Companies, Inc., 1221 Avenue of the Americas, New York, NY 10020. Copyright © 2004 by McGraw-Hill. All rights reserved. No part of this publication may be reproduced or distributed in any form or by any means, or stored in a database or retrieval system, without the prior written consent of The McGraw-Hill Companies, Inc., including, but not limited to, in any network or other electronic storage or transmission, or broadcast for distance learning.

This book is printed on acid-free paper.

Vice president and Editor-in-chief: *Thalia Dorwick*
Publisher/Sponsoring editor: *William R. Glass*
Development editor: *Fionnuala McEvoy*
Media producer: *David Edwards*
Executive marketing manager: *Nick Agnew*
Senior project manager: *David Staloch*
Production supervisor: *Randy Hurst*
Associate supplement producer: *Mel Valentín*
Compositor: *Interactive Composition Corporation*
Typeface: *10/12 Palatino*
Printer: *Quebecor/Dubuque*

Grateful acknowledgment is made for the use of the following material:

Realia: *Page 17* Henninger Española; *69* © Quino/Quipos; *92* (*top and bottom*) Reprinted with permission of *Buenhogar,* Editorial América, S. A.; *114* © Joaquín S. Lavado, Quino, Toda Mafalda, Ediciones de La Flor, 1997; *123* © Quino/Quipo; *147* Copyright, Nissan (2000). Nissan and the Nissan logo are registered trademarks of Nissan; *148* Courtesy of SEAT S.A.; *166* © Joaquín S. Lavado, Quino, Hombres de bolsillo, Ediciones de La Flor; *167* © Quino/Quipos; *170* © Quino/Quipos; *196* Reprinted with permission of *Muy Interesante;* illustration: Michael Witte/Gerald & Cullen Rapp, Inc.; *244* © Juan Ballesta/ Quipos; *268* © Quino/Quipos; *294* © Quino/Quipos.

Photographs: All photographs courtesy of Edge Productions.

http://www.mhhe.com

Contents

Preface to the Student

The *Cuaderno de práctica* is designed to help you strengthen your skills in both listening comprehension and oral and written expression in Spanish. It contains a variety of exercises developed around the themes and structures of the corresponding chapters of *¡Avance!* including many exercises based on visuals and authentic cartoons, ads, and selections from Hispanic newspapers and magazines. Each chapter of the *Cuaderno* has two main parts: **Expresión oral y comprensión** and **Práctica escrita y composición.**

The materials in **Expresión oral y comprensión** are meant to be used with the *Audio Program* to accompany *¡Avance!* and contain a variety of exercises to help you improve your ability to speak and understand conversational Spanish. The exercises are organized into three main sections.

- In the **Describir y comentar** section, you will practice recognizing and using the words and expressions from the **Vocabulario para conversar** presented in the corresponding chapter of *¡Avance!* The brief passages in this section will help you practice listening for general information as well as for specific details.
- The **Lengua** section contains exercises to practice the chapter grammar.
- In the **Enlace** section, you will practice a variety of listening comprehension tasks. The listening comprehension material in **Voces** gives you a chance to pull your skills together, as well as to learn more about the topic of the corresponding chapter in *¡Avance!* **Voces** contains personal commentaries on the chapter theme by individuals from all over the Hispanic world.
- In the **Pronunciación y ortografía** section, you will have an opportunity to review and practice Spanish pronunciation, spelling, and accentuation. Note that the pronunciation exercises are found on a separate pronunciation Audio CD that is part of the *Audio Program.*

The second main part of the *Cuaderno de práctica* is **Práctica escrita y composición.** Exercises and activities, designed to reinforce your understanding of the grammatical structures and vocabulary of the chapter, are organized into five main sections.

- In the **Describir y comentar** section, you will get further practice in each chapter's vocabulary.
- The **Lengua** section contains further practice in the chapter grammatical structures. Depending on its occurrence in the main text, the **Estrategias para la comunicación** appears either in the **Describir y comentar** or the **Lengua** section.
- The **Enlace** section and **Repaso: Párrafo de síntesis** review key vocabulary and structures presented. These are followed by **¡Ojo!**, which gives you another opportunity to practice the word groups of the corresponding section of *¡Avance!*
- In the **Análisis y aplicación: Composición** section you will work through writing exercises specially designed to help you improve your written communication skills.
- In the **Pasaje cultural,** you will have another opportunity to review the *Video to accompany ¡Avance!*

So that you can check your work and mark your own progress, the answers to almost all of the exercises in **Práctica escrita y composición** are given in the answer section at the back of the *Cuaderno de práctica.* Answers to the following types of exercises are not included.

- most English-to-Spanish translations
- **Estrategias para la comunicación**
- most exercises in the **Análisis y aplicación** sections
- any exercise that calls for a personalized answer or requires a creative response

Exercises in the *Cuaderno de práctica* whose answers are not included on the audio program or in the answer section are marked with a double asterisk (**).

CAPITULO 1

Tipos y estereotipos

EXPRESION ORAL Y COMPRENSION

Describir y comentar

A. Escuche las siguientes palabras y repítalas en la pausa. Entonces escuche cada palabra otra vez, compare su pronunciación con la que oye en el programa auditivo y repita la palabra una vez más.

asociar	el/la deportista	extrovertido/a
pertenecer	el estereotipo	introvertido/a
	el estudioso / la	listo/a
la apariencia	estudiosa	perezoso/a
el/la atleta	la imagen	pesado/a
un tipo muy atlético	el rasgo	preconcebido/a
el/la bromista		sensible
el/la bromista de	bruto/a	típico/a
la clase	cómico/a	tonto/a
la característica	coquetón/coqueta	torpe
la costumbre	estudioso/a	trabajador(a)

B. Mire la lista de vocabulario del ejercicio A mientras escucha las siguientes oraciones y preguntas. Diga la palabra que mejor corresponda a cada contexto. Repita la respuesta correcta después de oírla en el programa auditivo.

1. ... 2. ... 3. ... 4. ... 5. ...

C. Ud. oirá un breve texto que describe el dibujo (de la siguiente página) y después una serie de afirmaciones. Escuche el texto e identifique a quién se describe: a David, a Luis o a ninguno de los dos. Oirá el texto y las afirmaciones dos veces.

	DAVID	LUIS	NINGUNO
1.	☐	☐	☐
2.	☐	☐	☐
3.	☐	☐	☐
4.	☐	☐	☐
5.	☐	☐	☐
6.	☐	☐	☐

D. Ud. oirá un breve texto que describe el dibujo (a continuación) y después una serie de afirmaciones. Escuche el texto e indique si cada afirmación es cierta o falsa. Oirá el texto y las afirmaciones dos veces.

	C	F
1.	☐	☐
2.	☐	☐
3.	☐	☐
4.	☐	☐
5.	☐	☐
6.	☐	☐

Lengua

1. GENDER AND NUMBER OF NOUNS

Escuche los siguientes sustantivos y repítalos, dando la forma correcta del artículo definido. Repita la respuesta correcta después de oírla en el programa auditivo.

> MODELOS: examen → *el examen*
>
> madres → *las madres*

1. padre
2. actitud
3. estereotipos
4. problema
5. conferencia
6. costumbres
7. papeles
8. universidad
9. manos
10. programas
11. rasgo
12. comida

2. BASIC PATTERNS OF ADJECTIVE AGREEMENT

Escuche los siguientes sustantivos y descríbalos con el adjetivo indicado, haciendo los cambios necesarios. Repita la respuesta correcta después de oírla en el programa auditivo.

> MODELO: manzanas / rojo → *las manzanas rojas*

1. camión / largo
2. estudiantes / trabajador
3. libros / difícil
4. profesora / extrovertido
5. rasgos / típico
6. reyes / español
7. persona / amable
8. sistemas / moderno
9. ideas / bueno
10. costumbres / interesante

3. EQUIVALENTS OF *TO BE:* **SER, ESTAR**

A. Escuche la oración modelo y repítala en la pausa. Luego oirá una serie de nuevas terminaciones para la oración. Repita la oración con cada nueva terminación y haga los cambios verbales necesarios.

> MODELO: Juan está *enfermo.* (mi hermano) → *Juan es mi hermano.*

1. ... 2. ... 3. ...

B. Escuche los infinitivos. En la pausa, dé la forma correcta del participio pasado. Repita la respuesta correcta después de oírla en el programa auditivo.

> MODELO: hablar → *hablado*

1. ... 2. ... 3. ... 4. ... 5. ... 6. ... 7. ... 8. ... 9. ... 10. ...

C. Haga frases con los siguientes sustantivos y el participio pasado del verbo indicado. Cuidado con la concordancia. Repita la respuesta correcta después de oírla en el programa auditivo.

> MODELO: padres / preocupar → *los padres preocupados*

1. composición / escribir
2. costumbres / aprender
3. cuadernos / comprar
4. casa / pintar
5. sillas / romper
6. libros / abrir
7. investigación / hacer
8. estereotipo / asociar
9. imágenes / ver
10. oficinas / cerrar
11. problema / solucionar
12. voz / escuchar

D. Las siguientes circunstancias resultan en condiciones específicas. Como resultado de cada circunstancia, ¿en qué condiciones están las personas y las cosas indicadas? Repita la respuesta correcta después de oírla en el programa auditivo.

> MODELO: Este ejercicio es muy difícil y *cansa* rápidamente a mi abuelito. Por eso, en este momento mi abuelito... → *está cansado.*

1. ... 2. ... 3. ... 4. ... 5. ... 6. ...

4. SUBJECT PRONOUNS AND THE PRESENT INDICATIVE

A. Escuche el infinitivo y el sujeto. En la pausa, dé la forma apropiada del verbo. *No* repita el sujeto. Repita la respuesta correcta después de oírla en el programa auditivo.

> MODELO: leer (ellos) → *leen*

1. ... 2. ... 3. ... 4. ... 5. ... 6. ... 7. ... 8. ... 9. ... 10. ...

B. Siguiendo el modelo del ejercicio anterior, dé la forma apropiada de cada verbo según el sujeto que oye. *No* repita el sujeto. Los verbos en este ejercicio tienen un cambio radical (*stem change*). Repita la respuesta correcta después de oírla en el programa auditivo.

> MODELO: cerrar (Ud.) → *cierra*

1. ... 2. ... 3. ... 4. ... 5. ... 6. ... 7. ... 8. ...

C. Siguiendo el modelo de los ejercicios anteriores, dé la forma apropiada de cada verbo según el sujeto que oye. *No* repita el sujeto. En este ejercicio encontrará tantos verbos sin cambio radical como con cambio radical. Repita la respuesta correcta después de oírla en el programa auditivo. Las seis primeras oraciones describen el dibujo de la izquierda; las demás describen el dibujo de la derecha.

MODELO: tomar apuntes (Mario) → *Toma apuntes.*

1. … 2. … 3. … 4. … 5. … 6. … 7. … 8. … 9. … 10. … 11. … 12. …

D. Siguiendo el modelo de los ejercicios anteriores, dé la forma apropiada de cada verbo según el sujeto que oye. *No* repita el sujeto. Repita la respuesta correcta después de oírla en el programa auditivo.

MODELO: comer en un bar (los amigos) → *Comen en un bar.*

1. … 2. … 3. … 4. … 5. … 6. … 7. … 8. …

5. DIRECT OBJECTS

A. Ud. oirá varios sustantivos y nombres propios. Para cada uno, dé la forma apropiada del pronombre de complemento directo que se usaría para sustituirlo.

MODELO: el cuaderno → *lo*

1. … 2. … 3. … 4. … 5. … 6. …

B. Ud. oirá una oración que puede incluir la repetición innecesaria de un complemento directo. Diga de nuevo la sección repetitiva, sustituyéndola por un pronombre de complemento directo. ¡Cuidado! No es posible usar un pronombre de complemento directo en todos los casos. Repita la respuesta correcta después de oírla en el programa auditivo.

MODELO: Luis necesita el libro para su clase y por eso compra el libro. → *...y por eso lo compra.*

1. ...   2. ...   3. ...   4. ...   5. ...   6. ...   7. ...   8. ...

C. Ud. oirá una oración incompleta. Complétela con la forma correcta del verbo que se usó en la primera parte de la oración. Evite la repetición del complemento directo usando un pronombre de complemento directo siempre que sea posible. ¡Cuidado! No es posible usar un pronombre de complemento directo en todos los casos. Repita la respuesta correcta después de oírla en el programa auditivo.

MODELO: Roberto *pide* vino y nosotros también... → *lo pedimos.*

1. ...   2. ...   3. ...   4. ...   5. ...   6. ...   7. ...   8. ...

D. Para cada uno de los siguientes dibujos, Ud. oirá una serie de preguntas. Conteste cada pregunta con una oración completa, incorporando el verbo indicado y empleando pronombres de complemento directo siempre que sea posible. Repita la respuesta posible después de oírla en el programa auditivo.

MODELO: ¿Qué hace Pedro con el té? → *Lo bebe.*

1. a. leer
   b. comer
   c. copiar
   d. mirar

2. a. servir
    b. pagar
    c. tener
    d. poner en la mesa

E. Ud. oirá una serie de preguntas que varias personas (amigos, profesores, etcétera) podrían hacerle. Contéstelas, usando pronombres de complemento directo en su respuesta. Repita la respuesta posible después de oírla en el programa auditivo.

>   MODELO: ¿Hablas español mucho en la clase? → *Sí, lo hablo mucho.*

1. … 2. … 3. … 4. … 5. … 6. … 7. … 8. …

Enlace

VOCES

In this section you have the chance to listen to Hispanics from various parts of the Spanish-speaking world. These people have responded to questions about a variety of topics of interest to them. Sometimes their viewpoints will reflect a general Hispanic perspective; usually, however, their opinions are very personal and individual, based on their own beliefs and experiences. These points of view are not representative of all Hispanics; some statements may even be controversial. Since the language of their **voces** is authentic and natural, it will sometimes contain dialectical expressions with which you may not be familiar. Concentrate on getting a general understanding of what they say and on guessing from context the meaning of expressions that you do not know.

A. Escuche con atención a Elvira, Juan y Maru. Ellos van a contarle las asociaciones rápidas que hacen sobre algunos de los países que aparecen en el siguiente cuadro.

1. Ud. oirá las voces una primera vez. Identifique los países que se nombran, poniendo una equis (**X**) en la columna de la izquierda. Despúes tache (*cross out*) los nombres de los países que no se mencionan.

PAIS	ASOCIACIONES
☐ Alemania	_____
☐ Argentina	_____
☐ Bolivia	_____
☐ Colombia	_____
☐ España	_____
☐ los Estados Unidos	_____
☐ Francia	_____
☐ Inglaterra	_____
☐ Japón	_____
☐ México	_____

2. Ahora Ud. debe escuchar una vez más. Vuelva al cuadro y apunte todas las características que pueda para cada país mencionado.
3. De las asociaciones mencionadas para cada país, ¿cuáles piensa Ud. que coinciden con las asociaciones de la mayoría de los norteamericanos? Ponga un círculo alrededor de cada una en el cuadro.

B. Ahora escuche el comentario de Angels, una mujer de Cataluña que nos cuenta su opinión sobre el estereotipo que muchos norteamericanos tienen de España (una bailadora de flamenco con una rosa en la boca, pasión, toros, mañana). Procure captar (*Try to catch*) el significado general de sus comentarios. Entonces conteste la pregunta que sigue.

¿Cuál de las siguientes oraciones mejor describe la idea general del comentario de Angels?

a. La visión que muchos extranjeros tienen de los españoles es completamente falsa.

b. El estereotipo que muchos españoles tienen de los catalanes es el contrario del estereotipo que muchos extranjeros tienen de los españoles.

c. El catalán es un español típico.

d. Los estereotipos son ofensivos y tienen poca relación con la verdad.

C. Ahora oirá los comentarios de Angels una segunda vez. Intente completar sus comentarios, incorporando las palabras omitidas en la siguiente transcripción. Puede escuchar la selección una tercera vez si lo desea para completar la transcripción.

El _____[1] que describís con respecto a España (una bailadora de flamenco con una rosa entre los dientes)… Pensad que los catalanes no _____[2] nada en

común con esto; nuestra _____[3] no tiene nada que ver con el flamenco ni

tampoco con los _____[4], y _____[5] carácter es conocido

entre los otros españoles por ser _____⁶ y expeditivo, así que tampoco lo de

mañana se puede relacionar con la manera de vivir _____⁷...

Y ya que _____⁸ de estereotipos, ¿cuál sería, pues, para el resto de los

_____⁹ el estereotipo de los catalanes? Pues justamente un poco el

_____¹⁰ del conocido estereotipo español: los catalanes

_____¹¹ ser considerados _____¹² muy seria, poco

_____¹³, más bien poco _____¹⁴, muy trabajadores y

negociantes, y muy calculadores y ahorradores. «El catalán, de las piedras saca pan» es un refrán

muy conocido.

Pronunciación y ortografía*

PRONUNCIACION: LAS VOCALES

There are five simple vowel sounds in Spanish: [a, e, i, o, u]. Most mistakes in pronunciation of Spanish vowels are due to one of two things. The first is a tendency to "glide" the vowel into a diphthong. That is, instead of pronouncing the sound [e], the English speaker will say [ei]; instead of Spanish [o], the sound is frequently pronounced [ow]; instead of Spanish [i], the sound is pronounced as a glide [iy].

A. Escuche cada una de las siguientes palabras y repítala en la pausa. Compare su pronunciación con la que oye en el programa auditivo y repita una vez más. Cuidado de no pronunciar las vocales como diptongos.

1.	mi	5.	ma	9.	su
2.	mini	6.	quema	10.	Susana
3.	le	7.	lo		
4.	dile	8.	loca		

The other common mistake, also due to English influence, is reducing unstressed vowels to either the sound [ə] or [ɨ]. These sounds are called a *schwa*.

B. Escuche la pronunciación española e inglesa de las siguientes palabras; preste atención especial a la pronunciación de las vocales subrayadas.

1.	an<u>i</u>m<u>a</u>l / <u>ani</u>m<u>a</u>l	3.	Col<u>ó</u>n / col<u>o</u>n
2.	<u>a</u>m<u>i</u>go / <u>a</u>m<u>i</u>go	4.	Am<u>é</u>ric<u>a</u> / <u>A</u>meric<u>a</u>

The *schwa* sound does not exist in Spanish. Its use can sometimes cause Spanish speakers to misunderstand you.

C. Escuche cada una de las siguientes palabras y repítala en la pausa. Compare su pronunciación con la que oye en el programa auditivo y repita una vez más. Cuidado de no pronunciar las vocales subrayadas con el sonido [ə].

1.	h<u>i</u>stór<u>i</u>c<u>o</u>	4.	b<u>o</u>nit<u>o</u>	7.	p<u>e</u>queñ<u>o</u>
2.	c<u>o</u>ntraband<u>o</u>	5.	est<u>e</u>reotipo	8.	c<u>o</u>stumbre
3.	much<u>a</u>s	6.	pasaj<u>e</u>s		

---

*Remember to use the separate Pronunciation Audio CD for the **Pronunciación y ortografía** sections.

D. Lea cada una de las siguientes palabras en voz alta, grabando su pronunciación y prestando atención especial a la pronunciación de las vocales. Después de grabar cada palabra, escuche la pronunciación que oye en el programa auditivo y repítala una vez más.

1. lista
2. uso
3. perezoso

4. interesante
5. vecino
6. pintura

7. caracterización
8. conozco

PRACTICA ESCRITA Y COMPOSICION

Describir y comentar

A. Complete las siguientes oraciones con la forma correcta de la palabra de la lista del vocabulario en la página 1 que mejor corresponda al sentido de la oración.

1. Los _____ son generalizaciones, muchas veces negativas, sobre otro grupo de personas. Con frecuencia se basan en _____ superficiales del grupo.

2. Michael Jordan y Venus Williams son _____ muy famosos.

3. Mi padre nunca descansa ni toma vacaciones: es demasiado _____.

4. Tener el pelo rubio y la piel muy blanca son dos de los rasgos _____ de muchos escandinavos.

5. Necesitas dejar los libros de vez en cuando para divertirte (*have a good time*). No debes ser tan _____.

6. Es un tipo muy vago y _____. Nunca trabaja si no es absolutamente necesario.

7. Amalia nada, corre y juega al tenis. Es _____.

8. Todos dicen que Ramón es muy _____ porque le gusta mucho hablar con las muchachas.

9. Hay que respetar las _____ de todas las culturas del mundo.

**B. Conteste las siguientes preguntas usando oraciones completas.

1. ¿Cómo se define Ud. como persona: introvertida o extrovertida? _____

   _____

2. ¿Con qué personas es Ud. tímido/a? _____

   _____

3. ¿Qué tradiciones tiene su familia? _____

   _____

4. ¿Quién es la persona más seria que conoce Ud.? _____

   _____

5. ¿Qué costumbres de otros países le parecen a Ud. extrañas? _____

   _____

6. ¿Qué asocia Ud. con la palabra «Hispanoamérica»? _____

   _____

Escriba seis oraciones que Ud. podría (*could*) usar cuando una persona hispana le dice algo que Ud. no entiende. Puede usar algunos ejemplos de su libro de *¡Avance!* y otras expresiones que Ud. recuerde.

1. _____

2. _____

3. _____

4. _____

5. _____

6. _____

Lengua

1. GENDER AND NUMBER OF NOUNS

Escriba la forma apropiada del artículo definido para cada uno de los siguientes sustantivos.

1. _____ persona	6. _____ día	11. _____ programa
2. _____ problema	7. _____ estereotipo	12. _____ mapas
3. _____ mujeres	8. _____ generalizaciones	13. _____ actitud
4. _____ característica	9. _____ foto	14. _____ sillas
5. _____ profesores	10. _____ avión	15. _____ mano

2. BASIC PATTERNS OF ADJECTIVE AGREEMENT

A. Complete el siguiente párrafo con las terminaciones correctas, según el contexto.

Es interesante pensar en las posibles imágenes que puedan tener los español____[1] o los hispanoamerican____[2] de l____[3] cultura norteamerican____[4] después de ver l____[5] película *Pulp Fiction*, de Quentin Tarantino. Es posible que piensen que l____[6] personajes de esta película corresponden a l____[7] mayoría de l____[8] población de l____[9] Estados Unid____[10]. ¿Cree Ud. que l____[11] personas de otr____[12] países imaginan que tod____[13] l____[14] norteamericanos viven como Jules, Mia o Vincent Vega? Quizá llegarán a la conclusión de que l____[15] comida favorit____[16] de tod____[17] l____[18] norteamericanos son l____[19] hamburguesas. También pueden suponer que en l____[20] Estados Unid____[21] hay much____[22] asesinos profesional____[23] y que l____[24] policía no sabe pararles. Seguro que piensan que tod____[25] l____[26] restaurantes tienen coches antigu____[27] en lugar de sillas cómod____[28] y mesas grand____[29]. Quizá no les parezca que ____l[30] batido[a] que Mia compró por cinco dólares es demasiad____[31]

____
[a]*milkshake*

car_____³². Lo más probable es que crean que l_____³³ norteamericanos llevan un_____³⁴ vida

muy peligros_____³⁵ y que tod_____³⁶ l_____³⁷ días están rodead_____³⁸ de^b asesinatos

terribl_____³⁹ y actos llen_____⁴⁰ de violencia.

Pero, por otro lado, es posible que salgan de_____⁴¹ cine con vari_____⁴² imágenes positivas

sobre l_____⁴³ cultura norteamerican_____⁴⁴. ¿Puede Ud. pensar en algun_____⁴⁵?

^b rodeados… *surrounded by*

B. Cambie el sujeto de los siguientes párrafos de Julio a Margarita y escríbalos de nuevo en una hoja de papel aparte, haciendo también todos los otros cambios necesarios.

Julio acaba de entrar en la universidad y necesita escribir un pequeño autorretrato para su clase de redacción (*composition*). El escribe el siguiente párrafo:

Yo soy Julio Montero. Tengo dieciocho años y soy el último de cuatro hijos. Yo soy distinto de todos los otros miembros de mi familia. Todos ellos son rubios pero yo soy moreno; yo soy más bien^a bajo y ellos son altos. Ellos son artistas pero yo no tengo interés en el arte. Prefiero las ciencias y asisto a esta universidad porque quiero estudiar biología. Mi novia también asiste a esta universidad y ella piensa estudiar ingeniería. Espero que algún día yo sea un médico famoso y ella una ingeniera importante.

^a más… *rather*

3. EQUIVALENTS OF *TO BE:* SER, ESTAR

A. Complete las siguientes oraciones con la forma correcta de **ser, estar** o **hay,** según el contexto. Recuerde que en español a veces se necesita usar el verbo **haber (hay)** en situaciones que en inglés se usa el verbo *to be.*

1. Algunos de mis amigos _____ artistas.

2. El concierto _____ mañana.

3. ¡Qué desgracia! ¡La sopa _____ fría!

4. En mi cuarto _____ tres fotos de mi novio.

5. Ellos no _____ cansados; simplemente _____

   perezosos.

6. ¿_____ un diccionario bilingüe aquí?

7. Felipe _____ una persona muy sencilla aunque sus padres

   _____ muy ricos.

8. Todas las puertas _____ abiertas. ¿Por qué _____

   cerradas las ventanas?

9. _____ varios estudiantes hispanos en mi residencia.

10. Su familia _____ de Madrid pero ahora todos _____

    en Bogotá.

11. No _____ nada interesante aquí.

12. Yo _____ un estudiante nuevo. ¿Dónde _____ la librería?

13. ¿Qué hora _____? Creo que _____ las 12:30.

14. ¡Qué altas _____ las niñas ahora!

15. ¿Qué _____ en la mesa? _____ dos libros y unos papeles.

B. Imagínese que esta noche Ud. tiene una cita a ciegas (*blind date*) con un(a) hispanohablante. Quiere ir bien preparado/a y causar una buena impresión. ¿Cómo se dicen las siguientes oraciones en español?

1. Hi! How are you?

   _____

2. This gift is for you.

   _____

3. You look very pretty/handsome tonight.

   _____

4. I'm a little nervous.

   _____

5. This restaurant isn't expensive.

   _____

6. This dessert tastes delicious!

   _____

7. Are you bored?

   _____

8. The concert is at eight thirty.

   _____

9. It's twelve o'clock. Are you tired?

   _____

C. Exprese las siguientes ideas en español, completando cada pensamiento con un estereotipo apropiado. Prepárese para justificar el uso de **ser, estar o **hay** en sus oraciones.

1. High school (*la escuela secundaria*) students are _____.

   _____

2. University students are _____.

   _____

3. Teaching assistants (*los asistentes*) are _____.

   _____

4. Here there are professors who (*que*) are _____.

_____

D. Escriba el participio pasado de los siguientes verbos. Siga el modelo.

MODELO: hablar → *hablado*

1. poner _____
2. ver _____
3. vivir _____
4. traer _____
5. volver _____

6. empezar _____
7. tener _____
8. decir _____
9. romper _____
10. morir _____

E. Imagínese que este fin de semana unos ladrones entraron en su apartamento. Necesita hacer una lista de todos los daños (*damage*) para dársela a la policía. Complete las siguientes oraciones usando el verbo **estar** y el participio pasado del verbo apropiado de la lista. Debe usar el tiempo presente.

abrir	encender	morir	romper
cortar	hacer	pintar	tirar (*to throw*)

1. La puerta de mi apartamento _____ _____.

2. Las ventanas _____ _____ y entra la lluvia.

3. La televisión _____ _____.

4. La cama no _____ _____.

5. El cable del teléfono _____ _____.

6. Todos mis libros _____ _____ por el suelo.

7. Las paredes _____ _____ de *graffiti*.

8. El canario _____ _____ del susto (*surprise*).

4. SUBJECT PRONOUNS AND THE PRESENT INDICATIVE

A. Fillmore es un estudiante estadounidense que pasa el verano en Venezuela después de estudiar un año de español. Sabe bastante español, pero necesita mucha ayuda con la conjugación de los verbos. Ud. debe ayudarlo, conjugando los verbos entre paréntesis.

Si Ud. (visitar) _____[1] otro país, (deber) _____[2] tratar de

comunicarse en la lengua que (hablar) _____[3] los nativos. Muchos de ellos no

(ser) _____[4] bilingües y no (comprender) _____[5] el inglés.

Los turistas que (saber) _____[6] la lengua de un país (causar)

_____[7] una impresión muy positiva y (aprender) _____[8]

mucho más sobre ese país. También (ser) _____[9] importante no generalizar

cuando Ud. (hablar) _____[10] de los habitantes de un país. A veces nosotros los

estadounidenses (generalizar) _____[11] cuando (hablar)

_____[12] de los hispanos; los (describir) _____[13] a todos como morenos, románticos y apasionados. Pero yo (comprender) _____[14] que el mundo hispano (tener) _____[15] mucha diversidad. Yo no (juzgar) _____[16] a todos los hispanos a base de unos pocos. Yo (observar) _____[17] con cuidado y sólo después de ver a muchos hispanos, (expresar) _____[18] mi opinión sobre ellos. ¡Uy! ¡Qué muchacha morena más bonita (acabar) _____[19] de pasar! ¡Y allí (estar) _____[20] otra! ¡Increíble! Yo (necesitar) _____[21] apuntar en mi cuaderno que todas las chicas hispanas morenas (ser) _____[22] muy bonitas.

B. Lea el siguiente texto sobre la siesta —costumbre arraigada (*rooted*) en el mundo hispano— y conjugue los verbos indicados.

(Llevar: nosotros) _____[1] siglos disfrutándola.[a] En el resto del mundo la (considerar: ellos) _____[2] algo típico del carácter indolente de los países mediterráneos. Pero la ciencia (decir) _____[3] ahora que sus efectos (ser) _____[4] beneficiosos, algo que nosotros (saber) _____[5] hace tiempo. Recientes estudios (hablar) _____[6] de la eficacia de la siesta como antídoto contra el estrés e incluso como tratamiento de belleza.

Además, la siesta (tener) _____[7] la ventaja de poder practicarse en cualquier sitio: en la cama, en un sofá o en un cómodo sillón. Ya (ser) _____[8] un chiste popular la imagen del jefe que (decir) _____[9] a su secretaria: «Que no me moleste nadie durante la hora siguiente.» Luego el jefe se (poner) _____[10] en el sillón, (apoyar) _____[11] los pies en la mesa y (dormir) _____[12] plácidamente. En algunas oficinas los empleados sin despacho se (servir) _____[13] del siguiente truco.[b] Se (encerrar: ellos) _____[14] en el cuarto de baño, con el pretexto de cumplir con inexcusables necesidades fisiológicas, y (cerrar) _____[15] los ojos durante diez minutos, cómodamente —es decir[c]— sentados en la taza…

[a]*enjoying it* (= la siesta) [b]*trick* [c]*es… that is to say*

C. A veces es posible caracterizar a los individuos según sus posesiones, o por lo menos así lo creen los fabricantes de la cerveza Henninger. Lea el anuncio a continuación y después complete estos párrafos de acuerdo con la información presentada.

Henninger pone buen cuerpo[a] a todos. Por ejemplo, pone buen cuerpo *al moderno*, que (ser/estar)

_____ [1] un tipo que (preferir) _____ [2] las líneas simples y las

formas originales. Por eso, su abrebotellas (tener) _____ [3] un diseño[b] innovador

y al mismo tiempo sencillo.

[a]pone... *goes down well, agrees with*   [b]*design*

Henninger Española

La forma del abrebotellas del *clásico* también (revelar) _____[4] mucho de su carácter. Estos individuos (buscar) _____[5] diseños tradicionales y formas más conocidas. Así que su abrebotellas (ser/estar) _____[6] menos original. (Seguir) _____[7] la forma tradicional que (ser/estar) _____[8] popular también entre nuestros padres y abuelos.

¿Y el abrebotellas del *despistado*ᶜ? ¿Qué nos dice de la persona que lo posee? Pues, que (ser/estar) _____[9] un individuo que no (recordar) _____[10] nunca lo que (tener) _____[11] que hacer. En vez de un abrebotellas, (traer) _____[12] un sacacorchosᵈ y todo el mundo (saber) _____[13] que una Henninger no (tener) _____[14] corcho.

ᶜ*absent-minded individual*   ᵈ*corkscrew*

D. Siguiendo el modelo del ejercicio C, escoja dos o tres de los abrebotellas del anuncio y escriba un breve párrafo sobre el tipo de persona que emplearía cada uno. ¡Cuidado con los usos de **ser** y **estar**!

_____

_____

_____

_____

E. A Reme, una española de Extremadura, se le pidió una opinión sobre el estereotipo que muchos norteamericanos tienen de España (una bailadora de flamenco con una rosa en la boca, pasión, toros, mañana). Lea su testimonio y luego conteste las preguntas según lo que dice. No se preocupe si no entiende todas las palabras. Procure captar la idea general y adivinar el significado de las palabras que no sabe por el contexto.

Ninguna de esas cosas que menciona el estereotipo me describe a mí directamente, ni creo que a muchos españoles, pero puedo entender por qué se tienen esas imágenes. España no es un país muy importante en el mundo, y no se conoce mucho fuera de aquí. Por eso es lógico que el mundo sólo conozca algunas imágenes llamativas.

Seguramente sin la ópera *Carmen*, que cuenta una apasionada historia de amor en Sevilla, ni la afición de Ernest Hemingway por los toros, las asociaciones serían diferentes. Lo de dejar las cosas para mañana, sí que me parece muy español, pero también puede decirse que es un rasgo latino en general. No estoy de acuerdo con lo de la comida picante. Me parece que se debe a que muchos norteamericanos no distinguen entre comida española y comida mexicana. Y entre estas dos cocinas sí hay una gran diferencia.

Supongo que los norteamericanos con más información y que lean *Don Quijote* o vean las películas de Almodóvar van a tener otras imágenes de España, ¿no?

Complete las oraciones con el tiempo presente del verbo apropiado y luego identifique con una marca (✓) las que son ciertas según el testimonio de Reme.

Según Reme, ...

1. ☐ el flamenco y los toros (ser/estar) _____ imágenes muy representativas de España y los españoles.

2. ☐ en general el resto del mundo no (conocer) _____ España ni a los españoles muy bien.

3. ☐ un rasgo que los españoles (compartir) _____ con otros latinos (ser/estar) _____ una obsesión con la puntualidad.

4. ☐ la comida mexicana y la comida española (ser/estar) _____ muy diferentes.

5. ☐ muchas asociaciones (venir) _____ de las películas y los libros.

**F. Conteste las siguientes preguntas usando oraciones completas.

1. ¿Adónde va a ir este fin de semana? _____

_____

2. ¿Qué suele almorzar en la cafetería? _____

_____

3. ¿Qué acaban de estudiar Ud. y sus compañeros/as en la clase de español? _____

_____

4. ¿Qué expresiones suele repetir con frecuencia el profesor / la profesora de español? _____

_____

5. ¿Cuál es el próximo libro que Ud. va a leer? _____

_____

6. ¿Qué tipo de películas suelen ver Ud. y sus amigos/as? _____

_____

7. ¿Qué cursos obligatorios acaba de terminar Ud.? _____

_____

8. ¿Qué libros de texto va a vender al final del semestre? ¿Cuáles *no* va a vender? _____

_____

5. DIRECT OBJECTS

A. Rolo Repítelo es algo así como un eco humano: cuando se le pregunta algo, contesta pero repite mucha información innecesaria. Cambie sus respuestas en los siguientes diálogos, usando pronombres para eliminar la repetición.

MODELO: —Rolo, ¿quieres ver mi nuevo coche?
—Sí, quiero ver tu nuevo coche. → *Sí, quiero verlo.*

1. —Rolo, ¿oyes ese ruido todas las noches?
   —Sí, oigo ese ruido todas las noches.

   —Sí, _____

2. —Rolo, ¿vas a aceptar los regalos (*gifts*)?
   —Claro que voy a aceptar los regalos.

   —Claro que _____

3. —Rolo, ¿odias los perros?
   —Claro que no odio los perros.

   —Claro que _____

4. —Rolo, ¿acabas de visitar a tu novia?
   —Sí, acabo de visitar a mi novia.

   —Sí, _____

5. —Rolo, ¿escuchan tus hermanos a tu padre?
   —Bueno, de vez en cuando mis hermanos escuchan a mi padre.

   —Bueno, de vez en cuando _____

6. —Rolo, ¿puedes hacer este ejercicio sin traducir las palabras?
   —Claro que puedo hacer este ejercicio sin traducir las palabras.

   —Claro que _____

7. —Rolo, ¿escribes los verbos antes o después de mirar las respuestas?
   —¡Qué pregunta! Escribo los verbos antes de mirar las respuestas.

   —¡Qué pregunta! _____

B. Imagínese que un compañero / una compañera de clase le hace las siguientes preguntas a Ud. Contéstelas, usando pronombres de complemento directo en sus respuestas cuando sea posible.

1. ¿Sueles hacer la tarea en tu cuarto o en la biblioteca? ¿Por qué?

   _____

   _____

2. ¿Es mejor tomar todos los cursos obligatorios durante los primeros dos años de la universidad o tomar unos pocos durante cada uno de los cuatro años? ¿Por qué?

   _____

   _____

3. ¿Prefieres tener las clases por la mañana o por la tarde? ¿Por qué?

   _____

   _____

4. Normalmente, ¿a qué hora sales de casa para ir a clase?

   _____

5. ¿Puedes escuchar la radio mientras preparas la tarea de tus clases?

   _____

Enlace

ORTOGRAFIA: EL SILABEO

The basic rule involved in syllable division in Spanish is to make each syllable end in a vowel whenever possible.

mu-cha-cha   ve-ci-no   ci-vi-li-za-do

Most sequences of two consonants, including *sl* or *sr*, should be divided.

tem-po   doc-to-ra   gor-do   is-la   Is-ra-el

Do *not* divide *ch, rr, ll,* or any consonant (other than *s*) next to *l* or *r*.

mu-cho   be-llo   a-rroz   re-gla   ha-blar   a-bri-go

Two vowels should always be divided, unless one of them is an unaccented *i* or *u*. Accents on other vowels do not affect syllabication.

ro-e-dor	Ma-rí-a	de-mo-cra-cia	ver-sión
con-ti-nú-e	bue-no	des-pués	em-ple-a-do

Divida las siguientes palabras en sílabas.

1. preocupado
2. padre
3. carro
4. empezar
5. tío
6. siglo
7. combinación
8. estereotipo
9. apropiado
10. característica
11. cuchillo
12. niña
13. entiende
14. elefante
15. verdadero
16. macho
17. necesario
18. silabeo
19. avión
20. absoluto
21. acción
22. vuelve
23. actitud
24. piel

¡Ojo!

A. Indique la palabra que mejor complete cada oración.

1. No puedo (funcionar/trabajar) aquí; no hay un ambiente cordial.
2. Muchas personas piensan que todos los españoles son (bajos/cortos).
3. Necesito comprarme otro bolígrafo; éste ya no (funciona/trabaja).
4. Los turistas van a estar aquí unos días solamente —un tiempo muy (bajo/breve).
5. Hay un muro (bajo/corto) alrededor de la casa.
6. No me gusta hablar con Ramón; nunca me (busca/mira/parece) cuando le hablo.
7. Ese coche (busca/mira/parece) nuevo, pero no (funciona/trabaja) bien.
8. Todos (buscamos/miramos/parecemos) al niño, pero no lo encontramos.

B. Exprese en español las palabras y expresiones en letra cursiva.

1. If this latest plan *doesn't work* _____ we will have to have a *short*

   _____ meeting in order *to look for* _____ another

   solution.

2. It *looks* _____ as if they are all going *to work* _____
   very hard.

3. People who are *short* _____ shouldn't have *low* _____
   self-esteem.

4. If you *look at* _____ the brochure, this place should be great for a *short*
   _____ vacation.

5. They are *looking for* _____ a new house so the commuting distance to
   where they *work* _____ will be *shorter* _____.

6. I usually *look* _____ carefully before crossing the street.

7. This barometer really *works* _____ as a weather predictor—*look*
   _____ outside right now. Does it *look* _____ as if it's
   going to rain?

REPASO: PARRAFO DE SINTESIS

Lea la siguiente selección, llenando los espacios en blanco con la forma correcta en español de las palabras entre paréntesis. Donde se dan dos palabras, escoja la más apropiada según el contexto.

Mi abuelo español

Mi abuelo materno es de España. Ahora vive en Long Island y nos visita con frecuencia. Yo lo quiero mucho y creo que es un hombre muy interesante.

Ahora (ser/estar/haber) _____[1] muchas arrugas[a] en su cara, pero sus ojos

(brillar[b]) _____[2] cuando (hablar: él) _____[3] y por eso (parecer)

_____[4] mucho más joven. No (ser/estar) _____[5] ni alto, ni bajo;

su figura, muy delgada en su juventud,[c] hoy (ser/estar) _____[6] un poco amplia en

la barriga.[d] El me dice que eso (ser/estar) _____[7] cosa de la vejez,[e] y luego me

(mirar) _____[8] y me (guiñar[f]) _____[9] el ojo… ¡Pero yo sé que

mi abuelo (ser/estar) _____[10] un gran aficionado[g] al vino!

Por lo general, mi abuelo (ser/estar) _____[11] un hombre muy alegre. Varios

otros inmigrantes españoles (vivir) _____[12] en su barrio; ellos (pasar)

_____[13] mucho tiempo juntos y (comentar) _____[14] «los viejos

tiempos», es decir, antes de llegar a los Estados Unidos. Muchas veces (cantar) _____[15]

canciones españolas y, especialmente cuando (beber) _____[16] un poco de vino, (bailar)

_____[17] la jota aragonesa y otros bailes españoles.

[a]*wrinkles* [b]*to twinkle* [c]*youth* [d]*belly* [e]*old age* [f]*winks* [g]*fan*

A veces (notar: yo) _____[18] que mi abuelo (ser/estar)

_____[19] algo triste y (comprender: yo) _____[20] que (ser/estar)

_____[21] pensando en mi abuela, que ya (ser/estar) _____[22]

muerta. Entonces me siento[h] a su lado y (esperar: yo) _____[23] en silencio. Dentro

de poco mi abuelo (abandonar) _____[24] su meditación y me habla otra vez. Noso-

tros (hablar) _____[25] de su vida en España; él me (describir)

_____[26] su patria y cómo (ser/estar) _____[27] sus tradiciones.

Entonces sus ojos (volver) _____[28] a brillar otra vez y sé que (ser/estar: él)

_____[29] contento.

Es así como yo (desear) _____[30] recordar a mi abuelo, con su gran amor por la

vida y por la gente. Si yo (llegar) _____[31] a los ochenta años, (esperar)

_____[32] que mis nietos[i] tengan un abuelo tan admirable como el mío.

[h]me... *I sit down*   [i]*grandchildren*

Análisis y aplicación: Composición

EL USO DEL DICCIONARIO

A dictionary is a useful aid in writing, but if you use it carelessly you can produce stilted and incorrect language. There are two basic rules that you should follow when using the dictionary.

1. *Don't overuse the dictionary.* If you're looking up every word or even half or a third of the words you use, chances are you're thinking in English and translating into Spanish. If you do that, you'll end up with a composition that uses Spanish words but follows English patterns. It is harder to think in Spanish initially, but in the long run doing so produces fewer mistakes and a more natural style.

You may feel that your Spanish vocabulary isn't very extensive and that you simply don't know enough words to write about anything. Remember, however, that in every language there are many ways to say the same thing, and that with just a few words you can express many ideas. If you don't know how to express a specific phrase or word in Spanish, try to restate the same concept in simpler terms or other words, then try again to express it in Spanish.

2. *Don't misuse the dictionary.* Sometimes it is necessary to look up words in the dictionary, but be careful! We often use words in English without thinking about what they really mean or what part of speech they are. Unfortunately, a single English word may have many equivalents in Spanish, some of which may be nouns, verbs, or adjectives. For example, if you want to know the Spanish equivalent for *can*, you will find the noun **lata** (*tin can*), the verb **envasar** (*to can,* as in preserving vegetables), and the auxiliary verb **poder** (*to be able*). Not knowing which part of speech you want in English can lead to some very funny, but often incomprehensible, errors.

> You can please some of the people
> some of the time . . .

> Ud. lata por favor suma de la gente
> suma de la hora...

To avoid such errors, follow these guidelines:

- Determine the part of speech of the word you want for the context in which you will use it. Make sure you are spelling the word correctly.
- Look up the word in the English-Spanish section of the dictionary. Choose only the equivalent that functions as the part of speech that you need.
- If you find more than one Spanish equivalent for that part of speech, write down all of them.
- Look up each of these equivalents in the Spanish-English section of the dictionary to determine which is the closest to the meaning you want.

If, for example, you want to describe an incident in which a window shade suddenly rolls up and you don't know the word for *shade,* you will find the following entries in your dictionary:

> **shade** *s.* sombra; tinte, matiz; pantalla; persiana; visera;
> *v.* sombrear; dar sombra; resguardar de la luz; matizar

Of the meanings, the only ones you can reject right away are those listed as verbs, since the *shade* you want is a noun. Looking in the Spanish section of the dictionary, you learn the following:

sombra: shade, shadow	**persiana:** shade, Venetian blind
tinte, matiz: shade, hue of color	**visera:** eyeshade, visor
pantalla: lampshade	

Persiana is the only word that really fits the meaning you want.

When a word has several equivalents, many dictionaries provide example phrases or sentences for correctly using each in context; checking them may help you decide the proper Spanish equivalent for the word you need. Remember that a language reflects the culture of its speakers. For that reason, do not expect to find Spanish equivalents for every English word. For example, the concept of *college* (as distinct from *university*) does not exist in Hispanic cultures. You may need to paraphrase the idea rather than look for an exact, single-word equivalent.

**A. On another sheet of paper, rephrase the following sentences in simpler English and then express those simpler constructions in Spanish.

1. It is imperative that you discuss the matter with me.
2. He has every intention of purchasing the company.
3. She drinks coffee day in and day out.
4. You should try to paraphrase the ideas. Plagiarism is against the law!
5. I'm in a terrible jam!

**B. Study the following sentences, which include typical errors. What did the writer actually say? What did the writer *want* to say? What word should he or she have used? Answer on a separate sheet of paper.

1. Por favor, ¿me puede dar un vidrio de agua?
2. Es verdad; que libro es muy interesante.
3. El fue un universidad profesor pero ahora corre para gobernador.
4. Si yo maestro la técnica, voy a recibir un levantar.
5. El dictador fue una regla tiránica.

**C. Look up each of the italicized words in the following sentences and determine which of the Spanish equivalents best fits the desired meaning. Answer on a separate sheet of paper.

1. My father told me to *water* the *plants* because otherwise they would not *flower* in the *spring.*
2. Remember the *fire* last year in the *state park*? Did they ever *catch* the *rat* who *set* it?
3. *Set* the *rest* of the luggage in the *trunk* of the car; there is no more *room* in the *back.*
4. If they *hang* him, they will be making a *grave* mistake.

Pasaje cultural*

Medellín, capital industrial de Colombia

Este segmento presenta una campaña para mostrar al mundo entero lo que (*what*) ofrece Medellín: industria, comercio, medicina avanzada, educación universitaria y, sobre todo, el empuje, los valores (*values*), la fuerza, la fe (*faith*) y la esperanza (*hope*) de su gente.

DESPUES DE VER

**A. Después de ver este vídeo, ¿qué le parece a Ud. la ciudad de Medellín? Indique su opinión según las siguientes categorías.

	UN LUGAR IDEAL	UN BUEN LUGAR, PERO HAY OTROS MEJORES	UN LUGAR NADA ATRACTIVO
1. para hacer estudios universitarios por un año	☐	☐	☐
2. para vivir, una familia con niños	☐	☐	☐
3. para vivir solo/a	☐	☐	☐
4. para visitar como turista	☐	☐	☐

**B. Ahora, busque información general en el Internet sobre las siguientes ciudades: Buenos Aires, Argentina; Puebla, México; San Juan, Puerto Rico. En una hoja de papel aparte indique su opinión sobre las tres ciudades según las mismas categorías del ejercicio A, apoyándola con datos específicos. Debe buscar datos sobre la población, atracciones turísticas, costo de vida, etcétera.

> MODELO: Pienso que Buenos Aires es un lugar ideal para visitar como turista porque tiene muchas atracciones turísticas como el Parque Rosedal y la Casa Rosada. Pienso que Buenos Aires no es un lugar nada atractivo para una familia con niños porque es demasiado grande...

---

*The viewing segments corresponding to the **Pasaje cultural** section can be found on the *Video to accompany ¡Avance!*

CAPITULO

2

La comunidad humana

EXPRESION ORAL Y COMPRENSION

Describir y comentar

A. Escuche las siguientes palabras y repítalas en la pausa. Entonces escuche cada palabra otra vez, compare su pronunciación con la que oye en el programa auditivo y repita la palabra una vez más.

apreciar	el aprecio	la población
compartir	el contraste	la raza
despreciar	el/la descendiente	la tradición
discriminar (contra)	el desprecio	
(no) llevarse bien (con)	el/la indígena	con respecto a
respetar	el indio / la india	lo moderno
	la mezcla	lo tradicional
el antepasado		

B. Mire la lista de vocabulario del ejercicio A mientras escucha las siguientes oraciones y preguntas. Diga la palabra que mejor corresponda a cada contexto. Repita la respuesta correcta después de oírla en el programa auditivo.

1. …   2. …   3. …   4. …   5. …   6. …

C. El siguiente texto describe algunas tendencias entre los grupos indígenas de la región de los Andes. Mire el mapa y las preguntas a continuación. Escuche el texto con atención, trate de entender las ideas generales y adivinar las palabras o frases que no entienda completamente. Luego conteste la primera pregunta. Oirá el texto otra vez para poder contestar las preguntas dos y tres.

1. El tema central del texto es…
   a   b   c

2. Hoy en día hay una tendencia a…
   a   b   c

3. Las nuevas tendencias son el resultado de…
   a   b   c

D. El siguiente texto describe algunas tendencias de otro grupo de la comunidad humana: los «chicos 16 válvulas» —jóvenes españoles de la nueva generación. Mire los dibujos y las preguntas a continuación. Escuche el texto con atención; trate de entender las ideas generales y adivinar las palabras o frases que no entienda completamente. Luego conteste la primera pregunta. Escuche el texto otra vez para contestar la pregunta número dos.

1. Según la información del texto, ¿quién de los siguientes sería (*might be*) uno de los jóvenes de este grupo?

a.
b.
c.

La pregunta número dos pide información específica. Léala y luego escuche el texto una vez más, buscando información sobre los intereses y las preocupaciones de los jóvenes como Virginia. Luego conteste la pregunta.

2. Pensando en el ejemplo de Virginia, ¿cuáles son los intereses y las preocupaciones de los miembros de este grupo?

	SI	NO			SI	NO
a.	☐	☐		e.	☐	☐
b.	☐	☐		f.	☐	☐
c.	☐	☐		g.	☐	☐
d.	☐	☐		h.	☐	☐

Lengua

6. IMPERSONAL **SE** AND PASSIVE **SE**

A. Ud. oirá una serie de oraciones. Cambie las estructuras activas por estructuras impersonales con **se.** Repita la respuesta correcta después de oírla en el programa auditivo.

> MODELO: Ellos beben mucho café aquí. → *Se bebe mucho café aquí.*

1. … 2. … 3. … 4. … 5. …

B. Ud. oirá una serie de preguntas con **se.** Conteste cada pregunta con una oración completa. ¡Cuidado con la concordancia del verbo! Repita la respuesta posible después de oírla en el programa auditivo.

> MODELO: ¿Dónde se puede comprar un diccionario de español? →
> *Se puede comprar un diccionario de español en la librería.*

1. … 2. … 3. … 4. … 5. …

7. INDIRECT OBJECTS

A. Antes de practicar los complementos indirectos, haga este ejercicio para repasar los directos. Para el siguiente dibujo, Ud. oirá una serie de preguntas. Conteste cada pregunta con una oración completa, usando pronombres de complemento directo. Repita la respuesta correcta después de oírla en el programa auditivo.

> MODELO: ¿El niño aprecia o desprecia a su abuelito? → *Lo aprecia.*

1. ...   2. ...   3. ...   4. ...   5. ...

B. Ud. oirá una serie de preguntas sobre el siguiente dibujo. Conteste cada pregunta con una oración completa, usando pronombres de complemento indirecto. Repita la respuesta correcta después de oírla en el programa auditivo.

> MODELO: ¿Quién habla a David y Alvaro? → *Les habla Rubén.*

1. ...   2. ...   3. ...   4. ...   5. ...

C. Escuche la oración modelo y repítala. Luego oirá una serie de frases preposicionales que indican un complemento indirecto nuevo. Exprese la oración con cada nuevo complemento indirecto. Repita la respuesta correcta después de oírla en el programa auditivo.

> MODELO: Le dan el libro a Juan. (a ti) → *Te dan el libro a ti.*

1. ... 2. ... 3. ...

D. Cuando Laura va de vacaciones, le gusta comprar regalitos para sus amigos y parientes. Ud. va a indicar lo que Laura le envía a cada uno. Conteste las preguntas según el modelo, incorporando las palabras que se dan a continuación y usando pronombres de complemento indirecto donde sea posible. Repita la respuesta correcta después de oírla en el programa auditivo.

> MODELO: unos sellos (¿Qué envía a su profesor?) → *Le envía unos sellos.*

1. un suéter
2. unos juguetes
3. una bolsa típica
4. una tarjeta postal
5. un libro

8. SEQUENCE OF OBJECT PRONOUNS

A. Escuche las siguientes oraciones, prestando atención especial a los pronombres de complemento directo e indirecto. Luego escriba el sustantivo al que se refiere cada pronombre. Oirá cada oración dos veces.

> MODELO: se = _____, los = _____ → se = *Marta,* los = *libros*

1. lo = _____

2. se = _____, lo = _____

3. les = _____

4. se = _____, las = _____

5. la = _____

6. se = _____, lo = _____

B. Para cada uno de los siguientes dibujos, Ud. oirá una serie de preguntas. Conteste cada pregunta de manera *lógica,* usando pronombres de complemento directo e indirecto en su respuesta. Repita la respuesta correcta después de oírla en el programa auditivo.

1.

2.

3.

4.

C. Conteste las siguientes preguntas usando pronombres de complemento directo e indirecto en su respuesta. Repita la respuesta posible después de oírla en el programa auditivo.

> MODELO: ¿Regala Ud. una foto a su madre? → *Sí, se la regalo.*

1. ... 2. ... 3. ... 4. ... 5. ...

9. THE IMPERFECT INDICATIVE

A. Ud. oirá un verbo en el presente. Cámbielo por la forma correcta del imperfecto. Repita la respuesta correcta después de oírla en el programa auditivo.

> MODELO: hablan → *hablaban*

1. ... 2. ... 3. ... 4. ... 5. ... 6. ... 7. ... 8. ... 9. ... 10. ...

B. Ud. oirá una frase incompleta que empieza en el tiempo presente. Complétela con la forma correcta del imperfecto, usando pronombres de complemento directo cuando sea posible. ¡Cuidado! No es posible usar un complemento en todos los casos. Repita la respuesta correcta después de oírla en el programa auditivo.

> MODELO: Ahora yo no tomo leche, pero antes sí... → *la tomaba.*

1. ... 2. ... 3. ... 4. ... 5. ...

C. Ud. oirá una frase incompleta que empieza en el tiempo presente. Complétela con la forma correcta del tiempo imperfecto, usando pronombres de complemento directo e indirecto. ¡Cuidado! Algunas de las oraciones necesitan dos pronombres. Repita la respuesta correcta después de oírla en el programa auditivo.

> MODELO: Ahora no le digo mis secretos a mi mamá, pero antes sí... → *se los decía.*

1. ... 2. ... 3. ... 4. ... 5. ... 6. ...

10. REFLEXIVE STRUCTURES

A. Ud. oirá una serie de preguntas. Contéstelas según el sujeto sugerido que oye. *No* repita el sujeto. Repita la respuesta correcta después de oírla en el programa auditivo.

> MODELO: Yo me lavo los dientes después de comer.
> ¿Y ellos? → *También se lavan los dientes.*

1. ... 2. ... 3. ... 4. ... 5. ...

B. Ud. oirá una serie de frases en las que Susana explica la rutina de cada día de la semana. Repita las frases usando la tercera persona.

> MODELO: Yo me despierto a las 6:00 de la mañana. → *Susana se despierta a las 6:00 de la mañana.*

1. ... 2. ... 3. ... 4. ... 5. ... 6. ... 7. ... 8. ...

C. Escuche las preguntas sobre cada uno de los siguientes dibujos y contéstelas, incorporando uno de los verbos indicados en cada respuesta. ¡Cuidado! A veces la acción es reflexiva y a veces no. Repita la respuesta posible después de oírla en el programa auditivo.

MODELO: ¿Qué hace el niño? → *Se lava los dientes.*

lavar

1.

quitar / bañar / lavar

2.

vestir / bañar / peinar

3.

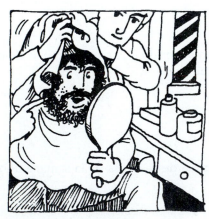

secar / afeitar / mirar

D. Para cada uno de los siguientes dibujos, Ud. oirá una serie de preguntas. Contéstelas de acuerdo con las acciones que se ven, usando los verbos indicados. Repita la respuesta correcta después de oírla en el programa auditivo.

MODELO:

¿Qué hacen el hombre y la mujer? →
Se miran pero no se hablan.

mirar / pero / no hablar

1.

no entender / porque / no escuchar

2.

dar regalos / porque / apreciar mucho

3.

pegar / y / gritar

4.

escribir cartas / no ver con frecuencia

Enlace

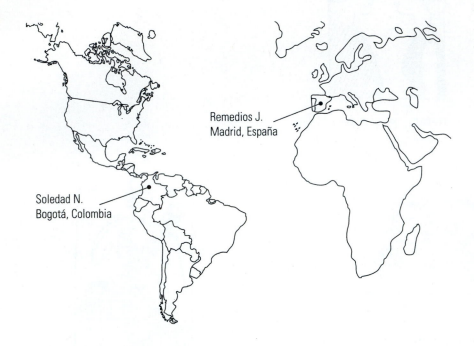

A. Escuche con atención a Remedios. Ella va a hablarle de la comunidad humana de su país. Mire las preguntas de comprensión a continuación. Mientras escucha, trate de completarlas con la opción que mejor se corresponda con las opiniones de Remedios. Trate de entender las ideas generales y de adivinar las palabras o frases que no entiende completamente.

1. España es un país con...
   a. una gran variedad racial.
   b. una gran uniformidad racial.
2. Los gitanos son...
   a. una minoría muy numerosa.
   b. una comunidad muy pequeña.
3. Cuando la gente habla del grupo gitano generalmente se refiere a...
   a. los gitanos que viven en la marginalidad.
   b. todos los gitanos que viven en el país.
4. Algunas personas acusan a los gitanos de dedicarse...
   a. al tráfico de drogas.
   b. a robar y matar.
5. Según Remedios, en España...
   a. sí hay un sentimiento en contra de los gitanos.
   b. no hay un sentimiento en contra de los gitanos.

B. El testimonio de Remedios continúa. Ahora habla de otros grupos raciales que han llegado (*have arrived*) más recientemente. Mientras escucha, trate de identificar la procedencia (el lugar de origen) de estos grupos y algunas de las características comunes que justifican sus dificultades para adaptarse. Como se decía antes, escuche para entender las ideas generales y trate de adivinar las palabras o frases que no entiende completamente. Oirá el texto dos veces. Luego, complete la ficha a continuación.

Inmigración reciente

- Procedencia: _____

- Características: _____

_____

_____

C. Escuche con atención a Soledad. Soledad es de Colombia y, claro, los grupos raciales y étnicos de ese país son muy diferentes de los de España. Mientras escucha, trate de contestar las siguientes preguntas: ¿Cuáles son los grupos que menciona? ¿Cuál de los grupos es el más grande? Luego, complete la ficha a continuación.

Porcentaje de la población	Grupo
_____ por ciento	_____
_____ por ciento	_____

D. Escuche de nuevo el testimonio de Soledad. Mientras escucha, trate de contestar la siguiente pregunta. ¿Cuáles son dos características que estos grupos tienen en común? Luego, indique si las siguientes oraciones son ciertas (**C**) o falsas (**F**).

1. C F   2. C F   3. C F   4. C F   5. C F

Pronunciación y ortografía*

PRONUNCIACION: LOS DIPTONGOS

A diphthong is the combination of an unstressed **i** or **u** (weak vowels) with an **a, e,** or **o** (strong vowels). These combinations are pronounced as a single sound, with stress on the strong vowel. Spanish has eleven frequently occurring diphthongs. They occur within words or across word boundaries: **suave, su amigo.**

A. Escuche cada una de las siguientes palabras y repítala en la pausa. Compare su pronunciación con la que oye en el programa auditivo y repita una vez más. Cuidado de no confundir las vocales simples con los diptongos.

VOCAL	DIPTONGO		VOCAL	DIPTONGO
1. [e] seta	[ie] siete	7.	[e] seco	[ue] sueco
2. [e] vente	[ei] veinte	8.	[e] rezar	[eu] rehusar
3. [o] dos	[io] Dios	9.	[o] cota	[uo] cuota
4. [o] bono	[oi] boina	10.	[a] paga	[ua] tregua
5. [a] pano	[ia] piano	11.	[a] pasa	[au] pausa
6. [a] ha	[ai] hay			

The two weak vowels **i** and **u** can also combine to form a diphthong. In this case the second vowel usually receives the stress: **ciudad, fui.** Two strong vowels never combine to form a diphthong. They are pronounced as separate sounds: **reo, poeta, teatro, ahora.**

---

*Remember to use the separate Pronunciation Audio CD for the **Pronunciación y ortografía** sections.

B. Escuche cada una de las siguientes palabras y repítala en la pausa. Compare su pronunciación con la que oye en el programa auditivo y repita una vez más. Cuidado de no confundir las vocales simples con los diptongos.

1. [u]–[i̯u]   cruda   ciudad   zumo   triunfo
2. [i]–[u̯i]   ida   huida   vimos   fuimos
3. [e]–[u̯e]   beca   buena   fe   fue
4. [a]–[u̯a]   haga   agua   sal   suave
5. [e]–[ei̯]   vente   veinte   pena   peina
6. [a]–[ai̯]   ha   hay   ala   alai

C. Escuche las siguientes oraciones y repítalas en la pausa. Compare su pronunciación con la que oye en el programa auditivo y repita una vez más. Cuidado de no confundir las vocales simples con los diptongos.

1. Nadie quiere despreciar a los indios que mantienen sus viejas tradiciones.
2. Esa estrategia juega un papel importantísimo.
3. Sea lo que sea, con frecuencia los indios o no quieren o no pueden salir adelante.

D. Lea cada una de las siguientes oraciones en voz alta, grabando su pronunciación y prestando atención especial a la pronunciación de los diptongos. Después de grabar cada oración, escuche la pronunciación que oye en el programa auditivo y repita una vez más.

1. Es cierto que nuestros descendientes no pueden solucionarnos los problemas.
2. En el caso mío, la mezcla de varias razas no tiene importancia.
3. Siempre quieren incluir lo tradicional y también lo moderno.

E. Escuche cada una de las siguientes palabras y luego escríbala en el cuaderno. Oirá cada palabra dos veces. Cuidado de no confundir los diptongos con las vocales simples.

1. _____   5. _____   9. _____
2. _____   6. _____   10. _____
3. _____   7. _____
4. _____   8. _____

F. Escuche el siguiente texto por completo. Luego se repetirá más lentamente con pausas. En las pausas, escriba lo que oyó. Al final toda la selección se repetirá una vez más.

Los indios andinos «desaparecen»

_____
_____
_____
_____
_____
_____
_____
_____
_____
_____

PRACTICA ESCRITA Y COMPOSICION

Describir y comentar

A. Complete las siguientes oraciones con la forma correcta de la palabra de la lista del vocabulario en la página 27 que mejor corresponda al sentido de la oración.

1. Es ilegal _____ contra una persona por el color de su piel.

2. Los _____ de Australia son los aborígenes.

3. El color verde es la _____ del azul más el amarillo.

4. La _____ de la ciudad de Nueva York es de unos dieciocho millones de habitantes.

5. _____ los blancos, no veo la necesidad de un programa antidiscriminatorio.

6. Muchos _____ prefieren vivir en reservas con otros miembros de su comunidad.

7. Algún día sólo habrá (*there will be*) una _____ y el problema de la discriminación habrá desaparecido (*will have disappeared*).

8. Muchos niños pequeños son muy posesivos; no les gusta _____ sus juguetes con otros.

B. Busque antónimos en la lista del vocabulario.

1. el antepasado _____

2. el aprecio _____

C. Busque sinónimos en la lista del vocabulario.

1. estimar _____

2. ser buenos amigos _____

Lengua

6. IMPERSONAL **SE** AND PASSIVE **SE**

A. Cambie las oraciones a continuación, usando construcciones con **se.**

MODELO: Las personas no votan en ese país. → *No se vota en ese país.*

1. Dicen que hay muchos indígenas norteamericanos en el Oeste. _____

_____

2. La gente insiste en comprar coches grandes. _____

_____

3. En las reservas la gente intenta mantener sus tradiciones. _____

_____

4. En muchas partes del mundo, la gente cree que todos los estadounidenses son ricos. _____
_____

5. En este país la gente aprecia mucho los valores humanos. _____
_____

B. Conteste las siguientes preguntas, usando construcciones con **se.**

MODELO: ¿Qué se hace en una fiesta? → *Se bebe vino, se baila y se escuchan discos.*

1. ¿Qué se hace en un laboratorio de lenguas? _____
_____

2. ¿Qué se hace en la cafetería de la universidad? _____
_____

3. ¿Qué se hace en una tienda de ropa? _____
_____

4. ¿Qué se debe hacer en la clase de español? _____
_____

5. ¿Qué no se debe hacer antes de un examen? _____
_____

7. INDIRECT OBJECTS

A. Rolo Repítelo contesta cada pregunta como un eco, repitiendo muchas palabras que deben ser re-emplazadas por pronombres. Cambie las respuestas de Rolo para eliminar la repetición innecesaria.

MODELO: —¿Piensas escribir a tu amigo mañana?
—No, voy a escribir a mi amigo ahora. → —*No, voy a escribirle ahora.*

1. —¿Escribe Ud. a sus padres?

—Sí, escribo a mis padres a menudo. → —Sí, _____ a menudo.

2. —En la clase, ¿contestan Uds. al profesor en inglés?

—No, contestamos al profesor en español. → —No, _____ en

español.

3. —¿Qué piensas comprar a tu novia para su cumpleaños?

—Pienso comprar unas flores a mi novia. → —_____ unas

flores.

4. —Para ser cortés, ¿qué debes decir a esa señora?

—Debo decir «gracias» a esa señora. → —_____ «gracias».

5. —En su opinión, ¿deben gritar los padres a sus hijos?

—No, los padres no deben gritar a sus hijos, ni viceversa. →

—No, _____, ni viceversa.

**B. ¿A quién acude (*turn to*) Ud. cuando necesita o quiere hacer las siguientes cosas? Incluya en su respuesta el pronombre de complemento indirecto apropiado.

> MODELO: pedir consejos →
> *Les pido consejos a mis hermanos mayores porque tienen mucha experiencia.*

1. pedir consejos: _____

2. contar algo en secreto: _____

3. pedir dinero: _____

4. hacer regalos especiales: _____

5. pedir compasión (*sympathy*): _____

8. SEQUENCE OF OBJECT PRONOUNS

A. Rolo necesita más ayuda. Escriba sus respuestas de nuevo, usando pronombres para evitar la repetición.

> MODELO: —¿Quién acaba de darle las flores a María?
> —Su hija acaba de darle las flores a María. → —*Su hija acaba de dárselas.*

1. —¿A quién le vas a dar esa botella de vino?

   —Voy a darle la botella de vino a mi hermana. → —_____

2. —¿Cuándo me vas a devolver el dinero?

   —Te voy a devolver el dinero mañana. → —_____

3. —¿A quién le vas a dar ese regalito?

   —Le voy a dar el regalito a mi mejor amigo. → —_____

4. —¿Quién te presta los libros?

   —La biblioteca me presta los libros. → —_____

5. —¿Quién les paga a Uds. la matrícula (*tuition*)?

   —Nuestros padres nos pagan la matrícula. → —_____

**B. Conteste las siguientes preguntas, usando pronombres cuando sea necesario.

1. ¿A quién le escribe Ud. cartas románticas? _____

   _____

2. ¿Quién se las escribe a Ud.? _____

   _____

3. ¿A quién le pide Ud. ayuda en asuntos de estudios? ¿En qué circunstancias? _____

   _____

4. ¿Quién se la pide a Ud.? ¿En qué materia? _____

   _____

5. ¿A quién *no* le presta Ud. dinero *nunca*? ¿Por qué? _____

_____

9. THE IMPERFECT INDICATIVE

A. Complete las oraciones con la forma apropiada del imperfecto del verbo en letra cursiva, usando pronombres de complemento directo e indirecto cuando sea posible. ¡Cuidado! A veces no es posible usar un complemento pronominal; en otros casos puede ser necesario usar un pronombre preposicional.

MODELO: Ahora yo no *leo* las tiras cómicas (*comics*), pero antes sí _____. → *las leía*

1. Ahora mi hermano *bebe* cerveza, pero antes no _____.

2. Ahora yo me *compro* la ropa, pero antes no _____.

3. Ahora mis amigos y yo *vamos* al laboratorio de lenguas todos los días, pero antes no

_____.

4. Ahora mi familia *hace* viajes largos con frecuencia, pero en el pasado no

_____.

5. Mi hermanita ya no *juega* con muñequitas (*little dolls*), pero antes sí _____.

6. Ahora Uds. *prefieren* los libros intelectuales, pero antes no _____.

7. Ahora *puedo* escribir en español, pero antes no _____.

8. Los estudiantes universitarios *duermen* muy poco, pero de niños _____.

9. Ahora Juan ya no *pide* hamburguesas en un restaurante elegante, pero de niño sí

_____.

10. Ahora que tú *eres* adulto, no *dices* chistes sin gracia (*dumb*), pero cuando

_____ niño, sí _____.

B. Lea el siguiente texto sobre la civilización maya y cambie los verbos indicados al imperfecto.

No sería[a] exagerado afirmar que la más brillante y admirable de todas las culturas que florecieron

en México y en las zonas bajas de Guatemala fue la de los mayas. Tuvo su centro al sureste del

istmo de Tehuantepec, y su desarrollo *comprende*[b] _____[1] dos grandes épocas: el

antiguo Imperio o civilización maya temprana y el nuevo Imperio. La primera época (900–300 a.C.)

se relaciona _____[2] cultural y lingüísticamente con las culturas olmeca, huaxteca

y tolteca de México Central.

Fue en este período que *se desarrolla* _____[3] el calendario y *aparece*

_____[4] un sistema de escritura basado en el culto a los antepasados. Su

arquitectura, en piedra, *es* _____[5] grandiosa, con falsas bóvedas,[c] pirámides

[a]No... *It would not be*   [b]*consists of*   [c]*vaulted ceilings*

escalonadas y templos. Muchos de los templos edificados en esa época *están*

_____[6] construidos sobre plataformas. El antiguo Imperio maya desapareció

hacia el siglo X. Los investigadores no están de acuerdo sobre las causas de la desaparición. Para

algunos la decadencia *se debe* _____[7] a un cambio importante en el clima; para

otros, la causa estaba en las convulsiones sociales o en la presencia de invasores.

La cultura del nuevo Imperio *es* _____[8] de origen complejo. La agricultura,

del maíz básicamente, *representa* _____[9] su base económica, y sólo *se logra*

_____[10] desbrozando la selva[d] y quemando[e] los árboles derribados.[f] Los mayas

cultivan _____[11] el algodón,[g] *cazan* _____[12] y *pescan*

_____[13]; *se organizan* _____[14] en comunidades totémicopa-

triarcales y *dividen* _____[15] las sociedades en clases. Por un lado *se encuentran*

_____[16] los jefes supremos y los sacerdotes;[h] por otro, los agricultores y escla-

vos que *viven* _____[17] en chozas.[i]

Ya en el año 870 d.C. muchas de sus ciudades *están* _____[18] despobladas[j] y

convertidas en ruinas, o *desaparecen* _____[19] poco a poco, absorbidas por la

selva tropical. ¿Qué provocó el hundimiento de esta gran civilización? Es la pregunta que nadie

sabe contestar.

[d]desbrozando... *clearing the jungle* [e]*burning* [f]*fallen* [g]*cotton* [h]*priests* [i]*huts* [j]*deserted*

ESTRATEGIAS PARA LA COMUNICACION   ¿Y tú? *Keeping a conversation going*

Ud. habla con una persona que hace los siguientes comentarios. Ud. quiere conocer mejor a esa
persona. Respóndale de manera que él/ella siga hablando.

1. «Yo vivo en Honolulú.»

   _____

2. «Mi padre es astronauta.»

   _____

3. «Me gusta mucho jugar al baloncesto.»

   _____

4. «No tengo hermanos.»

   _____

5. «Me gusta ir al cine con mis amigos.»

   _____

6. «Mi película favorita es *Bailando con lobos*.»

   _____

7. «No me gusta la música alternativa. Prefiero la música de rock duro.»

_____

10. REFLEXIVE STRUCTURES

A. Escriba **se** en los espacios en blanco donde es necesario el reflexivo, y **X** donde no es necesario.

MODELO: Uds. _se_ lavan los dientes después de comer _X_ .

1. ¿_____ ducha Ud. o prefiere bañar_____?

2. Los niños deben poner_____ un abrigo; hace frío afuera.

3. Ud. tiene que amar_____ a sí mismo para amar_____ a los demás.

4. ¿Puede Ud. levantar_____ el sofá? Quiero limpiar debajo.

5. Mi hermana a veces _____ afeita a su esposo.

6. Mamá necesita peinar_____ al niño para la foto.

7. Esta tarde voy a bañar_____ a mi perro.

8. Los muchachos en la escuela primaria no _____ afeitan.

9. Si Ud. tiene calor, debe quitar_____ el suéter.

10. Felipe es muy egoísta: _____ considera muy inteligente, pero no lo es.

**B. Conteste las siguientes preguntas con oraciones completas. Cuidado con el tiempo del verbo.

1. De niño/a, ¿se ponía Ud. ropa elegante con frecuencia? ¿Y ahora?

_____

2. ¿Se pintan mucho las mujeres de esta universidad?

_____

3. ¿Prefiere Ud. ducharse o bañarse? ¿Y de niño/a?

_____

4. De niño/a, ¿podía Ud. vestirse en menos de diez minutos? ¿Y ahora?

_____

5. ¿Se lava Ud. los dientes antes o después de peinarse?

_____

6. ¿Cuánto tiempo necesita Ud. para secarse el pelo?

_____

C. Exprese las siguientes oraciones en español.

1. Here students and teachers respect each other. _____

_____

2. My dog and my cat do not get along well with each other. _____

_____

3. Some ethnic groups hate each other. _____

_____

4. The two groups look down on each other. _____

_____

5. The bride and groom give each other rings. _____

_____

Enlace

ORTOGRAFIA: REPASO DEL SILABEO

Divida las siguientes palabras en sílabas según las reglas que se presentaron en el Capítulo 1.

1. siguientes	4. femenino	7. agrio	10. indio
2. indígena	5. abril	8. churro	11. estructura
3. rodeo	6. antiguo	9. fue	12. valle

ORTOGRAFIA: EL ACENTO ESCRITO

In Spanish, words are normally stressed on the last syllable or on the next-to-last (penultimate) syllable. Words ending in vowels and the consonants **n** and **s** are stressed on the penultimate syllable: <u>ca</u>-sa, <u>ca</u>-sas, <u>ha</u>-bla, <u>ha</u>-blan. Words ending in any other consonant are stressed on the last syllable: es-<u>tar</u>, es-pa-<u>ñol</u>, ciu-<u>dad</u>, re-<u>loj</u>. Note that, for purposes of assigning stress, the letter **y** is considered a consonant: es-<u>toy</u>.

If the stress on a word does not follow the rule, the word will require a written accent over the stressed vowel: <u>ár</u>-bol, so-<u>fá</u>, <u>jó</u>-ve-nes, <u>cár</u>-cel.

The written accent has two other uses in Spanish. First, it is used to distinguish between two words with the same spelling but different meanings: **si** (*if*), **sí** (*yes*); **tu** (*your*) **tú** (*you*). In these cases the placement of the accent must be memorized. Secondly, it is used to break the single sound of a diphthong into two separate vowel sounds. You will learn the rules covering accents and diphthongs in the next section.

A. La sílaba <u>subrayada</u> recibe el énfasis. Lea las palabras y escriba un acento donde sea necesario.

1. <u>cli</u>-ni-ca	8. <u>ul</u>-ti-mo	15. <u>ra</u>-pi-do	22. ju-ven-<u>tud</u>
2. ki-<u>lo</u>-me-tro	9. in-te-<u>res</u>	16. a-<u>qui</u>	23. a-ni-<u>mal</u>
3. ca-pa-ci-<u>dad</u>	10. mon-<u>ton</u>	17. man-te-<u>ner</u>	24. a-<u>na</u>-li-sis
4. ho-<u>rri</u>-ble	11. la-<u>dro</u>-nes	18. <u>qui</u>-mi-ca	25. <u>jo</u>-ven
5. di-<u>fi</u>-cil	12. can-<u>cion</u>	19. can-<u>cio</u>-nes	26. tra-<u>ba</u>-jan
6. <u>la</u>-pi-ces	13. re-pre-sen-<u>tar</u>	20. <u>pa</u>-ja-ro	27. e-<u>lec</u>-tri-co
7. a-<u>zu</u>-car	14. a-le-<u>ma</u>-na	21. di-fi-cul-<u>tad</u>	28. her-mo-<u>si</u>-si-mo

B. Indique la palabra que mejor complete cada oración.

1. ¿(Que/Qué) (te/té) va a dar (tu/tú) novio?
2. No (se/sé) (si/sí) (el/él) viene hoy o mañana.
3. Para (mi/mí), (el/él) español es fácil.

ORTOGRAFIA: LOS DIPTONGOS Y EL ACENTO ESCRITO

As you know, a diphthong is a combination of a weak vowel (**i, u**) with a strong vowel (**a, e, o**), pronounced together to produce a single sound. The strong vowel in a diphthong is always heard more "loudly" than the weak vowel. Say these words aloud: **agua, veinte, avión.**

When a written accent is placed over a weak vowel, the diphthong is considered broken, and the sounds of the two vowels can be heard separately. Thus, **ia** is a diphthong, but **ía** is not; **ie** is a diphthong, but **íe** is not.

Sometimes the strong vowel of a diphthong will have an accent because the word breaks these general rules of stress. This is the reason for the accents in **también** and **después.** A written accent over the strong vowel does not break the diphthong.

A. La vocal <u>subrayada</u> recibe el énfasis. Lea las parejas y escriba un acento donde sea necesario.

1.	i<u>e</u>	4.	<u>o</u>i	7.	u<u>e</u>	10.	<u>i</u>a
2.	<u>i</u>o	5.	<u>e</u>i	8.	<u>a</u>u	11.	<u>e</u>i
3.	u<u>a</u>	6.	<u>a</u>i	9.	i<u>e</u>	12.	o<u>i</u>

B. La vocal <u>subrayada</u> recibe el énfasis. Lea las palabras y escriba un acento donde sea necesario.

1.	si<u>e</u>ntese	8.	cont<u>i</u>nuo	15.	ju<u>e</u>gan
2.	democr<u>a</u>cia	9.	l<u>i</u>mpio	16.	act<u>u</u>an
3.	melod<u>i</u>a	10.	polic<u>i</u>a	17.	c<u>a</u>igo
4.	dinast<u>i</u>a	11.	o<u>i</u>mos	18.	astron<u>a</u>uta
5.	lecci<u>o</u>nes	12.	j<u>a</u>ula	19.	peri<u>o</u>dico
6.	gr<u>a</u>cias	13.	cu<u>e</u>ntanos	20.	l<u>i</u>o
7.	act<u>u</u>al	14.	ti<u>e</u>rra		

¡Ojo!

A. Dé el equivalente en español de cada frase indicada.

1. What do you *think of* _____ my friend?

2. They *married each other* _____ thirty years ago.

3. Many single mothers *depend on* _____ social welfare.

4. *I think* _____ Native Americans still suffer tremendous discrimination.

B. Indique la palabra que mejor complete la oración. ¡Cuidado! También hay palabras del capítulo anterior.

1. Ella es morena y muy (baja / corta).
2. Siempre (pienso en / pienso de) mis padres cuando me siento solo.
3. Uds. (trabajan / funcionan) demasiado. Deben tomar unas vacaciones.
4. Todo consiste (en / de) organizar bien su tiempo.

REPASO: PARRAFO DE SINTESIS

Lea la siguiente selección, llenando los espacios en blanco con la forma correcta en español de las palabras entre paréntesis.

Dos culturas se acercan

Hoy en día en los Estados Unidos no hay tanta diferencia entre la cultura indígena y la no indígena como había antes. En las reservas se vive en contacto con la naturaleza y se mantienen las maneras de vivir de la comunidad, exactamente como la gente lo hacía en el pasado. Los hijos (*study*) _____[1] en las escuelas, pero también (*they learn*) _____[2] los ritos religiosos y sociales de sus antepasados. (*They discover:* Descubrir) _____[3] cómo ellos (*used to live*) _____[4] y cómo (*used to be*) _____[5] su vida. Muchas veces (*they participate:* participar) _____[6] en los bailes tradicionales y (*they dance*) _____[7] exactamente como (*used to dance*) _____[8] sus antepasados. Así (*are transmitted:* transmitirse) _____[9] los movimientos rituales de los indígenas norteamericanos de generación en generación.

Hace varios años, todo el mundo (*seemed*) _____[10] preferir lo moderno. Hoy en día (*one sees*) _____[11] que muchos estadounidenses que no son indígenas norteamericanos (*want*) _____[12] volver a una forma de vida más simple. Con una frecuencia cada vez más evidente, la gente (*look for*) _____[13] un terreno lejos de los grandes centros urbanos, (*build:* construir) _____[14] una casa con sus propias manos y (*grow:* cultivar) _____[15] sus propios alimentos. Muchos descendientes de inmigrantes (*want*) _____[16] aprender la lengua de sus antepasados y otros (*desire*) _____[17] aprender sus bailes o su música. En este deseo, los estadounidenses que no son indígenas norteamericanos (*begin*) _____[18] a parecerse[a] en algo a los indígenas norteamericanos. Sin duda se abre así una puerta para entenderse.

[a]*to resemble*

Análisis y aplicación: Composición

LA DESCRIPCION

Mi abuelo español (pp. 22–23) is an example of descriptive writing. Like all written compositions, it has an introduction, a body, and a conclusion. In this selection, the introduction is in the first three sentences; it identifies and locates the person who will be described.

The body of the selection gives descriptive information. This can be organized in several different ways.

1. From outside to inside: describe external (physical) characteristics, then internal (personality, mental, emotional) traits.
2. From general to more specific: give an overall description of the person, then focus on a particular aspect or characteristic, such as the eyes, the smile, or the voice.
3. From specific to more general, the reverse of 2: start with the person's laugh, the way he or she walks, or another unique characteristic associated with the person, then give an overall description.
4. Spatially: describe a person from head to toe, or describe a scene moving from left to right.

Description can be very objective: The writer does little to reveal his or her feelings about what is being described. Description can also be very subjective: The writer helps the reader to understand the impression that the person or object described has made on him or her. This may be done through the actual choice of words ("He's a stout fellow" conveys a more positive feeling than "He's a fat slob"), or by associating the description with an experience common to all ("He's as fat as Santa Claus").

Whether subjective or objective, a description is always sensual. That is, it uses adjectives and expressions that appeal to the senses, in order to enable the reader to experience mentally the person or object described.

The conclusion can restate some of the principal characteristics of the person or object. In general, it includes a commentary or final statement on the person or thing described that helps the reader understand why this particular person or thing was chosen for description, why it has made such an impact on the writer, and what impression of it the writer would like the reader to retain.

Using a separate sheet of paper, answer the following questions about *Mi abuelo español.*

1. Is this an objective or subjective description? How is this point of view established? Be specific.
2. How is the information organized?
3. What words in the text enable the reader to visualize or to experience physically what is being described? Be specific.
4. Does the selection have a conclusion? If yes, what is it and which purpose does it serve?

A. On a separate sheet of paper, write a descriptive paragraph about a special person or place. When you have finished your rough draft, check your paragraph using the following guidelines.

1. *Edit for content.**
   a. Is the information clearly organized?
   b. Does the description involve the senses?
   c. If you meant to write a subjective description, how is that goal evident in your paragraph? What words did you use to recreate the person or place for your reader?
   d. What is your own attitude toward what you have described? Does that attitude make itself felt anywhere in your description?

2. *Proofread for grammar and word usage.†* In writing a description, the verbs **ser** and **estar** are very important, as are adjectives.
   a. Check each use of **ser** and **estar** carefully. Have you chosen the correct verb for the context? Have you conjugated the verb correctly?

---

*You will find further discussion of the term *editing* in *Capítulo 3.*
†You will find further discussion of the term *proofreading* in *Capítulo 3.*

b. Check each of the adjectives that you have used. What is the noun that each modifies? Is the adjective ending correct? Is the adjective the most exact or most specific one that you could use for the context?

c. If you have looked up any words, did you double-check the Spanish-English section of your dictionary for accuracy of meaning?

B. Make all changes that need to be made on the basis of your editing and proofreading, then recopy your description on another sheet of paper.

Pasaje cultural*

La lengua española y su historia

El español es una de las lenguas que más se hablan en el mundo. En este segmento, va a ver que en sus principios era la lengua de la cultura, la cual se fue enriqueciendo poco a poco con la influencia de otras lenguas. El origen del español es muy claro y se puede trazar (*trace*) fácilmente.

DESPUES DE VER

**A. Después de ver este vídeo, ¿le sorprende a Ud. la cantidad de palabras extranjeras que hay en el español? ¿Cuál es el origen del español y cómo evolucionó? Indique las afirmaciones que correctamente describen el origen y la evolución del español.

1. ☐ El español se deriva del italiano.

2. ☐ Los romanos trajeron el español a España y lo impusieron como lengua oficial.

3. ☐ La influencia del árabe en el español es evidente sobre todo en el léxico (vocabulario).

4. ☐ Las lenguas indígenas en realidad no contribuyeron al desarrollo del español.

Ahora, escriba dos palabras españolas de origen árabe y dos palabras españolas que tienen su origen en las lenguas indígenas de América.

del árabe _____ _____

de las lenguas indígenas _____ _____

_____

*The viewing segments corresponding to the **Pasaje cultural** section can be found on the *Video to accompany ¡Avance!*

B. Busque información en el Internet sobre una de las lenguas, aparte del español, que se habla en algún país hispano. Por ejemplo, el gallego, el vascuence (el euskera) o el catalán en España, el quechua en el Perú, el guaraní en Paraguay o el purépecha en México. En una hoja de papel aparte, prepare un reporte dando como mínimo la siguiente información.

idioma: _____

país y/o región donde se habla: _____

número de hablantes: _____

¿lengua oficial del país / de la región?: _____

¿lengua escrita o sólo hablada?: _____

otros datos: _____

_____

_____

_____

CAPITULO 3

Costumbres y tradiciones

EXPRESION ORAL Y COMPRENSION

Describir y comentar

A. Escuche las siguientes palabras y repítalas en la pausa. Entonces escuche cada palabra otra vez, compare su pronunciación con la que oye en el programa auditivo y repita la palabra una vez más.

aceptar
asustar
cumplir
   cumplir _____ años
disfrazarse
festejar
gastar una broma
morir (ue, u)
rechazar
tener miedo

la bruja
el Día de las Brujas
el cementerio
el cumpleaños
el Día de los Muertos
  (de los Difuntos)
el Día de todos los
  Santos
el disfraz
los dulces
el esqueleto

el fantasma
el más allá
el miedo
el monstruo
la muerte
el muerto / la muerta
la Semana Santa
la vela

lo sobrenatural

B. Mire la lista de vocabulario del ejercicio A mientras escucha las siguientes oraciones y preguntas. Diga la palabra que mejor corresponda a cada contexto. Repita la respuesta correcta después de oírla en el programa auditivo.

1. ...   2. ...   3. ...   4. ...   5. ...

C. Para el siguiente dibujo, Ud. oirá un breve texto describiendo la escena. Después oirá una serie de oraciones. Indique si las oraciones son ciertas (**C**) o falsas (**F**). Si la descripción no incluye esa información, indique que «no dice» (**ND**). Oirá la descripción y las oraciones dos veces.

	C	F	ND
1.	☐	☐	☐
2.	☐	☐	☐
3.	☐	☐	☐
4.	☐	☐	☐
5.	☐	☐	☐
6.	☐	☐	☐

D. El siguiente dibujo representa una escena típica del Día de los Muertos en una ciudad de España. Después oirá un breve texto describiendo lo que hace la familia Rodríguez ese día. Después oirá una serie de oraciones. Indique si las oraciones son ciertas (**C**) o falsas (**F**). Oirá el texto y las preguntas dos veces.

	C	F
1.	☐	☐
2.	☐	☐
3.	☐	☐
4.	☐	☐

Lengua

11. **GUSTAR** AND SIMILAR VERBS

A. Haga oraciones completas usando las siguientes palabras y frases, sin cambiar el orden de las palabras. Conjugue los verbos y agregue las palabras necesarias (preposiciones y pronombres). Repita la respuesta correcta después de oírla en el programa auditivo.

> MODELO: Juanita / gustar / los deportes → *A Juanita le gustan los deportes.*

1. mis amigos / gustar / la universidad
2. nosotros / gustar / el arte indígena
3. los ingenieros / interesar / lo moderno
4. mí / importar / los niñitos
5. ti / disgustar / los egoístas
6. nosotros / preocupar / el medio ambiente

B. Ramón el Quejón (*the Complainer*) y su hermana Lola son muy antipáticos y no les gusta nada de nada. Ud. oirá una serie de preguntas sobre los gustos de Ramón y Lola. Contéstelas de manera negativa, usando la forma correcta del verbo **gustar** o **caer bien,** según el contexto. Repita la respuesta correcta después de oírla en el programa auditivo.

MODELO: ¿Qué opinión tiene Ramón de sus clases? → *No le gustan.*

1. ... 2. ... 3. ... 4. ... 5. ... 6. ...

C. Generalmente las personas hacen o no hacen las cosas porque así lo quieren. Ud. oirá una serie de preguntas sobre varias personas. Contéstelas, explicando las motivaciones con el verbo **gustar.** Repita la respuesta correcta después de oírla en el programa auditivo.

MODELO: ¿Por qué no comía Ud. la cena? → *Porque no me gustaba.*

1. ¿Por qué no llevaba el niño los zapatos?
2. ¿Por qué se comían Uds. los dulces de su abuelita?
3. ¿Por qué no iban los estudiantes a la exposición?
4. ...
5. ...
6. ...

12. FORMS OF THE PRETERITE

A. Escuche las preguntas. Luego contéstelas, usando la forma correcta del mismo verbo en el pretérito. Cuidado con el énfasis en las terminaciones. Repita la respuesta correcta después de oírla en el programa auditivo.

MODELOS: ¿Hablaste? → *Hablé.*

¿Y tus amigos? → *Hablaron.*

1. ... 2. ... 3. ... 4. ... 5. ... 6. ...

B. Ud. oirá un verbo en el tiempo presente. Cámbielo por la forma correcta del pretérito. Cuidado con los verbos que tienen cambios internos en el pretérito. Repita la respuesta correcta después de oírla en el programa auditivo.

MODELO: empiezo → *empecé*

1. ... 2. ... 3. ... 4. ... 5. ...

C. Escuche el sujeto y el verbo y repítalos. Luego oirá un nuevo sujeto. Cambie el verbo de acuerdo con el nuevo sujeto. *No* repita el sujeto. Repita la respuesta correcta después de oírla en el programa auditivo.

MODELOS: tú hablaste → *tú hablaste*

(Ud.) → *habló*

1. ... 2. ... 3. ... 4. ... 5. ...

D. Ud. oirá una oración incompleta en el tiempo presente. Complétela con la forma correcta del pretérito, usando pronombres de complemento directo cuando sea posible. Repita la respuesta correcta después de oírla en el programa auditivo.

MODELO: No voy a leerlo porque ya... → *ya lo leí.*

1. ... 2. ... 3. ... 4. ... 5. ... 6. ...

E. Ud. oirá una serie de preguntas. Conteste cada pregunta de manera afirmativa, usando la forma correcta del pretérito y también pronombres de complemento directo e indirecto cuando sea posible. ¡Cuidado! No es posible usar un complemento pronominal en todos los casos. Repita la respuesta correcta después de oírla en el programa auditivo.

> MODELO: ¿Ya leíste el periódico hoy? → *Sí, ya lo leí.*

1. … 2. … 3. … 4. … 5. … 6. …

13. **HACER** IN EXPRESSIONS OF TIME

A. Cristina tiene una entrevista (*interview*) para un puesto en una compañía internacional. El entrevistador le hace varias preguntas sobre su formación (*background*) y educación. Haga el papel de Cristina, contestando las preguntas del entrevistador. Use la forma correcta de **hacer** + una expresión temporal para describir una situación o acción que todavía continúa en el presente. Use las expresiones temporales indicadas a continuación.

> MODELO: ¿Tiene Ud. experiencia de trabajo en una oficina? (sí, tres años) →
> *Sí, hace tres años que trabajo en una oficina.*

1. sí, cinco años
2. sí, cinco años
3. no, muchos años
4. sí, un mes

B. En su entrevista Cristina también tiene que dar una explicación sobre algunos hechos que ocurrieron en el pasado. Conteste las preguntas del entrevistador usando las expresiones temporales indicadas a continuación y la forma correcta de **hacer**.

> MODELO: ¿Aprendió Ud. a usar las computadoras? (sí, varios años) →
> *Sí, aprendí a usarlas hace varios años.*

1. sí, un mes
2. no, cinco años
3. sí, una semana
4. no, tres años

14. PRETERITE/IMPERFECT CONTRAST

A. Escuche los siguientes verbos y luego identifíquelos como pretérito o imperfecto, escribiendo el símbolo apropiado.

> Imperfecto: ∿▶ Pretérito: ↓

> MODELOS: escribía ∿▶
>
> comió ↓

1. _____ 2. _____ 3. _____ 4. _____ 5. _____ 6. _____

B. Ayer fue un día excepcional porque todo el mundo pudo hacer algo diferente de lo que generalmente hacía. Comente cómo cambió la vida de las siguientes personas. Trate de usar pronombres de complemento directo e indirecto cuando sea posible. Repita la respuesta correcta después de oírla en el programa auditivo.

> MODELO: mirar la televisión (tú) → *Por lo general mirabas la televisión, pero ayer no la miraste.*

1. … 2. … 3. … 4. … 5. …

C. Cuando papá llegó a casa anoche, cada miembro de la familia estaba haciendo algo diferente. Ud. oirá una serie de preguntas. Contéstelas, usando los verbos indicados para mostrar qué hacía cada uno cuando llegó papá. Repita la respuesta correcta después de oírla en el programa auditivo.

MODELO: mirar la televisión (¿Qué hacía Guille cuando llegó papá?) → *Miraba la televisión.*

1. masticar chicle, hacer globos
2. escuchar música, beber cola
3. jugar un «vídeo juego» electrónico, estar absorto
4. hablar por teléfono, fumar, tomar café
5. leer el periódico, sacar una cerveza

D. La noche del Día de las Brujas los hijos de la familia Gambas salieron a jugar al *trick or treat*. Cuente la historia de lo que hicieron esa noche, conjugando los verbos señalados en el pretérito o el imperfecto, según el contexto. Repita la respuesta correcta después de oírla en el programa auditivo. *Nota:* Se indicará el tiempo apropiado de los verbos con símbolos entre paréntesis.

1. ser (∿➤) el 31 de octubre
2. los niños: querer (∿➤) salir a jugar al *trick or treat*
3. Erni: vestirse (↓) de monstruo
4. Robi: disfrazarse (↓) de fantasma
5. los dos: pintarse (↓) la cara
6. Mechas: ser (∿➤) la más pequeña
7. necesitar (∿➤) ayuda
8. su madre: vestirla (↓) y pintarle (↓) la cara
9. su madre: disfrazarla (↓) de bruja horrible
10. Mechas: estar (∿➤) muy contenta

11. los tres ir (↓) de casa en casa
12. (los tres) pedir (↓) dulces a los vecinos que conocer (⤳) bien
13. los vecinos darles (↓) muchos dulces
14. asustar (↓) a los vecinos
15. hacer (↓) muchas travesuras
16. los vecinos saber (⤳) quiénes eran pero no decírselo (↓)
17. todos divertirse (↓) muchísimo
18. volver (↓) a casa
19. traer (↓) muchos dulces
20. comérselos (↓) todos
21. ponerse (↓) enfermos

E. La siguiente serie de dibujos presenta una famosa escena trágica, la muerte conjunta de Romeo y Julieta. Estudie los dibujos y las palabras que los acompañan. Luego, narre brevemente este episodio. Conjugue los verbos en el pretérito o el imperfecto según el contexto. Repita la respuesta correcta después de oírla en el programa auditivo.

1. Romeo y Julieta quererse mucho / el padre de Julieta preferir a otro / ella no querer casarse con el otro

2. Julieta estar muy triste / el fraile darle una poción

3. Julieta bebérsela (*to drink it all*) / parecer muerta pero no estar muerta / solamente dormir

4. cuando Romeo verla pensar que estar muerta / tomarse el veneno (*poison*) que tener / morirse

5. cuando Julieta despertarse ver a Romeo / estar muerto

6. Julieta volverse loca de dolor / tomar su daga / matarse

15. RELATIVE PRONOUNS: **QUE, QUIEN**

A. Ud. oirá una serie de oraciones. Repita cada una, empezándola con **Ya vimos...** y las palabras indicadas a continuación. Repita la respuesta correcta después de oírla en el programa auditivo. ¡Cuidado! A veces va a ser necesario incluir la preposición **a.**

MODELO: la profesora (La profesora está en la oficina.) →
Ya vimos a la profesora que está en la oficina.

1. el disfraz
2. la bruja
3. el cementerio
4. los amigos
5. las tumbas
6. el monstruo

B. Ud. oirá una serie de oraciones. Repita cada una, completándola con **...de que (de quien o de quienes) hablaron,** según el contexto. Repita la respuesta correcta después de oírla en el programa auditivo.

MODELO: Ese es el libro. → *Ese es el libro de que hablaron.*

1. ... 2. ... 3. ... 4. ... 5. ... 6. ...

Enlace

VOCES

A. Escuche con atención a Heber, Elvira y Bertha, tres hispanos que nos contestan las siguientes preguntas: ¿Ha estado Ud. o alguien de su familia a punto de morir? ¿Tuvo esa experiencia alguna consecuencia en su vida?

Primero examine el siguiente cuadro. Luego escuche con atención mientras Heber, Elvira y Bertha cuentan sus experiencias relacionadas con la muerte. Mientras escucha, busque la información para completar el cuadro. ¡Cuidado! Es posible que no se dé información sobre todos los aspectos que se mencionan en el cuadro. Si lo necesita, escuche la selección una vez más.

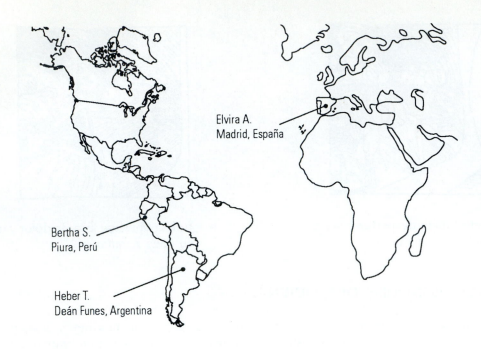

Elvira A.
Madrid, España

Bertha S.
Piura, Perú

Heber T.
Deán Funes, Argentina

ASPECTO	HEBER	ELVIRA	BERTHA
circunstancia:			
un accidente	☐	☐	☐
una enfermedad grave	☐	☐	☐
un ataque	☐	☐	☐
causa:			
una sustancia líquida	☐	☐	☐
una sustancia gaseosa	☐	☐	☐
una lesión (*injury*) física	☐	☐	☐
el fuego	☐	☐	☐
lugar:			
en su casa	☐	☐	☐
en un lugar público	☐	☐	☐
en la casa de un amigo o pariente	☐	☐	☐
en una clínica u hospital	☐	☐	☐
en la escuela	☐	☐	☐
estaba… :			
solo/a	☐	☐	☐
con una o dos personas más	☐	☐	☐
con muchas otras personas	☐	☐	☐
edad:			
niño/a	☐	☐	☐
adolescente	☐	☐	☐
adulto/a	☐	☐	☐

B. ¿Ha vivido Ud. o alguien que Ud. conozca una experiencia parecida a las de Heber, Elvira y Bertha? Describa brevemente lo que pasó. No olvide hacer referencia a los aspectos que aparecen en el cuadro (dónde estaba, qué edad tenía, qué ocurrió, etcétera).

——————————————————————————————————————

——————————————————————————————————————

——————————————————————————————————————

——————————————————————————————————————

——————————————————————————————————————

——————————————————————————————————————

——————————————————————————————————————

——————————————————————————————————————

——————————————————————————————————————

——————————————————————————————————————

Pronunciación y ortografía*

PRONUNCIACION: LA *D* OCLUSIVA Y LA *D* FRICATIVA: [d/d]

The letter **d** has two sounds in Spanish. The stop **d** (**la *d* oclusiva**) sounds much like the English [d]; it occurs after **n, l,** or a pause.

donde   falda   el dinero   un diente

The fricative **d** (**la *d* fricativa**) is similar to the English sound [d] in t<u>h</u>is and t<u>h</u>at. In any context except those noted above, the letter **d** is pronounced with the fricative sound.

comida   edad   es de   padre   ladrido

A. Escuche cada una de las siguientes palabras y repítala en la pausa. Compare su pronunciación con la que oye en el programa auditivo y repita una vez más. La **d** fricativa [d] está indicada.

1. dedo	4. no dice	7. cada	10. mundo
2. mi dedo	5. nada	8. usted	11. todo
3. dice	6. cuaderno	9. donde	12. anda

B. Escuche cada una de las siguientes palabras y repítala en la pausa. Compare su pronunciación con la que oye en el programa auditivo y repita una vez más. Cuidado con la pronunciación de la **d.**

1. disfraz	4. me lo da	7. dama	10. desde
2. ¡Qué disfraz!	5. gordo	8. grabado	11. personalidad
3. da	6. la dama	9. aburrido	12. ustedes

*Remember to use the separate Pronunciation Audio CD for the **Pronunciación y ortografía** sections.

C. Lea cada una de las siguientes palabras en voz alta, grabando su pronunciación y prestando atención especial a la pronunciación de la **d** y la de las vocales. Después de grabar cada palabra, escuche la pronunciación y repita una vez más.

1. lado	4. actitud	7. seda	10. extrovertido
2. sandía	5. preocupado	8. difuntos	11. rizado
3. drama	6. introvertido	9. dulces	12. donde

PRONUNCIACION: LA *D* NEUTRALIZADA: [đ] → Ø

The sound of the fricative **d** is actually softer than English [đ]; in some contexts it totally disappears in rapid speech. This is particularly frequent in the **-ado** endings and when **d** occurs at the end of a word. Thus **preocupado** might be pronounced [**preokupado**] in careful speech, but it is quite likely to be pronounced [**preokupáo**] conversationally.

Escuche la pronunciación de cada una de las siguientes palabras. Es posible que Ud. oiga estas variantes de diferentes hablantes nativos.

usted   cansado   pared   verdad   todo   Madrid

PRONUNCIACION: PRACTICA GENERAL CON LA *D* Y CON LAS VOCALES

A. Escuche cada una de las siguientes oraciones y repítala en la pausa. Compare su pronunciación con la que oye en el programa auditivo y repita una vez más. Cuidado con la pronunciación de las vocales. La **d** fricativa [đ] está indicada.

1. Los estudiantes andan a la universidad por la tarde y luego estudian toda la noche.
2. Donaldo es de Madrid; tiene veintidós años, es extrovertido y trabajador.
3. En los Estados Unidos, los niños llevan disfraces y piden dulces el Día de los Difuntos.

B. Lea cada una de las siguientes oraciones en voz alta, grabando su pronunciación y prestando atención especial a la pronunciación de la **d** y la de las vocales. Después de grabar cada oración, escuche la pronunciación que oye y repita una vez más.

1. Pedro tiene una personalidad difícil.
2. ¿Qué dice Ud.? No puedo comprender nada.
3. Ud. debe tener cuidado con la pronunciación de la **d.**

PRACTICA ESCRITA Y COMPOSICION

Describir y comentar

A. Complete las siguientes oraciones con la forma correcta de la palabra de la lista del vocabulario en la página 49 que mejor corresponda al sentido de la oración.

1. El _____ los niños de los Estados Unidos se ponen

   _____ y van de puerta en puerta pidiendo _____.

2. Y si no se los dan, los niños _____ para castigar a los poco generosos.

3. Muchos niños quieren vestirse de _____ como Drácula o Frankenstein.

4. Otros, especialmente las niñas, quieren ser _____. Se visten de negro, con

   sombreros altos, y van acompañadas de gatos negros.

5. En muchas casas se cuelgan (*are hung*) imágenes de _____ o

   _____.

6. El _____ es un lugar donde la gente entierra (*bury*) a sus familiares muertos.

7. Stephen King y Alfred Hitchcock muchas veces tratan los temas de la muerte y

   _____ en sus obras. Sus películas me _____ mucho.

8. La _____ es una celebración de siete días en marzo o abril, famoso por las

   procesiones con estatuas de santos.

B. Busque antónimos en la lista del vocabulario.

1. aceptar _____   3. identificar _____

2. la vida _____   4. nacer, vivir _____

Lengua

11. **GUSTAR** AND SIMILAR VERBS

A. Haga oraciones completas usando las siguientes palabras y frases, sin cambiar el orden de las palabras. Conjugue los verbos y agregue las palabras necesarias (preposiciones y pronombres).

MODELO: Carolina / gustar / los dulces → *A Carolina le gustan los dulces.*

1. mis padres / gustar / lo tradicional

   _____

2. nosotros / caer bien / Luisito

   _____

3. ti / no interesar / las películas terroríficas

_____

4. mí / caer mal / la «generación X»

_____

5. Vicente / disgustar / las personas agresivas

_____

B. Haga una paráfrasis (*paraphrase*) de cada una de las siguientes oraciones, sustituyendo las palabras en letra cursiva por la forma correcta de **(no) gustar, disgustar o **caer bien (mal),** según el contexto.

MODELO: Carolina *come muchísimos* dulces. → *A Carolina le gustan los dulces.*

1. Yo *detesto* la música disco. _____

2. Mi hija *cree que* el brecol *es terrible.* _____

_____

3. Tú *nunca tomas* cursos de cálculo. _____

4. Roberto y Víctor *piensan que* Maribel *es muy amable.* _____

_____

5. Maribel *piensa que* Roberto y Víctor *son amables* también. _____

_____

C. Conteste las siguientes preguntas en el imperfecto, empleando pronombres de complemento directo e indirecto cuando sea posible y explicando la acción con una forma apropiada del verbo **gustar.**

MODELO: ¿Por qué mordía el perro a los carteros (*postal carriers*)? →
Los mordía porque no le gustaban.

1. ¿Por qué escuchaban los discos compactos los estudiantes?

_____

2. ¿Por qué rechazaba el hombre los cigarrillos?

_____

3. ¿Por qué siempre pedían ellos pizza con queso?

_____

4. ¿Por qué siempre leían Uds. ese periódico?

_____

5. ¿Por qué compraba la mujer las flores pequeñas?

_____

D. Lea el siguiente texto sobre los gustos y la manera de vivir de esos jóvenes «chicos de oro» que ya se describieron al principio de *Capítulo 2* (página 28). ¿Puede identificar un grupo similar en la sociedad de este país?

LAS JÓVENES TRIBUS URBANAS

Los miembros selectos de la nueva generación urbana tienen un perfil bastante definido. Todos ellos comparten un buen origen familiar y una ambición profesional sin límites.

En su lenguaje diario se oyen con frecuencia palabras en inglés que hablan de cursos en el extranjero, prácticas en empresas y negocios propios. Ganan dinero y gastan mucho, especialmente en las «cosas» que les distinguen de los demás jóvenes. Son grandes «marquistas» —la marca de la ropa, de los zapatos, etcétera, es de gran importancia.

También comparten sus aficiones que, junto con el desarrollo de su futuro profesional, son el centro de sus conversaciones. En invierno les gusta esquiar en las estaciones de moda, y en verano practican el *windsurfing* o la vela. Muchos de ellos tienen pocos días de vacaciones al año entre la universidad, los cursos de idiomas y las prácticas en alguna empresa. Y de vuelta a casa, les gusta salir de copas a los lugares de moda para hablar de *masters,* tablas de *surf,* viajes y motores.

Se sale en grupos y aparentemente el sexo ocupa un segundo o tercer lugar. Simplemente no hay tiempo. En el amor prefieren esperar y los que caen suelen ser fieles a la pareja. Políticamente se consideran liberales pero sin compromisos serios. Se llevan bien con sus padres y no tienen grandes problemas generacionales. Las relaciones familiares estables aparecen como la segunda aspiración después del éxito profesional. Sin duda estos jóvenes económicamente privilegiados presentan rasgos bastante tradicionales.

---

1. Basándose en la información del texto anterior, escriba seis oraciones comparando los gustos y/o las preocupaciones de los jóvenes hispanos y los jóvenes de su país. Incluya en sus oraciones por lo menos cuatro de las siguientes expresiones.

caer bien/mal	gustar	molestar
disgustar	importar	preocupar
encantar	interesar	

a. _____

b. _____

c. _____

d. _____

e. _____

f. _____

2. Imagínese que es el año 2030. Ud. recuerda su generación —los jóvenes del nuevo milenio. Escriba un pequeño párrafo explicando cuáles eran las principales diferencias entre el grupo de jóvenes privilegiados hispanos y su propio grupo. ¡Cuidado! Recuerde usar los verbos en el imperfecto.

_____

_____

_____

_____

_____

_____

_____

_____

12. FORMS OF THE PRETERITE

A. Llene los espacios con la forma correcta del pretérito. Cuidado con los acentos.

1. Ayer (venir) _____ a casa varios desconocidos; (querer: ellos)

   _____ venderme una enciclopedia. Yo no (comprar)

   _____ nada.

2. ¿(Dormir) _____ Ud. bien anoche? Yo no (poder) _____

   pegar el ojo (*to fall asleep*) hasta las tres de la madrugada.

3. No (venir: yo) _____ en coche; (llegar) _____ en el tren.

4. Mis padres (ver) _____ el accidente y lo (denunciar)

   _____ a la policía.

5. ¿Dónde (poner: tú) _____ los papeles? Yo los (buscar)

   _____ todo el día y no los (encontrar) _____.

6. La muchacha (pedir) _____ un café y el mesero se lo (servir)

   _____ en seguida.

7. Nosotros (ir) _____ al cine y (ver) _____ la película que

   (recibir) _____ el premio.

8. Cuando yo (pagar) _____ la matrícula, les (dar) _____

   todo el dinero que tenía.

9. Juan (andar) _____ hoy a clase; ayer (tomar) _____ el

   autobús.

10. Yo le (pedir) _____ al señor la información sobre el número de personas

    que (morir) _____ en esa guerra.

**B. Conteste las siguientes preguntas con información verdadera.

1. ¿Cuál fue la última película que Ud. vio? ¿Le gustó? ¿Por qué sí o por qué no? _____
_____

2. ¿Cuándo fue la última vez que alguien le hizo a Ud. un regalo? ¿Quién fue? ¿Qué le dio y por qué? ¿Cómo reaccionó? _____
_____
_____

3. ¿Cuál fue la última prenda (artículo) de vestir que Ud. compró? ¿Por qué decidió comprar ésa en particular? _____
_____

4. ¿Cuándo fue la última vez que Ud. y sus amigos fueron a una fiesta? ¿Quién la dio? ¿Qué tal estuvo? ¿Por qué? _____
_____
_____

ESTRATEGIAS PARA LA COMUNICACION   **Es una cosa para...** *How to say what you don't know how to say*

**A. Simplifique las siguientes oraciones, buscando otra manera más fácil de decir lo mismo en inglés. Luego exprese en español la forma simplificada.

1. They reside in an extremely large mansion in an affluent neighborhood.

    inglés simplificado: _____

    español: _____

2. He consumes large quantities of fruit, which explains why he purchases it in bulk.

    inglés simplificado: _____

    español: _____

3. I have many acquaintances who have expressed a willingness to contribute to her financial support.

    inglés simplificado: _____

    español: _____

**B. Defina o describa en español las siguientes expresiones.

1. a mummy _____
_____

2. a mouse trap _____
_____

3. a jack-o'-lantern _____
_____

13. **HACER** IN EXPRESSIONS OF TIME

A. Para describir *la duración* de una situación o acción que continúa en el *presente:* Primero, escriba las fechas correctas en la columna de la izquierda. Luego, cambie las oraciones, usando una expresión temporal y la forma correcta de **hacer.

AÑO	ACCION	CONDICION RESULTANTE
2000	George W. Bush es elegido presidente.	Hace más de tres años que Bush es presidente.
_____	Empecé a estudiar español.	_____
_____	Empecé a estudiar en esta universidad.	_____
_____	Me mudé a mi propio apartamento.	_____
_____	Aprendí a _____.	_____

B. Para describir *cuánto tiempo ha pasado* (*has passed*) desde que ocurrió una acción en el *pasado:* Primero, escriba las fechas correctas en la columna de la izquierda cuando sea necesario. Luego, cambie las oraciones, usando una expresión temporal y la forma correcta de **hacer.

AÑO	ACCION	CUANTO TIEMPO HA PASADO DESDE QUE OCURRIO
1963	Murió John F. Kennedy.	Hace más de cuarenta años que murió John F. Kennedy.
1776	Los Estados Unidos declararon su independencia.	_____
1492	Colón hizo su primer viaje a América.	_____
_____	Yo comí en un restaurante estupendo.	_____
_____	Nací (yo).	_____
_____	_____	_____

C. Exprese en inglés

1. Hace diez años que vivo aquí.

   _____

2. Hace mucho tiempo que Cecilia baila en público.

   _____

3. Llegaron al país hace ocho años.

   _____

4. Somos novios desde hace varios meses.

   _____

5. Hace dos años que compramos el perro.

   _____

6. ¡Qué alegría! ¡Hace tanto tiempo que no te veo!

   _____

14. PRETERITE/IMPERFECT CONTRAST

A. Lea el siguiente texto e indique si la acción de los verbos indicados enfoca en el *medio* de la acción o en una acción que ya terminó. Luego llene los espacios con la forma correcta del verbo.

Los colores que menos me gustan

Cuando yo tenía tres años, mi madre decidió pintar mi habitación. Como era la costumbre de aquel entonces,[a] decidió usar los colores azul claro y rosado. El día que empezó a pintar, yo la estuve mirando toda la mañana. Me fascinaba ver cómo metía la brocha en ese líquido y luego, como por arte de magia, convertía la pared blanca en azul o en rosa. Por la tarde, ella decidió descansar y me (poner)

_____[1] en la cama para dormir la siesta. Pero yo no (tener)

_____[2] nada de sueño. (Querer) _____[3] usar un poco de esa

magia que mi madre había usado[b] por la mañana. (Lograr) _____[4] destapar las

latas[c] de pintura y en un dos por tres[d] estaba pintando las paredes. Al principio todo me parecía

maravilloso, pero de repente me (dar: yo) _____[5] cuenta[e] que (tener)

_____[6] pintura por todas partes. (Empezar) _____[7] a tener

miedo y no (saber) _____[8] qué hacer para remediar la situación. No sé si fue por

frustración o por otro motivo, pero se me ocurrió vaciar[f] una de las latas en mi cabeza. Y así lo (hacer)

_____[9]. En ese momento (entrar) _____[10] mi madre. ¡No se

puede imaginar los gritos! Me (agarrar)[g] _____[11] y me (meter)

_____[12] con la ropa puesta en el baño. (Estar) _____[13] tan

preocupada por quitarme la pintura del pelo, de los ojos y de las orejas, que ni siquiera me (castigar)[h]

_____[14]. Pero hasta hoy en día, ¡odio los colores azul claro y rosado!

[a]de... *back then* [b]había... *had used* [c]*cans* [d]en... *in a flash* [e]me... *I realized* [f]*to empty* [g]Me... *She grabbed me*
[h]ni... *she didn't even punish me*

B. Lea el siguiente texto e indique si la acción de los verbos indicados enfoca en el *medio* de la acción o en una acción que ya terminó. Luego llene los espacios con la forma correcta del verbo.

Un viaje inolvidable

Nosotros estábamos en el aeropuerto de una ciudad metropolitana donde esperábamos poder subir a

nuestro avión para ir a Buenos Aires. Había muchas personas diferentes en el grupo, entre ellas una

joven madre con tres niños pequeños. Ella (parecer) _____[1] estar muy cansada,

pero sus hijitos (estar) _____[2] llenos de energía y curiosidad sobre su nueva

aventura. (Correr) _____[3] de un lado a otro, lo (investigar) _____[4]

todo y (volver) _____[5] al lado de su madre con mil preguntas que ella (contestar)

_____⁶ con una paciencia infinita. Por fin, un camareroª (anunciar)

_____⁷ que todo (estar) _____⁸ listo y nuestro viaje inolvidable

(empezar) _____⁹. Mientras su madre (tratar) _____¹⁰ de

separarlos, los niños se (poner) _____¹¹ a pelearᵇ porque los tres (querer)

_____¹² sentarse cerca de la ventanilla. Los camareros por fin los (abrocharᶜ)

_____¹³ en sus asientos y todos los otros pasajeros (poder)

_____¹⁴ sentarse. Pronto la paz se (romper) _____¹⁵ de nuevo:

los niños habían descubiertoᵈ el botón para llamar a los camareros y lo (apretar)

_____¹⁶ incesantemente. Después, todos ellos (tener) _____¹⁷

que ir al baño pero al volver,ᵉ (empezar) _____¹⁸ a pelear de nuevo por quién (ir)

_____¹⁹ a sentarse al lado de la ventanilla. Los camareros (estar)

_____²⁰ desesperados cuando de repente una de ellos (sonreír)

_____²¹ y (desaparecer) _____²² en la cabina del piloto. (Pasar)

_____²³ varios minutos, y luego (oír: nosotros) _____²⁴ una

voz muy fuerte y seria en el altavoz.ᶠ La voz (nombrar) _____²⁵ a los tres niños y

después les (preguntar) _____²⁶ por qué no (obedecer) _____²⁷

a sus «ángeles». Les (recordar) _____²⁸ que él (poder) _____²⁹

verlo todo y que les (ir) _____³⁰ a dar sólo una oportunidad más antes de castigar-

los.ᵍ Mientras la voz (hablar) _____³¹ los niños (escuchar)

_____³² con los ojos tan grandes como platos y durante el resto del vuelo,ʰ ¡(ser)

_____³³ unos niños modelos! Para ellos, y para nosotros, ¡fue un viaje inolvidable!

ªflight attendant ᵇse... to begin to fight ᶜto buckle ᵈhabían... had discovered ᵉal... when they returned
ᶠloudspeaker ᵍpunishing them ʰflight

**C. Para los siguientes dibujos, escriba en un papel aparte la historia del conductor que atropelló a una peatona. Incluya en su historia detalles sobre lo siguiente.

- la escena en general: dónde, cuándo, el tiempo, etcétera
- las personas: apariencia, ropa, personalidad (¡se puede inventar!), posible relación entre ellos
- las acciones: ¿qué pasó?, ¿cómo sucedió?, ¿quién lo hizo?, ¿cómo reaccionaron los otros peatones?
- los motivos: ¿por qué?
- una posible solución

Cuidado con el uso de los tiempos pasados en su relato, y también con los pronombres relativos **que** y **quien**. El siguiente vocabulario le puede ser útil.

atropellar	la camilla	los escaparates	los peatones
huir	la cocina	el paraguas	el policía
manejar	el conductor	la pasajera	los testigos

15. RELATIVE PRONOUNS: **QUE, QUIEN**

Complete las oraciones, usando **que** o **quien(es).**

1. El invento de _____ nos hablaron es de plástico.

2. Aquí está el señor _____ quería verte ayer.

3. Ambos astronautas, _____ se graduaron de nuestra universidad, van a

   asistir a la celebración.

4. Hay un científico _____ quiere hablar.

5. Aquí viven los hermanos con _____ hice el viaje.

6. Me dio unas instrucciones con _____ puedo hacer el estante.

7. Nadie conoce al indígena _____ firmó el tratado.

8. Vimos a los extranjeros, _____ no nos entendieron nada.

Enlace

ORTOGRAFIA: LOS SONIDOS [k] Y [s]

The pattern of sound-letter correspondences for the sounds [k] and [s] in Spanish is particularly important in the verb system. When verbs are conjugated, the consonant sound that precedes the infinitive ending must be maintained throughout all forms. Since conjugating the verb often involves changing a stem vowel from **a** to **e** and vice versa, the spelling change **c** → **qu** is sometimes needed to keep the [k] sound intact. For the same reason, spelling changes are often needed when the **-ito** (diminutive) or **-ísimo** (superlative) endings are added to some words ending in the sound [k].

In addition to these changes, there is another change—unrelated to sound consistency—that frequently affects verbs. In Latin America and some parts of southern Spain, both **c** and **z** are pronounced [s] before the letters **e** and **i**. The sequences **ze** and **zi** are infrequent in Spanish, however. For this reason, the **z** is changed to a **c**: (1) when a verb conjugation results in **ze** (the first person singular of the preterite of any verb ending in **-zar**, for example); (2) when a word ending in **-z** is made plural; (3) when **-ito** or **-ísimo** is added to a word ending in **-z**. This change has no effect on the pronunciation of the word.

A. Los siguientes verbos requieren un cambio ortográfico en la primera persona singular del pretérito y en todas formas del presente de subjuntivo. Escriba las formas indicadas.

	YO: PRETERITE (+ é)	YO: PRESENT SUBJUNCTIVE (+ e)
almorzar		
chocar		
empezar		
buscar		

B. Las siguientes palabras tienen un cambio ortográfico cuando se combinan con **-ísimo** o **-ito**. Escriba las palabras nuevas.

1. poco + -ito _____
2. rico + -ísimo _____
3. loco + -ísimo _____
4. pedazo + -ito _____

C. Escriba la forma plural de cada palabra a continuación.

1. la voz _____
2. la vez _____
3. el pez _____
4. el disfraz _____

D. Para la siguiente serie, complete la historia, conjugando los verbos en el pretérito o el imperfecto según el contexto. La historia se basa en los dibujos a continuación.

Erase una vez[a] un hombre pensativo que se llamaba _____ (¡póngale el nombre

que Ud. prefiera!). Un día, mientras (estar) _____[1] sentado en su sillón favorito,

(ponerse) _____[2] a pensar sobre la condición humana. «¿Ser o no ser?»

(Nombre) _____ (preguntarse) _____[3], pero no (saber)

_____[4] la respuesta. De repente se le ocurrió una idea para resolver el dilema.

[a]Erase... *Once upon a time*

Complete la historia, guiándose por los dibujos y su propia creatividad. Si quiere, puede incorporar algunas de las siguientes expresiones; recuerde utilizar pronombres cuando pueda para evitar la repetición innecesaria.

buscar una moneda / caer sobre el suelo… / echar la moneda a cara o cruz / meter la mano en el bolsillo / sacar la moneda

_____

_____

_____

_____

_____

_____

_____

_____

_____

La moraleja de esta historia es: _____

_____

© Quino/Quipos

¡Ojo!

A. Indique la palabra que mejor complete la oración.

MARTA: ¿Qué (hora / tiempo / vez)[1] es?

JULIA: Mira, es la segunda (hora / tiempo / vez)[2] que me lo preguntas. ¿Por qué no me haces (caso / atención / visita)[3]? ¿Tienes prisa?

MARTA: Un poco. Tengo que escribir (un cuento / una cuenta)[4] para mi clase de composición y todavía me queda mucho por hacer. Necesito saber si voy a tener suficiente (hora / tiempo / vez)[5] para terminarlo.

JULIA: Nunca me haces (caso / atención / una visita)[6]. ¿Por qué no hiciste tu tarea ayer, como yo te dije?

MARTA: Lo siento. No pude trabajar ayer porque mis padres me hicieron (caso / atención / una visita)[7] sorpresa. Te prometo que no va a volver a pasar.

B. Dé la forma correcta de la palabra o frase que mejor complete cada oración, según las palabras indicadas entre paréntesis.

1. Escuche, quiero contarle (*a story*) _____ de algo que me ocurrió (*one time*)

    _____.

2. El alumno siempre (*pays attention*) _____ en clase.

3. ¿A qué (*time*) _____ cierra la oficina? Tengo que (*pay*)

    _____ la (*bill*) _____ para el entierro de mi abuelo.

4. ¿Cuándo me va a (*pay a visit*) _____? Hace mucho tiempo que no nos

    vemos.

REPASO: PARRAFO DE SINTESIS

Lea la siguiente selección, llenando los espacios en blanco con la forma correcta en español de las palabras entre paréntesis. Donde se dan dos palabras, escoja la más apropiada según el contexto.

La muerte y el mundo del más allá en España

España ya no es un país oficialmente católico, pero todavía las tradiciones y los ritos cristianos están muy presentes en todo lo relacionado con la muerte.

De todas formas también (*one notes:* notar) _____[1] cómo cambian las costumbres respecto a este tema y especialmente en las grandes ciudades como Madrid o Barcelona. En estos sitios la gente (*says goodbye:* despedirse) _____[2] de los difuntos de manera, digamos, aséptica.[a] Existen sanatorios municipales, algo así como hospitales en donde el difunto (*remains:* permanecer) _____[3] hasta el momento de ser enterrado.

En los pueblos y pequeñas ciudades en general (*are retained:* conservar) _____[4] más las costumbres antiguas. Antes (*one preferred, it was preferred:* preferir) _____[5] que la persona falleciera[b] en su casa. Y allí permanecía hasta el entierro. Este tiempo que pasaba en casa (*was called:* llamarse) _____[6] el «velatorio» o «velorio». Por lo general (*it would last:* durar) _____[7] toda la noche. Durante el velorio todos los familiares, amigos vecinos y conocidos (*would drop by:* acercarse) _____[8] a dar el último adiós y a expresar sus condolencias a la familia. (*Were heard:* Oír) _____[9] llantos[c] y también oraciones por el alma del difunto. La casa (*was:* ser / estar) _____[10] abierta y llena de gente. Las campanas[d] de la iglesia (*would tell:* avisar) _____[11] a todos de la triste noticia. Típicamente (*there would be:* ser / estar / haber) _____[12] una misa funeral en la iglesia. Después casi todo el pueblo (*would go with:* acompañar) _____[13] a su vecino

---

[a]*clean, aseptic*   [b]*que… for the person to die*   [c]*cries*   [d]*bells*

al cementerio. Los cementerios o camposantos se construían en las afueras del pueblo. Normalmente

cercados con[e] paredes, en los camposantos (*are seen:* ver) _____[14] muchos cipreses.

Para los españoles los cipreses y los crisantemos (*are associated:* asociar) _____[15] con

la muerte. En Andalucía, (*one does not consider, it is not considered:* considerar)

_____[16] de buen gusto el hablar de la muerte y (*one thinks, it is thought:* pensar)

_____[17] que da mala suerte.

En España siempre se han contado numerosas leyendas que hablan de «almas en pena», de almas

que no han alcanzado[f] su eterno descanso. Esas historias (*describe:* describir)

_____[18] apariciones nocturnas especialmente durante la noche de ánimas o de

Difuntos. En partes de Galicia, en el noroeste, hay muchas creencias de este tipo, en particular creencias

sobre la «Santa Compaña». La «Santa Compaña» es algo así como una procesión de espíritus. Según la

leyenda uno la podía ver y escuchar durante la noche cuando acompañaba a algún difunto que había

muerto[g] sin estar en paz con Dios. Nadie debía verla jamás, y todo el mundo debía esconderse al notar

su presencia. Según la tradición, los espíritus de la procesión (*would take possession:* apoderarse)

_____[19] del alma de quien se cruzara[h] en su camino; ese pobre (*would remain:* que-

darse) _____[20] con la Santa Compaña hasta que los espíritus se llevaran[i] el alma de

otra persona.

[e]cercados… *surrounded by* [f]no… *have not attained* [g]había… *had died* [h]quien… *whoever might cross*
[i]se… *grabbed, carried off*

Análisis y aplicación: Composición

EDITAR Y CORREGIR

Editing is the process of checking and revising the *content* of what you have written, while proof-reading corrects the mechanics of *form*. It's always difficult to edit and proofread your own writing. For this reason, it's generally a good idea to let your rough draft "sit" for at least a day before you go over it. This will enable you to get some "distance" from your work and to apply a more objective—and thus more critical—eye to what you have written. *Always edit first, then proofread.*

1. *Editing: finding the main idea and eliminating unnecessary information* First, make sure that you have stated your main idea clearly. The main idea is generally mentioned in one of the first few sentences of the first paragraph of a composition. This main idea is then expanded via the information included in the other paragraphs. Next, make sure that the information you have included in your composition is relevant to the development of your main idea. Material is irrelevant when it does not help to advance or to clarify the main topic of discussion.

    Now do the following exercise based on **«Los colores que menos me gustan»** or **«Un viaje inolvidable».**

    a. ¿Cuál es la idea principal de la selección?
    b. Dé los datos que incluye el autor y que realmente apoyan (*support*) o desarrollan esta idea.

2. *Proofreading: agreement and accentuation* After making sure that your main idea is clear and that all supporting details are relevant, check for mechanical errors. Check that verbs agree with their subjects, adjectives agree with nouns, and so on. Another mechanical aspect to check at this stage is accentuation. Finally, if you looked up any words or expressions in the dictionary, it is a good idea to double check their meaning.

****A.** The following short paragraph contains several errors in agreement and accentuation, as well as in word usage and word order. Can you find and correct them?

Era una bonita dia de otoño. No hacia ni calor ni frio. Hacia mucho sol. Para mi, lo mas importante fue que ¡era una dia de vacaciones! No habia clases, y mi amigos y yo iban a el estado parque para hacer un *picnic*. Era 1996. Cada persona traias de sus casa comida que luego pensabamos compartir entre todos. Estabamos seguro que iba a ser una *picnic* perfecto.

****B.** Make all changes that need to be made on the basis of your editing and proofreading, and recopy your final version on another sheet of paper.

Pasaje cultural*

El Día de los Difuntos en Oaxaca, México

Este segmento presenta el Día de los Difuntos, una celebración muy importante para la gente de Oaxaca, México. Es la fecha para recordar de una manera especial a los seres queridos (*loved ones*) que ya murieron. Por eso, cada año los familiares de los muertos llevan flores y prenden velas en las tumbas de sus muertos.

DESPUES DE VER

****A.** Después de ver este vídeo, ¿qué opina Ud. del Día de los Difuntos en Oaxaca? Haga una lista de cuatro de las cosas que hace la gente de Oaxaca en ese día y dé su opinión de cada cosa.

1. _____ 3. _____
   _____   _____

2. _____ 4. _____
   _____   _____

---

*The viewing segments corresponding to the **Pasaje cultural** section can be found on the *Video to accompany ¡Avance!*

B. Busque información en el Internet sobre la fiesta o tradición hispana que más le interese a Ud. Apúntela y, en una hoja de papel aparte, describa la fiesta o la tradición con sus características más conocidas. ¿Hay una fiesta o tradición parecida (*similar*) en este país? ¿Se pueden comparar las costumbres de los dos países?

país: _____

nombre de la fiesta/tradición: _____

descripción y comparación: _____

_____

_____

_____

_____

_____

_____

CAPITULO 4

La familia

EXPRESION ORAL Y COMPRENSION

Describir y comentar

A. Escuche las siguientes palabras y repítalas en la pausa. Entonces escuche cada palabra otra vez, compare su pronunciación con la que oye en el programa auditivo y repita la palabra una vez más.

casarse con
castigar
criar
cuidar
disciplinar
discutir
divorciarse (de)
enamorarse (de)
estar a cargo (de)
golpear
llevar una vida (feliz / difícil)
mimar
pelear(se)
portarse bien / mal

el cariño
el castigo
la crianza

la disciplina
el divorcio
el hijo único / la hija única
el huérfano / la huérfana
el matrimonio
el noviazgo
el novio / la novia
la pareja
la sangre
el viudo / la viuda

Los parientes
el abuelo / la abuela
el bisabuelo / la bisabuela
el bisnieto / la bisnieta

el cuñado / la cuñada
el esposo / la esposa
el hermano / la hermana
el marido
la mujer
el nieto / la nieta
la nuera
los padres
el primo / la prima
el sobrino / la sobrina
el suegro / la suegra
el tío / la tía
el yerno

bien educado/a, mal educado/a
cariñoso/a
malcriado/a

B. Mire la lista de vocabulario del ejercicio A mientras escucha. Primero Ud. oirá una frase que es un sinónimo de una palabra o expresión de la lista. Luego oirá una oración que contiene esta frase. Repita cada oración, cambiando la frase por el sinónimo del vocabulario de la lista. Repita la respuesta correcta después de oírla en el programa auditivo.

> MODELO: el niño sin padres: Le hicieron muchos regalos al niño sin padres. →
> *Le hicieron muchos regalos al huérfano.*

1. ...   2. ...   3. ...   4. ...   5. ...   6. ...   7. ...   8. ...

C. Ud. oirá un texto que describe el siguiente dibujo.

1. Escuche el texto una vez para encontrar la siguiente información.

   a. ¿Quién habla? _____

   b. ¿Cuál es la ocasión que se ve en el dibujo? _____

   c. ¿Cuál es la relación entre la persona que narra y los ancianos que se ven a la derecha?

   _____

   _____

2. Escuche el texto una vez más. Después oirá una serie de oraciones. Indique si las oraciones son ciertas (**C**) o falsas (**F**). Oirá cada oración dos veces.

	C	F			C	F
a.	☐	☐		d.	☐	☐
b.	☐	☐		e.	☐	☐
c.	☐	☐		f.	☐	☐

3. Susanita es una de las personas descritas en el texto. ¿Puede Ud. completar el siguiente árbol de su familia con los nombres y relaciones familiares correctos? ¡Cuidado! El gráfico puede incluir personajes que no se nombran en el texto. Escriba una equis (**X**) en los lugares de las personas que no se mencionan en el texto.

D. Ud. oirá un texto que compara las características y aptitudes de los segundones —los hijos que nacen en segundo lugar— y los primogénitos (los que nacen primero).

Según se vierte en un estudio del MIT, hay diferencias notables entre los hermanos pequeños y los primogénitos.

1. ¿Sabe Ud. ya algo con respecto a este tema? Antes de escuchar la selección, indique si las características mencionadas en el siguiente cuadro describen a los primogénitos (**P**), a los segundones (**S**) o a ambos (**A**). Luego escuche la selección para verificar sus respuestas. ¡Cuidado! Tenga en cuenta (*Keep in mind*) que estas declaraciones son generalizaciones.

	P	S	A	
a.	☐	☐	☐	Suelen ser conservadores y tradicionales.
b.	☐	☐	☐	Son contestatarios —no aceptan las autoridades establecidas.
c.	☐	☐	☐	Son sólidos y dogmáticos.
d.	☐	☐	☐	Son creativos y atrevidos (*daring*).
e.	☐	☐	☐	Son rebeldes e inconformistas.
f.	☐	☐	☐	Son inteligentes.
g.	☐	☐	☐	Son responsables.

2. Escuche la selección una vez más para buscar la siguiente información.

   a. ¿Quién es o fue una famosa excepción con respecto a las tendencias generales que se

      mencionan? _____

   b. Las tendencias mencionadas, ¿se deben a la genética o a otros factores? _____

   _____

Lengua

16. IMPERATIVES: FORMAL DIRECT COMMANDS

A. Ud. oirá una serie de oraciones. Cámbielas por mandatos formales. Luego, repita la respuesta correcta después de oírla en el programa auditivo.

> MODELO: Ud. debe escucharme. → *Escúcheme.*

1. ...   2. ...   3. ...   4. ...   5. ...   6. ...   7. ...   8. ...

B. Ud. oirá una serie de mandatos. Repítalos, cambiando el complemento por un pronombre y colocándolo correctamente con respecto al verbo. Repita la respuesta correcta después de oírla en el programa auditivo.

> MODELOS: Diga la verdad. → *Dígala.*
>
> No compre las muñecas. → *No las compre.*

1. ...   2. ...   3. ...   4. ...   5. ...   6. ...   7. ...   8. ...

C. Ud. oirá unas palabras. Para cada palabra que oye, identifique la manera correcta de escribirla.

1.	a.	llegue	b.	llegué	4.	a.	escuche	b. escuché
2.	a.	compre	b.	compré	5.	a.	trabaje	b. trabajé
3.	a.	toque	b.	toqué				

17. THE SUBJUNCTIVE MOOD: CONCEPT; FORMS OF THE PRESENT SUBJUNCTIVE

18. USES OF THE SUBJUNCTIVE: PERSUASION

A. Un amigo le hace preguntas sobre la disciplina que sus padres imponen en su casa. Conteste sus preguntas según los nuevos sujetos que oirá en el programa auditivo. *No* incluya el nuevo sujeto en la respuesta. Repita la respuesta correcta después de oírla en el programa auditivo.

> MODELO: —¿Tus padres creen que es importante mirar menos televisión?
> —Sí, quieren que *yo* estudie más. (mis hermanos) → *Sí, quieren que estudien más.*

1. —¿En tu casa se permite llegar tarde sin avisar (*letting them know*)?
   —No, prefieren que *tú* se lo digas antes.
   ...

2. —¿Hay que pedir permiso antes de salir?
   —Sí, es necesario que *Ud.* pida permiso.
   ...

3. —¿En tu casa hay discusiones y conflictos?
   —¡Nunca! Mis padres insisten en que *nosotros* nos llevemos bien con todos.
   ...

B. Ud. oirá una serie de acciones que se hacen por necesidad. Explique el por qué de cada una. Use pronombres de complemento directo. Repita la respuesta correcta después de oírla en el programa auditivo.

> MODELO: ¿Por qué dicen la verdad? → *Porque es necesario que la digan.*

1. ...   2. ...   3. ...   4. ...

C. Pablito tiene dos años y siempre hace todo *lo contrario* de lo que su madre quiere. Ud. oirá una serie de situaciones. Explique lo que la madre de Pablito quiere en cada una, usando pronombres de complemento directo e indirecto cuando sea posible. Repita la respuesta correcta después de oírla en el programa auditivo.

> MODELO: Pablito no escucha a su papá. → *Su madre quiere que lo escuche.*

1. ...   2. ...   3. ...   4. ...

D. María Luisa se prepara para su primera cita. Todos sus parientes y amigos le dan consejos. Indique los consejos que le dan. Repita la respuesta correcta después de oírla en el programa auditivo.

> MODELO: padre: decirle / volver temprano → *Su padre le dice que vuelva temprano.*

1. madre: aconsejarle / ir con otra pareja
2. hermana menor: pedirle / no volver tarde
3. hermana mayor: decirle / ponerse una falda larga y botas
4. abuela: querer / tener cuidado con el tráfico
5. mejor amiga: sugerirle / llevar un perfume exótico
6. chico con quien sale: pedirle / ¡traer dinero!

19. IMPERATIVES: INFORMAL DIRECT COMMANDS

A. Ud. oirá una serie de oraciones. Cámbielas a mandatos informales. Repita la respuesta correcta después de oírla en el programa auditivo.

> MODELO: Tú debes estudiar los verbos. → *Estúdialos.*

1. ...   2. ...   3. ...   4. ...   5. ...   6. ...

B. Ud. es el ángel de la guarda de un estudiante típico. Trate de contrarrestar (*to counteract*) los malos consejos de un amigo diabólico. Ud. oirá una serie de malos consejos. Cámbielos a buenos consejos. Repita la respuesta correcta después de oírla en el programa auditivo.

> MODELO: El amigo diabólico le dice: ¡Ve a clase tarde!
> Ud. le dice: *¡No vayas a clase tarde!*

1. ...   2. ...   3. ...   4. ...   5. ...   6. ...

C. Ud. oirá las descripciones de unas situaciones. Luego dé un mandato apropiado, usando las palabras indicadas a continuación. ¡Cuidado! A veces hay que usar un mandato formal y a veces un mandato informal. Use pronombres de complemento directo cuando sea posible. Repita la respuesta posible después de oírla en el programa auditivo.

1. no fumar
2. no fumar
3. no poner
4. hacerme
5. no dárnoslo; darnos más tiempo
6. jugar con él

D. Cuando los padres tienen que ir a la compra con el niño pequeño se pueden hacer algunas cosas para que la situación no sea una tragedia. Primero lea las siguientes sugerencias. Luego escuche con atención el texto, señalando (✓) las sugerencias que se mencionan. Si lo necesita, escuche la selección otra vez.

MODELO: ___✓___ Escoja un supermercado con carritos especiales para los niños.

1. _____ Compre muchas cosas.

2. _____ Es mejor ir a un supermercado que tenga un baño cerca.

3. _____ Salga del supermercado inmediatamente si el niño se comporta mal.

4. _____ Deje que el niño ayude en la compra buscando los artículos que él conozca.

5. _____ Dígale gracias cuando le ayude.

6. _____ Cómprele un pequeño regalo por colaborar (ayudar).

Enlace

VOCES

Escuche con atención a Alan, Carlos y María José, tres hispanos que nos contestan las siguientes preguntas: ¿De qué forma le corregían de niño/a? ¿Se acuerda de algún incidente en particular por el cual fue castigado/a?

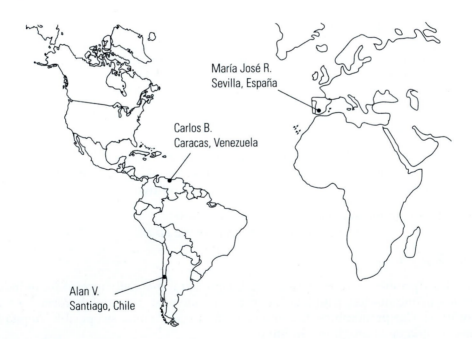

A. Lea las siguientes oraciones. Luego escuche por primera vez a Alan (**A**), Carlos (**C**) y María José (**MJ**) mientras nos cuentan sobre su juventud. A base de lo que dicen, ¿cómo caracterizaría (*would you characterize*) la juventud de cada uno?

	A	C	MJ	
1.	☐	☐	☐	Cuando era más joven se peleaba con su hermana con frecuencia.
2.	☐	☐	☐	De joven no tenía muchas restricciones ni prohibiciones.
3.	☐	☐	☐	De joven tenía miedo del sonido de la correa (*leather belt*) de su padre.
4.	☐	☐	☐	El uso del castigo físico era infrecuente en su casa.
5.	☐	☐	☐	Se usaba el castigo físico en su casa.

B. Examine el siguiente cuadro con atención. Después, escuche los testimonios una segunda vez para sacar más detalles: ¿Qué hacía cada joven que sacaba a sus padres de sus casillas (*drove their parents crazy*) y que luego merecía el castigo? ¿Qué tipo de castigo se utilizaba en estos casos? Complete el cuadro a base de lo que comprende. Note que no todas las acciones ni todas las consecuencias se mencionan en el programa auditivo.

A	C	MJ	ACCIONES
———	———	———	responder (*to talk back*) a los padres
———	———	———	pegar a los hermanos
———	———	———	mentir (*to lie*)
———	———	———	no hacer las tareas debidas
———	———	———	ser traviesos
———	———	———	pelear (*to fight*) con otros

A	C	MJ	CONSECUENCIAS
———	———	———	razonar, explicando por qué la acción era mala
———	———	———	dar una bofetada (*slap*) o un cachete (*smack*)
———	———	———	dar un azote (*whipping*)
———	———	———	tirar (*to pull*) de la oreja o del pelo
———	———	———	suspender ciertos privilegios durante una temporada
———	———	———	regañar (*to scold*) o gritar

C. María José recuerda un episodio en particular cuando provocó la ira de su madre. Antes de escuchar su narración, lea la siguiente transcripción y complétela con la forma apropiada —o el imperfecto o el pretérito— de los verbos indicados. Luego escuche su narración para verificar sus selecciones.

Una vez, teniendo seis o siete años (dejar: yo) _____ [1] de ir al cole[a] una

mañana. (Tener) _____ [2] entonces una maestra muy estricta que siempre

(enfadarse) _____ [3] muchísimo si (llegar: nosotros) _____ [4]

tarde y aquella mañana, por alguna razón, era tarde. Otras dos niñas y yo (decidir)

[a]el colegio

_____ [5] no enfrentarnos con nuestra maestra y (irse) _____ [6] a jugar a espaldas del[b] colegio… (Tener: nosotras) _____ [7] la mala suerte de que al cabo de[c] un par de horas mi madre, por acortar el trayecto[d] a otro mercado al que no iba casi nunca, (pasar) _____ [8] por allí. Todavía recuerdo el tirón de orejas que (darme: ella) _____ [9] y además (llevarme: ella) _____ [10] al cole.

[b]a… *behind*   [c]al… *after*   [d]por… *as a shortcut*

**D. Conteste brevemente por escrito.

1. ¿Con cuál de estas personas —Alan, Carlos o María José— se identifica Ud. más? ¿Por qué?

_____

_____

_____

2. ¿Cuál era el castigo más común en su casa? ¿Recuerda Ud. algún incidente en particular? ¿Qué occurrió? ¿Cuáles eran las circunstancias? ¿Cómo respondieron sus padres? Describa el episodio en el espacio a continuación. Tenga cuidado con el uso del pretérito y del imperfecto.

_____

_____

_____

_____

_____

_____

_____

_____

Pronunciación y ortografía[*]

PRONUNCIACION:[†] LOS SONIDOS [s/θ]

The sound [s] is represented in several different ways in Spanish. In Latin America and some parts of southern Spain, it is written with the letters **c** (before **e** and **i**), **z**, and **s**. Listen to the following words as a Spanish American would pronounce them.

ce, ci:	centro	cita	hice	paciencia
z:	Zaragoza	crianza	feliz	noviazgo
s:	suegro	sobrino	casarse	esposo

---

[*]Remember to use the separate Pronunciation Audio CD for the **Pronunciación y ortografía** sections.
[†]The spelling patterns for the sounds [k] and [s], which you will study in this section, are particularly important for writing preterite and present subjunctive verb forms.

In most parts of Latin America, when these letters occur at the end of a syllable, they are usually pronounced not as [s] but as [h], that is, as a slight aspiration.

esperar [eh-pe-rar]
los chicos [loh-čí-koh]

¿Quieres más? [kyé-reh-máh]
las manzanas [lah-man-sá-nah]

Listen to the following sentences as you would probably hear them in conversation with a Spanish American.

Las ciudades de nuestros países tienen los mismos problemas que las de Uds.
A veces tienen más porque son más antiguas.

In most of Spain, the sound [s] is represented only by the letter **s.** In contrast to the [s] sound of Latin America, the Spanish sound is pronounced [š], somewhat like English [š] in *shirt.* The letter **c** (before **e** and **i**) and the letter **z** are pronounced [θ]. Listen to the following words as you would hear them pronounced in most of Spain.

ce, ci:	centro	cita	hice	paciencia
z:	Zaragoza	crianza	feliz	noviazgo
s:	suegro	sobrino	casarse	esposo

Escuche cada una de las siguientes palabras y repítala en la pausa. Compare su pronunciación con la que oye en el programa auditivo y repita una vez más.

1. cine
2. disciplina
3. esposo
4. bisabuelo
5. cabeza
6. travesura
7. azul
8. castigo
9. disfraz

PRONUNCIACION: LOS SONIDOS [k/kʷ]

The sound [k] is represented by the letter **c** before all consonants and the vowels **a, o,** and **u.** It is represented by the letters **qu** before **e** and **i.** The **u** in **qu** is never pronounced in Spanish. The [kʷ] sound is spelled with the letters **cu.** Listen to the following sounds and words.

	SOUND	SPELLING		SOUND	SPELLING
1.	[ka]	cariño, castigo		[kʷa]	licuadora, Pascuas
2.	[ke]	queso, paquete		[kʷe]	cuestión, cuenta
3.	[ki]	requisito, quien		[kʷi]	cuidado, cuidar
4.	[ko]	cosa, Paco		[kʷo]	cuota, inocuo
5.	[ku]	curioso, cuna			

A. Escuche cada una de las siguientes palabras y repítala en la pausa. Compare su pronunciación con la que oye en el programa auditivo y repita una vez más.

1. cariño
2. cuenta
3. quieto
4. castigo
5. rezar
6. cena
7. descuento
8. que
9. cuarenta
10. cuñado

B. Lea cada una de las siguientes palabras en voz alta, grabando su pronunciación. Después de grabar cada palabra, escuche la pronunciación que oye y repita una vez más.

1. poquito
2. divorciarse
3. felicidad
4. saque
5. azul
6. seco
7. querido
8. sequedad
9. quinto
10. caza

ORTOGRAFIA: LOS SONIDOS [k/s/k^w]

Escuche cada una de las siguientes palabras. Luego escriba las letras que faltan. Oirá cada palabra dos veces.

1. fre____ente
2. di____fra____e____

3. po____ísimo
4. ____atro

5. pa____ete
6. lí____ido

7. en____esta
8. in____ilino

PRONUNCIACION: DICTADO

Escuche el siguiente texto por completo. Luego se repetirá el texto más lentamente con pausas. En las pausas escriba lo que oyó. Al final toda la selección se repetirá una vez más.

_____

_____

_____

_____

_____

_____

_____

_____

PRACTICA ESCRITA 〰️ Y COMPOSICION

Describir y comentar

A. Complete las siguientes oraciones con la forma correcta de la palabra o frase de la lista del vocabulario en la página 75 que mejor corresponda al sentido de la oración.

1. No es necesario que los padres sean inflexibles, que impongan muchas reglas. Pero sí creo que es importante que haya _____ en la casa con respecto a los niños.

2. El problema de los hijos únicos es que los padres muchas veces los _____ demasiado; les dan todo lo que quieren.

3. En esta ciudad hay una compañía que manda a una persona a tu casa para _____ a tu perro, si tienes que hacer un viaje y lo tienes que dejar solo en casa.

4. ¡El servicio en este restaurante es terrible! ¿Quién _____ aquí? Quiero hablar con el jefe.

5. Laura es una niña muy _____: siempre _____ con mucha cortesía.

6. Estoy de acuerdo: los crímenes violentos son un problema grave en nuestra sociedad. Pero no puedo aceptar la pena de muerte (*death penalty*). En mi opinión, es un _____ demasiado fuerte.

**B. Conteste las siguientes preguntas según su experiencia personal usando oraciones completas.

1. ¿Cuándo era pequeño/a, era bien o mal educado/a?
   _____

2. ¿Se peleaba con sus hermanos/amigos con frecuencia?
   _____

3. ¿Qué hacía cuando se portaba mal?
   _____

4. ¿Qué castigos le imponían sus padres?
   _____

5. ¿Había una disciplina muy estricta en su casa?
   _____

6. En general, ¿llevaba una vida feliz o una vida difícil?
   _____

C. Describa las relaciones familiares indicadas, siguiendo este modelo: **X es el/la _____ de Y.** Use los nombres de los parientes en el orden indicado.

MODELO: 6 → 7: *Jorge es el padre de Fausto.*

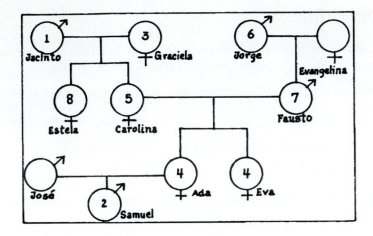

1. 2 → 1: _____

2. 1 + 3 → 4: _____

3. 5 → 6: _____

4. 7 → 8: _____

5. 4 → 8: _____

Lengua

16. IMPERATIVES: FORMAL DIRECT COMMANDS

A. Pablo y María son dos instructores que no están de acuerdo con la forma de tratar a los estudiantes. Pablo cree que no se les debe dar mandatos, sino que se les debe pedir que hagan ciertas cosas. María cree que los estudiantes responden mejor cuando se les manda hacer las cosas (*they are ordered to do things*). Cambie la forma de pedir de Pablo por los mandatos que María usaría (*would use*).

MODELO: Pablo dice: Por favor, Manolo, ¿puede entregarme el cuaderno mañana? →
María dice: Manolo, entrégueme el cuaderno mañana.

1. Paco, ¿no quiere practicar más en el laboratorio?

   _____

2. Susana, ¿puede Ud. hacerme una lista de los puntos que Ud. no entiende?

   _____

3. Carolina, ¿no es cierto que Ud. debe ir a ver al decano (*dean*)?

   _____

4. Pedro, ¿puede corregirme esta composición?

   _____

5. Carmen y Luis, ¿pueden Uds. venir a mi oficina después de clase?

    _____

6. Por favor, Rafael y Jorge, Uds. no deben hablar inglés en clase.

    _____

**B. Dé mandatos formales en las siguientes situaciones.

1. Cuando Ud. sale de su clase de español, una señora le pregunta cómo se llega al laboratorio de

    lenguas. _____

    _____

2. Un turista quiere saber dónde puede comer cuando visite la ciudad donde Ud. vive y qué

    platos debe pedir. _____

    _____

3. Unos amigos quieren saber qué hacer este fin de semana para divertirse. No tienen mucho

    dinero. _____

    _____

4. Un profesor de matemáticas quiere saber cómo puede mejorar (*improve*) su clase. _____

    _____

5. Unos estudiantes de último año de secundaria vienen a visitar la universidad por primera vez.

    Quieren saber qué lugares interesantes de la universidad deben ver. _____

    _____

17. THE SUBJUNCTIVE MOOD: CONCEPT; FORMS OF THE PRESENT SUBJUNCTIVE AND

18. USES OF THE SUBJUNCTIVE: PERSUASION

A. ¿Sabía que hay estudios que afirman que los jóvenes revolucionarios de la llamada generación de los *Baby Boomers* de los años sesenta eran los padres más estrictos de las tres o cuatro últimas generaciones? Para enterarse bien de la noticia que se publicó hace unos años, complete el siguiente texto con la forma correcta del presente de subjuntivo de los verbos entre paréntesis.

Haz lo que digo, no hagas lo que hice

Los jóvenes de la generación de los años sesenta vivieron un tiempo de cambio. El hacer todo lo

prohibido significaba rechazar los valores de sus mayores. Es por ello que experimentaron con drogas

y predicaron el amor libre. Sin embargo, estos jóvenes, ahora adultos, se han convertido en los padres

más estrictos. No sólo prohíben que sus hijos (probar) _____[1] las drogas sino que

tampoco les permiten que (fumar) _____[2] tabaco. Aunque ellos disfrutaron de libertad sexual, ahora prefieren que sus hijos (practicar) _____[3] la abstinencia

hasta el matrimonio. A estos padres tampoco les gusta que sus hijos (salir) _____[4]

frecuentemente o que (volver) _____[5] muy tarde por las noches.

Esta actitud tan protectora se debe a que ellos no creen que los años noventa (poder)

_____[6] compararse con los sesenta. Ellos dudan que el mundo de hoy en día (ser)

_____[7] un lugar tan seguro como el que ellos conocieron. Estos padres temen que

la proliferación de drogas duras y la epidemia del SIDA (afectar) _____[8] a sus hijos.

Por eso piensan que es necesario que (tomar: sus hijos) _____[9] muchas precaucio-

nes y que (tener: sus hijos) _____[10] el máximo cuidado.

**¿Está Ud. de acuerdo con la actitud protectora de los padres? Escriba sus reacciones y sugerencias para los padres aquí.

_____

_____

_____

_____

_____

B. Para los siguientes dibujos, use el subjuntivo para indicar lo que quiere cada persona.

1.

El carnicero quiere que...

_____

_____

_____

_____

2.

La madre les dice que no...

_____

_____

y que... _____

_____

3.

Los niños al fondo (*in the background*)
prefieren que…

_____

_____

4.

Los aficionados prefieren que el tenista…

_____

_____

**C. Use el subjuntivo para indicar las recomendaciones que Ud. da o recibe en las siguientes circunstancias. Cuidado con los pronombres.

1. Cuando Ud. y sus amigos hacen mucho ruido por la noche, ¿qué les dicen sus vecinos? _____

_____

2. Si Ud. tiene malos resultados en un examen, ¿qué le recomiendan sus padres? ¿Y qué le

aconsejan sus amigos? _____

_____

_____

3. Si un amigo le pide favores constantemente, ¿qué le dice? _____

_____

4. Si Ud. les pide dinero a sus padres, ¿qué le recomiendan? _____

_____

5. ¿Qué les sugiere Ud. a unos amigos que quieren ver una buena película? _____

_____

_____

D. El siguiente texto ofrece sugerencias sobre cómo ayudar a los niños a asimilar el divorcio. Llene los espacios con la forma correcta del presente de subjuntivo o de indicativo de los verbos entre paréntesis, según el contexto.

En todo momento es importante que los padres (intentar) _____[1] ser honrados y

respetuosos con sus hijos. Y en caso de divorcio los psicólogos recomiendan que (poner: los padres)

_____[2] aún más énfasis en este principio. Así, cuando hay dos versiones, es

importante que los niños (oír) _____[3] las dos. Es verdad que esto (poder)

_____[4] ser difícil para los padres, especialmente si su separación no ha sido[a]

amigable. Sin embargo, es esencial que la comunicación con los hijos no (ir) _____[5]

cargada[b] del odio que sienten hacia el otro. Los psicólogos aconsejan que los padres no (hablar)

_____[6] nunca mal del padre ausente. Entre otras muchas razones este consejo se

justifica porque al insultar al cónyuge[c] se insulta a los niños. Los niños saben que ellos (tener)

_____[7] un poco de cada padre.

Es importante que la vida de los niños (alterarse) _____[8] lo menos posible. Por

ejemplo, es mejor que los hijos no (cambiar) _____[9] de casa (si esto es posible) y

que (ser: ellos) _____[10] los padres los que viajen de un lugar a otro para cumplir

con sus deberes paternos.

[a]no… *has not been* [b]*loaded* [c]*spouse*

** ESTRATEGIAS PARA LA COMUNICACION   Por favor *How to get people to do things*

Ud. quiere hacer las siguientes sugerencias. En algunos casos puede que sea apropiado usar un mandato directo (familiar o formal); en otros será mejor usar una expresión más cortés. ¿Cómo se va a expresar Ud.?

1. You want to tell your grandmother's elderly friend to take an umbrella since it's raining.

   _____

2. Your niece is screaming and you want to tell her to behave.

   _____

3. You ask your friends to pay attention to what you are saying.

   _____

4. Your little brothers are fighting over a toy. You want to tell them to be well-mannered and share the toy.

   _____

19. IMPERATIVES: INFORMAL DIRECT COMMANDS

A. Escriba la forma correcta del mandato familiar de los siguientes verbos. Tenga cuidado con los acentos y con la colocación del pronombre con respecto al verbo.

1. mandarlo _____
2. decirme _____
3. no comerlo _____
4. hacerlo _____
5. ponerlo _____
6. no ir _____
7. no jugar _____
8. venir _____

**B. A veces Guillermo no puede decidir lo que debe hacer. Su ángel de la guarda le aconseja de un modo, mientras que su diablo personal le aconseja lo contrario. ¿Cuáles son los consejos que le da cada uno en los siguientes casos? Conteste en otro papel.

1.

2.

3.

4.

**C. En la página 92 aparece la lista de los cinco «cuentos» que los padres les hacen a sus hijos con bastante frecuencia. ¿Reconoce Ud. algunos? Escoja *dos* de los cuentos y escriba un breve párrafo para cada uno. En el párrafo, incluya la siguiente información.

- ¿Quién se lo hizo? (¿padre? ¿madre? ¿abuelo/a?)
- ¿Qué hacía Ud. que provocó esta reacción de parte de su pariente?
- ¿Qué ocurrió después—qué hizo Ud. y qué le pasó?

1. _____

_____

_____

_____

_____

2. _____

_____

_____

_____

_____

5 "cuentos"
que les
hacemos a
los niños

1. A tu edad... ¡jamás tuve
   tiempo para aburrirme!
2. ¡Es la última vez que vienes
   de compras conmigo!
3. ¡Espera hasta que papá
   llegue a casa y le cuente!
4. ¡Voy en un minuto!
5. ¡No te lo diré más!

**D. A continuación aparece la lista de los cinco «cuentos» que los hijos frecuentemente les hacen a sus padres, como respuesta a algún mandato. ¿Reconoce Ud. algunos? Para cada uno de los cinco cuentos mencionados, escriba el mandato informal típico que habrá dado (*probably would have given*) un padre (o una madre) antes o después de cada uno.

1. _____

2. _____

3. _____

4. _____

5. _____

5 ¡que ellos
nos hacen
a nosotros!

1. Claro que ya me he lavado
   bien los dientes...
2. ¡Mis compañeros recibieron la misma nota!
3. ¿Puedo acostarme más
   tarde *solamente* hoy?
4. Papá me dijo que sí podía
   hacerlo...
5. ¡Ya he terminado todas
   mis tareas!

Enlace

ORTOGRAFIA: REPASO DE LOS DIPTONGOS Y EL ACENTO ESCRITO

As you know, a diphthong is a combination of a weak vowel (**i, u**) with a strong vowel (**a, e, o**), pronounced together to produce a single sound. The strong vowel in a diphthong is always heard more "loudly" than the weak vowel.

When a written accent is placed over the weak vowel, the diphthong is considered broken, and the sounds of the two vowels can be heard separately. Thus, **ia** is a diphthong, but **ía** is not; **ie** is a diphthong, but **íe** is not.

Sometimes the strong vowel of a diphthong will have an accent because the word breaks the general rules of stress presented in Chapter 2. This is the reason for the accents in **también** and **después.** A written accent over the strong vowel does not break the diphthong.

La vocal subrayada recibe el énfasis. Lea las palabras y escriba un acento donde sea necesario.

1. mafia
2. piensalo
3. geometria
4. toxicomania
5. pasiones

6. precipicio
7. racional
8. premio
9. cuota
10. primacia

11. leiste
12. huerfano
13. muestrame
14. crianza
15. noruego

16. linea
17. traiga
18. maullar
19. faraon
20. rei

¡Ojo!

Exprese en español las siguientes preguntas y luego contéstelas según su experiencia personal.

1. Which aspects of dorm life are most difficult to put up with?

   _____

   _____

   _____

2. What do you admire most in your closest friend?

   _____

   _____

   _____

3. Who cared for you when you were a child?

   _____

   _____

   _____

4. Do you care about politics?

   _____

   _____

   _____

REPASO: PARRAFO DE SINTESIS

Lea la siguiente selección, llenando los espacios en blanco con la forma correcta en español de las palabras entre paréntesis. Donde se dan dos palabras, escoja la más apropiada según el contexto. Las siguientes formas verbales pueden usarse.

imperfecto   mandato formal   presente de subjuntivo
infinitivo   presente   pretérito
mandato familiar

Historia de un breve trabajo de verano

El verano pasado mi hermano Rolando y yo decidimos que en vez de salir a buscar empleo, íbamos a ayudar a nuestros padres con algunos proyectos familiares. Empezamos en casa con mamá.

—Lisa y Rolando —mamá nos (decir)_____[1]— vamos a (limpiar)

_____[2] esta casa de suelo a techo. (*It's been a long time*) _____[3] que no la limpio por completo y ahora con cuatro manos extra creo que lo puedo hacer de verdad. Primero, quiero que Uds. (sacar) _____[4] todos los muebles de la sala y que (ponerlos) _____[5] en el comedor.

Mientras nosotros (cargar) _____[6] los muebles, ella (lavar)

_____[7] las ventanas y (cantar) _____[8] felizmente. Cuando mi hermano y yo (terminar) _____[9], (querer) _____[10] descansar unos minutos, pero mamá (tener) _____[11] otras ideas.

—¡Vamos, hijos! ¿Cómo pueden (ser / estar) _____[12] cansados? Todavía hay mucho que hacer. (Traer: Uds.) _____[13] la aspiradora[a] y (pasarla)

_____[14] por la sala. Rolando, no (olvidar: tú) _____[15] levantar la alfombra. Luego, es necesario que (sacudir: Uds.) _____[16] los muebles; después (*return them*) _____[17] a su lugar en la sala. Después quiero (pasar)

_____[18] a las alcobas.

—Mamá, esto es demasiado. (Ser / Estar: Nosotros) _____[19] personas, no autómatas.

—¡Qué va! —ella me (responder) _____[20] con una sonrisa—. No (ser: tú)

_____[21] tonta, Lisa. Es cosa de unas cuantas horas. Rolando, (venir)

_____[22] conmigo a la cocina; necesito tu ayuda un momento.

Mientras ellos dos (ser / estar) _____[23] en la cocina, yo fui a mi alcoba y volví a la sala con mi radio. Ya (saber) _____[24] que había una sola solución. (Escoger)

_____[25] una estación de música rock y la (poner) _____[26] a un

[a]*vacuum cleaner*

volumen espantoso.[b] Luego, (empezar) _____[27] a sacudir como una loca. En pocos

minutos, Rolando salió de la cocina.

    —Lisa, mamá dice que (apagar: tú) _____[28] la radio. (*She doesn't like*)

_____[29] esas canciones.

    —Rolando, por favor, (decirle: tú) _____[30] a mamá que no puedo trabajar sin

música. Además —le (sonreír) _____[31] inocentemente—, es cosa de sólo unas

cuantas horas.

    Rolando (regresar) _____[32] a la cocina y en dos minutos (salir)

_____[33] otra vez.

    —Lisa, mamá sugiere que (buscar: nosotros) _____[34] a papá. Es posible que él

(tener)_____[35] algunas tareas…

    Rolando y yo (*looked at each other*) _____[36] en silencio unos segundos. Luego,

agarrando[c] la radio, le (decir) _____[37] a mi hermano:

    —Vamos, y no (preocuparse:[d] tú) _____[38], Rolando. Es probable que papá no

(necesitar) _____[39] mucha ayuda tampoco.

[b]*frighteningly loud* [c]*grabbing* [d]*to worry*

Análisis y aplicación: Composición

LA NARRACION

A narration is the presentation of an action or an event. When you write a descriptive paragraph, you are painting a picture; when you write a narrative, you are telling a story. Most narratives also contain description, but the main focus is on the story itself, the sequence of events or actions.

A narrative can be short or long, relate an incident that is factual or imagined, be funny, sad, or scary. A narrative can entertain or inform, as when a writer includes an anecdote to illustrate a point he or she is making. You use narrative techniques when you write the plot summary of a work you have read.

To write a narrative, think about an event that happened to you, or one that you witnessed, dreamed, or heard about. Try to recall all the details you can about the events and about the feelings that they created. When you tell your story, the events can be narrated in any order. Start in the middle and work both ways; or start toward the end and fill in the beginning with a flashback technique. The most common (and simplest) method is to narrate the events in chronological order. As when writing a description, the idea is not to include *every* detail, but to pick and choose only those details that help to create the effect you want.

Begin with an **introducción** that sets the stage, giving the events that lead up to the principal action or the high point of your narrative (**clímax, complicación**). At the end there should be a brief **conclusión** or **desenlace** that can indicate how the action affected you or what makes it so memorable or so important in your mind.

Look again at the narratives «**Los colores que menos me gustan**» (p. 66) and «**Un viaje inolvidable**» (p. 67). Read each one carefully, then think about the following as they relate to each narrative.

1. Identify their principal moments: **introducción, clímax, desenlace.**
2. Identify the ways in which the author has captured the attention of the reader. Is there suspense? humor? mystery? a surprise ending?
3. Describe the *feeling* expressed by each narrative. How did the episode affect the author? What feelings did the author have during the episode? Are these the same feelings that the reader has?
4. Determine in what order the events are related (chronological order, starting in the middle and working both ways, or starting toward the end and filling in the beginning with a flashback technique).

**A. On a separate sheet of paper, write a short narrative describing an incident in your own life. To get ideas, think about how you might complete the following sentences. Perhaps one of these episodes could form the basis for your narrative paragraph.

1. The first time that I . . .
2. How I learned how to . . .
3. The day/night that I . . .
4. Since that day/night, I have never/always . . .

**B. Before you hand in your narrative, review the suggestions for editing and proofreading presented in Chapter 3. Then check your narrative and recopy it if necessary before handing it in.

Pasaje cultural*

La «Casa de la Madre Soltera (*Single*)» en Guayaquil, Ecuador

La vida de una joven que pronto va a ser madre soltera puede ser muy difícil. En este segmento va a ver cómo una casa especial las ayuda. En Guayaquil, Ecuador, estas mujeres encuentran refugio y nueva esperanza en la «Casa de la Madre Soltera». Esta casa fue fundada por Esther Guarín de Torres.

DESPUES DE VER

**A. Imagínese que Ud. trabaja en la «Casa de la Madre Soltera». Escriba cuatro oraciones dando sugerencias, recomendaciones o consejos para las madres solteras. ¡Cuidado! Hay que usar el subjuntivo en este tipo de oración.

MODELO: Es importante (necesario, bueno, malo, ¿ ?) que las madres solteras reciban el mismo tratamiento que las otras madres.

1. _____

2. _____

---

*The viewing segments corresponding to the **Pasaje cultural** section can be found on the *Video to accompany ¡Avance!*

3. _____

4. _____

**B. Busque en el Internet información sobre la familia de un país hispano y compárela con los mismos datos de una familia de este país. Vaya a las páginas oficiales del gobierno para conseguir datos sobre el matrimonio, la tasa (*rate*) de divorcio, el tamaño de la familia media (*average*), etcétera. ¿Puede Ud. llegar a algunas conclusiones sobre el papel (*role*) de la familia en ambas culturas? En una hoja de papel aparte, escriba un resumen breve de los resultados de su búsqueda.

CAPITULO 5

Geografía, demografía, tecnología

EXPRESION ORAL Y COMPRENSION

Describir y comentar

A. Escuche las siguientes palabras y repítalas en la pausa. Entonces escuche cada palabra otra vez, compare su pronunciación con la que oye en el programa auditivo y repita la palabra una vez más.

diseñar	el diseño	la tecnología
reciclar	el edificio	el urbanismo
resolver (ue)	el hambre	el/la urbanista
tener en cuenta	el medio ambiente	la urbanización
urbanizar	la modernización	el vecindario
	la población	la vivienda
la alfabetización	la pobreza	
el analfabetismo	el reciclaje	analfabeto/a
el arquitecto / la	los recursos	culto/a
arquitecta	el agotamiento de los	desnutrido/a
el barrio bajo	recursos naturales	
la desnutrición	la sobrepoblación	en vías de desarrollo
la despoblación rural	el suburbio	

B. Mire la lista de vocabulario del ejercicio A mientras escucha. Primero Ud. oirá una palabra o frase que es un sinónimo de una palabra o expresión de la lista. Luego oirá una oración que contiene esta palabra o frase. Repita la oración, cambiando la palabra o frase por un sinónimo del vocabulario de la lista. Repita la respuesta correcta después de oírla en el programa auditivo.

MODELO: superabundancia de personas: En algunas partes del mundo hay superabundancia de personas. →
En algunas partes del mundo hay sobrepoblación.

1. …   2. …   3. …   4. …   5. …   6. …   7. …

C. Ud. oirá una serie de palabras y expresiones. Escuche cada una y repítala en la pausa. Compare su pronunciación con la que oye en el programa auditivo y repita una vez más.

Las computadoras

almacenar	el disco, el disquete	la multimedia
imprimir	el disco duro	la pantalla
navegar la red	el hardware	el procesador de
programar	la hoja de cálculo	textos
trabajar en red	la impresora	la programación
	el Internet	el ratón
las aplicaciones	la memoria	la red
la autoedición	el mensaje (de correo	la red local
la autopista de la infor-	electrónico)	el software
mación	el módem	el teclado
la base de datos	el monitor	
el correo electrónico		en línea, on-line

D. Mire la lista de vocabulario del ejercicio C mientras escucha las siguientes definiciones. Después diga la palabra que mejor corresponde a cada definición. Repita la respuesta correcta después de oírla en el programa auditivo.

1. ...   2. ...   3. ...   4. ...   5. ...

E. Ud. oirá un breve texto acerca de las personas y la situación en que se ven en el dibujo. Después oirá una serie de afirmaciones. Indique si las afirmaciones son ciertas (**C**) o falsas (**F**). Si el texto no incluye información acerca de una afirmación, indique que «no dice» (**ND**). Oirá el texto una vez y las afirmaciones dos veces.

	C	F	ND
1.	☐	☐	☐
2.	☐	☐	☐
3.	☐	☐	☐
4.	☐	☐	☐
5.	☐	☐	☐
6.	☐	☐	☐

F. La tecnología ha cambiado la vida cotidiana. Escuche el siguiente texto una vez para identificar la siguiente información.

1. ¿De qué manera ha transformado la tecnología el mundo del trabajo?

   _____

2. ¿Cómo ha cambiado la manera en que la gente explora el mundo?

   _____

3. Escuche el texto una vez más para buscar los siguientes datos específicos relacionados con la tecnología.

   a. Hoy, más de _____ de internautas recorren

      _____ por el placer de explorar ese mundo desconocido.

   b. El _____ es el _____

      del futuro. Navega, a la velocidad de _____, de

computadora en computadora por todo el mundo con un teléfono, un módem y

_____ como único equipaje.

c. Según las estadísticas, los internautas tienen estas características: edad entre

_____, nivel cultural

_____, hábitos _____ y

una enorme _____.

Lengua

20. MORE RELATIVE PRONOUNS

A. Ud. oirá una serie de oraciones. Léalas mientras escucha el programa auditivo y luego júntelas con **que, quien** o **quienes,** según el contexto. Tenga cuidado con la colocación de la preposición. Repita la respuesta correcta después de oírla en el programa auditivo.

MODELO: El futuro de los hijos es un problema. Este problema preocupa a muchos padres. →
El futuro de los hijos es un problema que preocupa a muchos padres.

1. Los autores de este proyecto son unos ingenieros españoles. Los autores recibieron un premio internacional.
2. La tecnología también debe tener en cuenta las necesidades de la población. Se habló de tecnología en la reunión.
3. A muchas personas les interesa el medio ambiente. También desean resolver otros problemas del mundo.
4. En ese centro de investigación se programan computadoras. Las computadoras se utilizan en la industria.
5. ¿Es Ud. arquitecto? Ud. participó en el congreso de urbanismo, ¿verdad?

B. Utilice los pronombres relativos para hacer oraciones completas usando las siguientes palabras y frases, sin cambiar el orden de las palabras. Conjugue los verbos y agregue los pronombres relativos. Repita la respuesta correcta después de oírla en el programa auditivo.

MODELO: el arquitecto / ser / la persona / diseñar / edificios →
El arquitecto es la persona que diseña edificios.

1. la pobreza / existir / en muchas zonas rurales / explicar / la emigración
2. el control / tener (nosotros) / sobre el medio ambiente / ser / insuficiente
3. los científicos / elegir (pasado) / el gobierno / ir a terminar / el informe
4. muchas medicinas / consumirse / en la actualidad / venir / de la naturaleza
5. la Madre Teresa / trabajar (pasado) / con los más pobres de la India / nacer / en Albania

21. POSITIVE, NEGATIVE, AND INDEFINITE EXPRESSIONS

A. Conrado siempre contradice a su hermano Armando. Ud. oirá una serie de comentarios de Armando. Haga el papel de Conrado, contradiciendo las afirmaciones de Armando. Repita la respuesta correcta después de oírla en el programa auditivo.

MODELO: ARMANDO: Viene algún amigo. →
CONRADO: No viene ningún amigo.

1. ... 2. ... 3. ... 4. ...

B. Ud. está de muy mal humor y contesta de manera negativa todas las preguntas que le hacen sus amigos. Ud. oirá las preguntas de sus amigos. Contéstelas de manera negativa. Repita la respuesta correcta después de oírla en el programa auditivo.

> MODELO: ¿Tiene Ud. un coche? → *No, no tengo ninguno.*

1. … 2. … 3. … 4. … 5. … 6. …

22. USES OF THE SUBJUNCTIVE: CERTAINTY VERSUS DOUBT; EMOTION

A. Berta es una joven muy curiosa y siempre pregunta el porqué de las cosas. Su madre normalmente se lo explica, pero hoy está apurada (*in a hurry*) y no quiere entrar en detalles. ¿Cómo contesta la madre las siguientes preguntas de Berta? Ud. oirá las preguntas de Berta. Contéstelas de manera negativa. Repita la respuesta correcta después de oírla en el programa auditivo.

> MODELO: Mamá, ¿crees que la pobreza tiene una solución fácil? →
> *No, no creo que la pobreza tenga una solución fácil.*

1. … 2. … 3. … 4. … 5. …

B. Los hermanos Conrado y Armando siguen su discusión anterior. Lo que dice uno, el otro siempre lo duda. Ud. oirá los comentarios de Armando. Contéstelos, expresando las dudas de Conrado con respecto a lo que dice su hermano. Repita la respuesta correcta después de oírla en el programa auditivo.

> MODELO: ARMANDO: Mi profesora trabaja 24 horas al día. →
> CONRADO: *Dudo que trabaje 24 horas al día.*

1. … 2. … 3. … 4. … 5. …

C. Los padres de Roberto son muy tradicionales y se escandalizan ante cualquier cosa «moderna». Ud. oirá una serie de oraciones. Cámbielas para expresar las reacciones de los padres de Roberto. Repita la respuesta correcta después de oírla en el programa auditivo.

> MODELO: Los estudiantes viven en residencias mixtas. →
> *Les escandaliza que vivan en residencias mixtas.*

1. … 2. … 3. … 4. … 5. …

D. A Roberto también le afectan emocionalmente ciertos aspectos de la vida universitaria. Ud. oirá una serie de oraciones. Cámbielas para expresar las reacciones de Roberto, usando las expresiones indicadas y pronombres de complemento directo e indirecto cuando sea posible. Repita la respuesta correcta después de oírla en el programa auditivo.

MODELO: Hay mucha competencia por las notas.   (es una lástima) →
Es una lástima que haya tanta competencia por las notas.

1. está bien   2. se alegra   3. es triste   4. le gusta   5. no le gusta

E. Ud. es el portavoz para uno de los candidatos a presidente de los estudiantes de su universidad. Ud. tiene que transmitir a sus compañeros varias opiniones del candidato. Ud. oirá una serie de oraciones. Cámbielas para expresar las opiniones del candidato. Repita la respuesta correcta después de oírla en el programa auditivo.

MODELO: Hay cucarachas en las residencias. (no le gusta) →
No le gusta que haya cucarachas en las residencias.

1. le preocupa   4. le encanta
2. es bueno   5. es escandaloso
3. es fantástico   6. le gusta

F. La siguiente serie de dibujos representa un episodio en la vida de Agustín, un estudiante que tiene mucha confianza en la tecnología. Escuche la historia narrada en el programa auditivo. Luego, vuelva a contar la historia por escrito en sus propias palabras y agréguele un final interesante. Algunas palabras útiles se indican bajo cada dibujo. *Use el tiempo presente* en su narración y, si es posible, trate de incorporar algunas de las siguientes construcciones.

buscar	esperar	ser posible
creer / no creer	estar seguro / no estar seguro	tener miedo
dudar	ser necesario	

pedir	*to ask for*	llenar	*to fill out*
quedar con	*to make a date with*	los datos personales	*personal information*
salir con	*to go out with*		
		el formulario	*form*
la compañera	*date (person)*		
el folleto	*brochure*		

computar	*to calculate*	descubrir	*to find out*
emparejar	*to match*		
llamar a la puerta	*to knock on the door*		

_____

_____

_____

_____

_____

_____

_____

_____

_____

_____

_____

_____

_____

_____

_____

_____

Enlace

VOCES

Escuche con atención a Daniel, Ariel y Dolores, tres hispanos que nos hablan de los medios de comunicación y de transporte que hay en sus países.

Francisco F.
Pontevedra, España

Dolores S.
Madrid, España

Tomás D.
Madrid, España

María José R.
Sevilla, España

Ariel T.
Deán Funes, Argentina

Eduardo B.
Santiago, Chile

Daniel B.
Buenos Aires, Argentina

A. Examine los siguientes cuadros con atención. Luego escuche a Daniel, Ariel y Dolores para poder identificar los medios que describe cada uno y su reacción general (escriba [+] si es positiva y [−] si es negativa) en cada caso. Note que no todas las personas mencionan todos los medios.

DANIEL

MEDIO	COMODIDAD	COSTO	EFICIENCIA	RAPIDEZ	SEGURIDAD
el automóvil					
el avión					
el (ómni)bus					
caminar					
el correo					
el metro (el subterráneo)					
el teléfono					
el tren					

ARIEL

MEDIO	COMODIDAD	COSTO	EFICIENCIA	RAPIDEZ	SEGURIDAD
el automóvil					
el avión					
el (ómni)bus					
caminar					
el correo					
el metro (el subterráneo)					
el teléfono					
el tren					

DOLORES

MEDIO	COMODIDAD	COSTO	EFICIENCIA	RAPIDEZ	SEGURIDAD
el automóvil					
el avión					
el (ómni)bus					
caminar					
el correo					
el metro (el subterráneo)					
el teléfono					
el tren					

B. ¿Cuáles son las preferencias de estas tres personas, pues, con respecto a los varios medios de transporte? A base del cuadro que Ud. acaba de llenar, ¿puede completar las siguientes oraciones? Luego escuche la selección una vez más para verificar sus respuestas.

1. Daniel prefiere viajar en _____ porque este medio de transporte es

   _____ .

2. Los trenes en Argentina son terribles pero _____ .

3. Ariel prefiere hacer viajes largos en _____ porque el tren es más

   _____ y menos _____ y el avión muy

   _____ .

4. Ariel piensa que el teléfono es _____ pero demasiado

   _____ y por eso prefiere usar _____ .

5. Dolores va generalmente a trabajar _____ y a veces en

   _____ .

6. Dolores no tiene tiempo para escribir _____ a los amigos. Casi siempre uti-

   liza _____ , incluso para _____ el año nuevo.

C. Examine el siguiente cuadro con atención. Luego escuche a Tomás, Eduardo y María José —tres hispanos diferentes que nos hablan del lugar en el que pasaron su niñez. ¿Qué incluyen sus recuerdos y, en general, son sus asociaciones positivas (+) o negativas (−)? Si lo necesita, escuche la selección más de una vez.

	Tomás	Eduardo	María José
personas			
amigos			
parientes			
otras personas			
lugares			
ciudad			
campo			
montañas			
playa			
actividades			
emociones			

D. Escuche con atención a Francisco, de Pontevedra, España, mientras él describe su niñez. Llene los espacios en blanco con las palabras correctas según su testimonio. Si lo necesita, escuche la selección una vez más. Luego diga a quién de los otros hispanos —Tomás, Eduardo o María José—más se parece Francisco.

Me llamo Francisco y soy de Pontevedra, España

En aquellos primeros años de mi vida, mi ilusión mayor era estar en casa de mis

_____[1]_____[2] en Tomiño. Era Tomiño un bonito

_____[3] donde yo había nacido (en aquel momento los niños

_____[4] en las casas de los abuelos) y representaba para mí

la _____[5], el _____[6] constante con otros niños a través de

_____[7] y montes… Mis abuelos eran ricos, _____[8],

_____[9] y consentidos con sus _____[10] —es decir, que

nos _____[11] hacer _____[12] cosa que queríamos. ¡Aquello los

hacía adorables!

**E. Pensando en su propia niñez, ¿tiene Ud. algo en común con Tomás, Eduardo, Francisco y María José? Cuando se pone a recordar sus experiencias, ¿qué le vienen a la mente más —imágenes de personas, de lugares, de actividades o de emociones? ¿Un poco de todo? Haga un mapa semántico con respecto a estas clases de información y luego organice sus recuerdos en un breve párrafo.

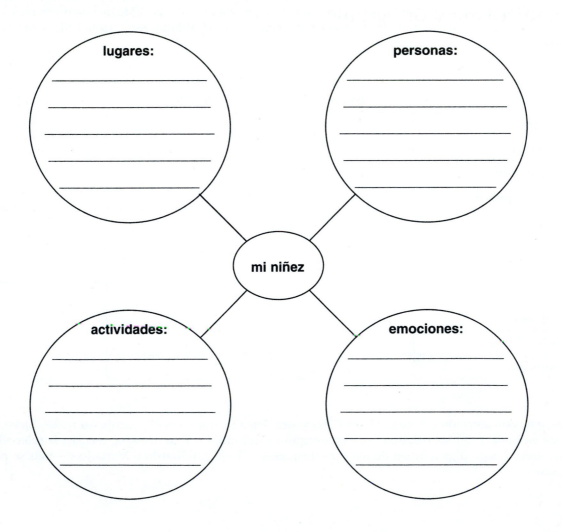

_____
_____
_____
_____
_____
_____
_____
_____
_____
_____
_____

Pronunciación y ortografía*

PRONUNCIACION: LAS VELARES OCLUSIVAS Y FRICATIVAS: [g/g̶/x]

The letters **j** and **g** (before **e** and **i**) represent the fricative sound [x]. The pronunciation of this sound varies regionally. In most of Spain it is [x]: [xente]. In most of Latin America it is a softer sound, similar to the first sound in English *hue:* [çente]. In Central America and the Caribbean it is even softer: [hente].

The letter **g** also represents the sounds [g] and [g̶]. As an initial sound and after the letter **n, g** is pronounced as a stop; that is, the flow of air is stopped and then released: [gata]. In all other contexts the letter **g** is pronounced as a fricative; the flow of air is not completely stopped: [una g̶ata].

A. Escuche cada una de las siguientes palabras y repítala en la pausa. Estas son algunas de las variaciones dialectales del sonido [x]. Compare su pronunciación con la que oye en el programa auditivo y repita una vez más.

España:	hijo	baja	viaje
Latinoamérica:	junto	general	ají
Centroamérica:	gitano	José	jardín

B. Escuche cada una de las siguientes palabras y repítala en la pausa. Compare su pronunciación con la que oye en el programa auditivo y repita una vez más. La **g** fricativa [g̶] está indicada.

1.	gato	4.	ojo	7.	gimnasio
2.	lag̶o	5.	gustar	8.	viejo
3.	gente	6.	me g̶usta	9.	gafas

C. Lea cada una de las siguientes palabras en voz alta, grabando su pronunciación. Después de grabar cada palabra, escuche la pronunciación que oye en el programa auditivo y repita una vez más. La **g** fricativa [g̶] está indicada.

1.	drog̶a	4.	gitano	7.	gata
2.	reja	5.	pasaje	8.	una g̶ata
3.	gastar	6.	gesto	9.	regir

---

*Remember to use the separate Pronunciation Audio CD for the **Pronunciación y ortografía** sections.

D. Lea cada una de las siguientes palabras en voz alta, grabando su pronunciación. Después de grabar cada palabra, escuche la pronunciación que oye en el programa auditivo y repita una vez más. La **g** fricativa *no* está indicada.

1. salga
2. jabón
3. ciego
4. región
5. diálogo
6. garaje
7. cojo
8. tragedia
9. Jorge

PRONUNCIACION: LOS SONIDOS [g/g^w/x]*

The letter sequence **ge** is pronounced [xe]; **gi** is pronounced [xi]. For this reason, the sounds [ge] and [gi] must be spelled with a different letter sequence than other combinations with [g]. The following chart shows the pattern of sound-letter correspondences for the letter **g**.† Listen to how each of the following words is pronounced.

	SOUND	SPELLING		SOUND	SPELLING		SOUND	SPELLING
1.	[xa]	jarra		[ga]	gato		[g^{w}a]	igual
2.	[xe]	jefe, gente		[ge]	guerra		[g^{w}e]	bilingüe
3.	[xi]	jirafa, ágil		[gi]	guitarra		[g^{w}i]	lingüista
4.	[xo]	ajo		[go]	lago		[g^{w}o]	antiguo
5.	[xu]	jurar		[gu]	gusano			

A. Escuche cada una de las siguientes palabras y repítala en la pausa. Compare su pronunciación con la que oye en el programa auditivo y repita una vez más.

1.	[ga]	gato	pagar		[g^{w}a]	guardia	guapo
2.	[ge]	sigue	llegue		[g^{w}e]	degüelle	Mayagüez
3.	[gi]	siguiente	lánguido		[g^{w}i]	pingüino	lingüística
4.	[go]	largo	gorila		[g^{w}o]	averiguo	contiguo

B. Lea cada una de las siguientes palabras en voz alta, grabando su pronunciación. Después de grabar cada palabra, escuche la pronunciación que oye en el programa auditivo y repita una vez más.

1. mango
2. juguete
3. agua
4. larguísimo
5. vergüenza
6. litigar
7. Guillermo
8. guacho
9. amiguito
10. vaguería
11. guagua
12. bilingüe

C. Lea cada una de las siguientes oraciones en voz alta, grabando su pronunciación. Después de grabar cada oración, escuche la pronunciación que oye en el programa auditivo y repita una vez más.

1. Jorge le dijo a Jaime: «Yo regué el jardín usando la manguera.»
2. Por lo general llegaba temprano, pero ayer llegué tardísimo. ¡Qué vergüenza!
3. El joven de Paraguay es guapo y güero; juega al fútbol con frecuencia.
4. La mujer tiene un amiguito bilingüe con quien practica la conversación cada semana.

ORTOGRAFIA: LOS SONIDOS [g/g^w/x]

A. Escuche cada una de las siguientes palabras. Luego escriba las letras que faltan: g/j/gu/gü. Oirá cada palabra dos veces.

---

*These spelling patterns are particularly important for writing preterite and present subjunctive verb forms.
†Since the stop [g] and fricative [g̶] sounds are always spelled in the same way, the symbol for the fricative has been omitted from the chart in order to simplify it.

1. si_____e

2. ca_____a

3. reco_____a

4. _____ille

5. va_____o

6. ci_____eña

7. ena_____as

8. mi_____ita

B. Escuche las siguientes palabras y escríbalas en los espacios en blanco. Oirá cada palabra dos veces.

1. _____

2. _____

3. _____

4. _____

5. _____

6. _____

C. Escuche las siguientes oraciones y escríbalas en las líneas a continuación. Ud. oirá cada oración dos veces: una vez rápida y otra más lentamente con pausas.

1. _____

_____

2. _____

_____

3. _____

_____

4. _____

_____

● PRACTICA ESCRITA Y COMPOSICION

Describir y comentar

A. Las siguientes palabras son del vocabulario de la lista en la página 99, pero las letras no están en el orden correcto. Descífrelas y luego ponga cada una con su definición.

1. _____ serrlove

   _____

2. _____ buzniarra

   _____

3. _____ odritundes

   _____

4. _____ dapucmotaro

   _____

5. _____ flaboatane

   _____

a. característica del que no ha tenido suficiente nutrición

b. un individuo que no sabe leer ni escribir

c. encontrar una solución

d. desarrollar un área urbana

e. máquina electrónica que se puede programar

*B. Escriba oraciones originales empleando las siguientes palabras.

1. tener en cuenta _____

   _____

2. barrio bajo _____

   _____

3. en vías de desarrollo _____

   _____

4. población _____

   _____

5. medio ambiente _____

   _____

Lengua

20. MORE RELATIVE PRONOUNS

A. Después de leer la tira cómica de Quino, complete el párrafo con los pronombres relativos **que** y **quien(es).**

© Joaquín Salvador Lavado, QUINO, Toda Mafalda, Ediciones de La Flor, 1997

El señor González, _____¹ trabaja para un periódico, busca un paquete de

cigarrillos en su chaqueta. Saca un cigarrillo _____² no tiene filtro. Sorpren-

dido, busca en el paquete otros cigarrillos _____³ tengan filtro. Es increíble, el

señor González no lo puede creer: todos los cigarrillos _____⁴ saca del paquete

están rotos y sin filtro. De repente, él decide que las personas con _____⁵ tra-

baja le quieren hacer una broma pesada. Sin pensarlo dos veces les grita a sus compañeros,

_____⁶ no comprenden nada. El pobre señor González no sabe que su hija

Mafalda tomó el filtro de todos los cigarrillos _____⁷ había en el paquete para

protegerse de la contaminación _____⁸ hay en la calle.

B. Escoja el pronombre relativo que mejor complete cada oración. Para hacer este ejercicio, tenga en cuenta los siguientes comentarios.

In many cases, the variants of the long **que** and **cual** forms are interchangeable; choosing between them is a matter of personal preference (like the choice between *that* and *which* in some contexts in informal English). The following are some general tendencies in Spanish.

1. After the short prepositions **a, de, en,** and **con,** either the **que** or the **cual** forms can be used, but the **que** forms are more frequent.

Los problemas **de los que (de los cuales)** nos hablaron son realmente graves.	*The problems (**that**) they spoke to us about are really serious.*
Conoció a los arquitectos **con los que (con los cuales)** su hija iba a trabajar.	*She met the architects **with whom** her daughter was going to work.*

2. After prepositions of more than one syllable (**cerca de, durante,** and so on), the **cual** forms are preferred. Use of the **que** forms is infrequent in this context.

Este es un asunto **sobre el cual** no es posible llegar a un compromiso.	*This is a matter **on which** no compromise is possible.*
Allí hay unas casas **al lado de las cuales** querían construir una carretera.	*Over there are some houses **next to which** they wanted to build a highway.*

3. So that there is no confusion with the conjunctions **porque, para que,** and **sin que,** the **cual** forms also appear after the short prepositions **por, para,** and **sin. Quien(es)** can also be used to refer to people.

El diseñador destruyó el plan, **sin el cual** no podemos continuar.	*The designer destroyed the plan, **without which** we cannot continue.*
El arquitecto habló con el ingeniero **para el cual (quien)** trabajamos.	*The architect spoke with the engineer **for whom** we work.*

¿Qué pronombre mejor completa cada oración?

1. Estas máquinas, sin (que / las que / las cuales) este proyecto sería (*would be*) imposible, son del gobierno.
2. El inquilino (quien / que / el cual) vive a mi lado hace mucho ruido los fines de semana.
3. Es necesario que te lleves bien con las personas con (que / la que / quienes) trabajas, ¿no crees?
4. La despoblación rural, (la cual / cual / el que) es un problema en los Estados Unidos, existe en muchos países.
5. Esa es la razón por (que / la que / la cual) tantas personas emigran hoy hacia las ciudades.

C. Llene los espacios con el pronombre relativo que mejor corresponda al contexto. ¡Cuidado! A veces hay más de una respuesta posible.

1. Me gustan más los diseños _____ me mostraste la semana pasada.

2. Por fin se terminó esa modernización en la _____ gastaron tanto dinero.

3. Los estudiantes _____ se especializan en la programación o en la informática encuentran empleo rápidamente.

4. Los arquitectos con _____ acabamos de hablar terminaron el diseño ayer.

5. _____ Ud. necesita es más práctica.

6. Tengo que escribir un trabajo en _____ demuestro los efectos negativos de la urbanización.

7. Los inquilinos _____ vivían aquí entonces rompieron varias ventanas.

8. La sequía (*drought*) _____ causó el hambre en Etiopía resultó en muchas muertes.

D. Cambie la palabra **que** en el siguiente texto sobre el Amazonas por otros pronombres relativos para darle un tono más formal. ¡Cuidado! No utilice siempre la misma alternativa, puesto que esto resulta en un estilo aburrido.

El futuro de la región amazónica nos afecta a todos. Muchos investigadores y ecologistas, (que)

_____[1] fueron los primeros en preocuparse por la situación, quieren que todos

conozcamos los problemas que se plantean a esta zona, (que) _____[2] representa

el futuro del planeta.

Un proyecto en (que) _____[3] ya trabajan muchas personas se basa en una

nueva estrategia, (que) _____[4] pretende asegurar la supervivencia del ecosistema y

también la supervivencia de los indígenas de la zona. Estos indígenas, (que) _____[5]

viven allí desde hace muchos años, pueden desaparecer al destruirse su medio ambiente. Por otro

lado, los recursos naturales, (que) _____[6] significan la base del progreso económico

para los gobiernos de la región, también exigen atención.

21. POSITIVE, NEGATIVE, AND INDEFINITE EXPRESSIONS

A. ¿Cuál es su actitud ante el medio ambiente? Aquí vienen los comentarios de algunos amigos. Complete cada oración con las palabras necesarias en español y luego diga su propia opinión o reacción hacia cada una.

> MODELO: (*I always buy*) Yo siempre compro productos que no contaminan el medio ambiente. ¿Y tú? →
> *Los compro casi siempre.*

1. (*No one*) _____ está dispuesto a pagar más por productos que no contaminan. Y tú, ¿qué opinas?

   _____

2. (*I never*) _____ reciclo el papel que utilizo, (*nor*) _____ el vidrio (*either*) _____. ¿Y tú?

   _____

3. (*Some people*) _____ se preocupan por la destrucción del Amazonas. ¿Y tú?

   _____

4. (*No longer*) _____ voy a conducir tanto. Quiero reducir la contaminación. ¿Y tú?

   _____

5. Hay personas que (*never read anything*) _____ sobre la ecología. ¿Y tú?

   _____

**B. Llene los espacios con información verdadera.

1. Nunca voy a _____ otra vez porque _____

   _____

2. Cuando no quiero leer, ni estudiar, ni trabajar, yo _____

   _____

3. Mis amigos siempre _____

   _____

4. Apenas llego a mi cuarto después de clase y _____

   _____

5. Más que nada en la vida, quiero _____

   _____

6. Mis (padres / amigos / profesores) son superanticuados. Ni siquiera _____

   _____

ESTRATEGIAS PARA LA COMUNICACION **¡No me gusta nada! *More about likes and dislikes*

Escriba una oración verdadera sobre cada uno de los temas a continuación. Luego, usando una de las expresiones de la página 159 de *¡Avance!*, dé su opinión sobre cada tema.

MODELO: el televisor de color →
No me importa tener un televisor de color porque no miro la televisión.

1. la contaminación del medioambiente

   _____

   _____

2. la computadora

   _____

   _____

3. la energía nuclear después de la caída de la Unión Soviética

   _____

   _____

4. la agricultura orgánica

   _____

   _____

5. la autopista de la información

   _____

   _____

22. USES OF THE SUBJUNCTIVE: CERTAINTY VERSUS DOUBT; EMOTION

**A. ¿Qué opina Ud.? Usando una de las expresiones a continuación, escriba su reacción a cada una de las siguientes afirmaciones. Luego justifique brevemente su respuesta. ¡Cuidado! En algunos casos será necesario poner el verbo en el subjuntivo.

Creo...	Es verdad...
Dudo...	Espero...
Es cierto...	Estoy seguro/a...
Es (im)posible...	No creo...
Es (im)probable...	Sé...

1. Los jóvenes que usan calculadoras en la escuela primaria luego tienen problemas con las matemáticas.

   _____

   _____

2. Se deben usar vuelos no tripulados (*unmanned*) para la exploración del espacio.

_____

_____

3. El sistema educativo de los Estados Unidos fomenta la uniformidad, no la creatividad.

_____

_____

4. Hay vida en otras partes del universo.

_____

_____

5. El avión representa el mejor invento del siglo XX.

_____

_____

6. Las ciencias son más importantes que las artes y las humanidades.

_____

_____

B. Llene los espacios con la forma correcta del verbo —el subjuntivo, el indicativo o el infinitivo— según el contexto.

1. Es necesario que ellos (estudiar) _____ la informática para encontrar un

   empleo.

2. Tenemos miedo de que tú no (poder) _____ diseñar otro edificio.

3. Ellos saben que la vivienda (ser) _____ escasa, pero esperan (encontrar)

   _____ algo.

4. Es bueno que nosotros (saber) _____ algo de otras culturas. Por eso voy a

   insistir en que mis hijos (viajar) _____ a otros países.

5. Mis padres están muy contentos de que mi novia (tocar) _____ la guitarra

   clásica. Piensan que la música moderna (contribuir) _____ a la violencia.

**C. Escoja a una persona de la lista A y una emoción de la lista B y escriba la reacción de tal persona ante cada una de las siguientes situaciones.

A (PERSONAS)		B (REACCIONES)	
mis padres	mis hermanos	alegrarse	enojarse
mis amigos	mi perro	preocuparse	tener miedo
yo	mi novia (novio)	horrorizarse	sorprenderse
		dudar	gustar

1. Tengo un compañero (una compañera) de cuarto tonto.

_____

2. Mi novio (novia) es miembro de los *Hell's Angels*.

   _____

3. Voy a vivir en casa de mis padres el próximo año.

   _____

4. Pienso dejar mis estudios para viajar por el mundo.

   _____

5. Navego la red veintitrés horas al día.

   _____

6. Lavo la ropa una vez al mes.

   _____

7. Mis profesores piensan que soy brillante.

   _____

D. El anuncio de la página 120 apareció en una revista española. ¿Qué piensa Ud.? ¿Tiene problemas con los cuales la llamada «máquina de la felicidad» le podría ayudar? Lea el anuncio brevemente y luego escriba cinco oraciones en las que expresa sus propias reacciones. Utilice algunas de las siguientes expresiones (o sus formas negativas) en sus oraciones.

dudo que	es posible que	estoy seguro que	me escandaliza que
es maravilloso que	espero que	me alegra que	me sorprende que

1. _____

   _____

2. _____

   _____

3. _____

   _____

4. _____

   _____

5. _____

   _____

E. La serie de dibujos en la página 121 representa un episodio cuasicientífico bastante conocido. Contestando las preguntas a continuación en otro papel, narre brevemente la historia en el tiempo presente.

- ¿Quienes son los individuos? ¿Cómo son?
- ¿Cuál es la acción principal del relato? ¿Por qué ocurre? ¿Cuál es la reacción de los varios individuos hacia esto? ¿Por qué?
- ¿Qué va a pasar luego? (¡Se puede inventar detalles!)

Trate de usar en su relato cada una de las siguientes expresiones por lo menos una vez.

duda(n) que	le enoja que	(no) quiere(n) que
es (im)posible que	pide(n) que	tiene(n) miedo que

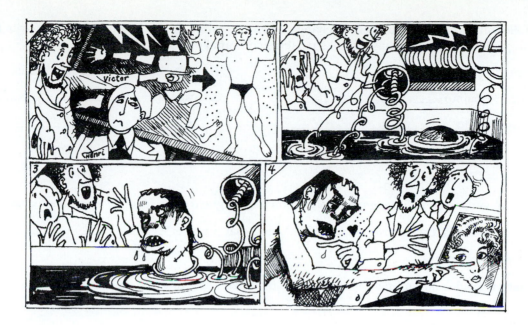

> **Vocabulario útil**
>
> colaborar con   *to help*   el experimento   *experiment*
> crear   *to create*   el relámpago   *bolt of lightning*
> partir   *to strike* (*with lightning*)

Enlace

ORTOGRAFIA: LOS SONIDOS [g] Y [x]

The pattern of sound-letter correspondences for the sounds [g] and [x] has special importance for the verb system. The consonant sound that precedes the infinitive ending must be maintained throughout all the verb conjugations. This will often cause spelling changes. Similar spelling changes are also involved when the endings **-ito** or **-ísimo** are added to words ending in **-go** or **-ga**.

A. Cada verbo a continuación requiere un cambio ortográfico en las formas indicativas indicadas y en el presente de subjuntivo. Escriba las formas. ¡Cuidado! Hay también algunos verbos con cambios de [k] y [s].

		PRESENT	PRETERITE	PRESENT SUBJUNCTIVE
1.	recoger	yo: _____		yo: _____
2.	averiguar		yo: _____	tú: _____
3.	chocar		yo: _____	ellos: _____
4.	socializar		yo: _____	nosotros: _____
5.	pagar		yo: _____	Ud.: _____
6.	escoger	yo: _____		yo: _____
7.	seguir	yo: _____		tú: _____

B. The following words have a spelling change when the **-ísimo** or **-ito** ending is added. Write the new word. ¡Cuidado! También hay algunas palabras con cambios de [k] y [s].

1. amigo + ito _____

2. largo + ísimo _____

3. Diego + ito _____

4. rico + ito _____

5. cabeza + ito _____

6. truco + ito _____

¡Ojo!

A. Indique el verbo que mejor complete la oración y conjúguelo en la forma y tiempo adecuados.

1. Mi compañero/a de cuarto me (devolver / regresar / volver) _____ el libro de español ayer.

2. Hace tres años que mi familia (moverse / mudarse / trasladarse) _____ a este estado.

3. (Sentir / Sentirse: Yo) _____ que no puedas venir a mi fiesta de cumpleaños.

4. No puedo (moverse / mudarse / trasladarse) _____. Tengo agujetas (*cramps*) por todo el cuerpo.

5. Mi madre (devolver / regresar / volver) _____ de su viaje esta tarde.

6. (Sentir / Sentirse: Yo) _____ muy contenta de que te den una beca para estudiar en Hawai.

B. Pablo y Susana son amigos. Susana le cuenta a Pablo los problemas que tuvo en su viaje a Cancún. Dé la forma correcta de la palabra o frase que mejor complete cada oración, según las palabras indicadas entre paréntesis. ¡Cuidado! También hay palabras de los capítulos anteriores.

PABLO: ¡Hola Susana! ¿Cúando (*did you return*) _____[1] de Cancún?

SUSANA: ¡Gracias a Dios (*I returned*) _____[2] hace unos días! Tuve un viaje horrible.

PABLO: ¿Por qué? ¿Qué pasó?

SUSANA: Mira, primero olvidé (*the time*) _____[3] del vuelo y lo perdí. Después, en las oficinas de la compañía aérea me dieron (*a ticket*) _____[4] para tomar otro avión diferente. Luego, durante el vuelo, había tantas turbulencias que el avión (*would move*) _____[5] a cada rato de arriba a abajo. Vomité (*one time*) _____[6].

PABLO: ¡Increíble! ¡Qué (*story*) _____[7]! No creo que (*you'll go back*) _____[8] a Cancún hasta dentro de 20 años por lo menos.

SUSANA: No, todo lo contrario. Cancún me encanta y quiero volver en mis vacaciones de primavera, pero usaré otra compañía aérea.

REPASO: PARRAFO DE SINTESIS

El dibujo representa una escena típica de una ciudad grande. Lea las siguientes oraciones y llene los espacios en blanco de acuerdo con las acciones que se ven en el dibujo y según las palabras entre paréntesis. Cuando se dan palabras en inglés, exprésalas en español. Use el tiempo presente del indicativo, subjuntivo o infinitivo, según cada contexto.

© Quino/Quipo

a. Un hombre (encender) _____[1] su último cigarrillo y luego (tirar)

_____[2] el paquete vacío al suelo. Es triste que no (ponerlo)

_____[3] en el receptor de basura (*that*) _____[4] él acaba de

(pasar) _____[5].

b. (Ser / Estar / Haber) _____[1] un coche estacionado (*parked*) debajo de una

señal que prohíbe que se (estacionar) _____[2] en ese lugar. No hay (*anyone*)

_____[3] en el coche; es posible que su dueño (ser / estar / haber)

_____[4] el hombre (*who*) _____[5] fuma.

c. Otro coche (doblar) _____¹ a la derecha y casi (atropellar)

_____² a una anciana (*who*) _____³ (ser / estar)

_____⁴ en medio de la calle. Se nota que el conductor (llevar)

_____⁵ gafas oscuras y probablemente no (poder)

_____⁶ ver bien. Por eso no (ver) _____⁷ que la señal

prohíbe que allí se (doblar) _____⁸ a la derecha.

d. Un hombre (acabar) _____¹ de darle un portazo (*blow with the door*) a un

peatón mientras (bajar) _____² de su coche. Al mismo tiempo un camión

(sofocar) _____³ a otro peatón en una nube de aire sucio. Un muchacho

(desde el camión) y una mujer (desde la ventana) tranquilamente (cubrir)

_____⁴ la calle con más basura. (*Neither of them*) _____⁵

(notar) _____⁶ que (ser / estar / haber) _____⁷ (*some-*

one) _____⁸ en esa nube de polvo.

e. Una mujer y su hijo (empezar) _____¹ a cruzar la calle cuando un obrero

que trabaja en una excavación (echarle) _____² tierra al niño. La mujer

(parecer) _____³ bastante sorprendida, (*but*) _____⁴ el

obrero (*not even*) _____⁵ se da cuenta (*notices*).

f. En la esquina un joven (contribuir) _____¹ a la contaminación del aire, no

con humo (*but rather*) _____² con música fuerte. Es posible que él (buscar)

_____³ una estación de música más suave, (*but*) _____⁴

(*since*) _____⁵ su radio es tan chiquita, no es probable que (recibir)

_____⁶ muchas estaciones.

Análisis y aplicación: Composición

LA EXPOSICION

Expository writing is different from description and narration in that it seeks to inform—and some-times to convince—the reader about a specific topic. It conveys factual information about an idea or a process. Expository essays have a simple structure.

1. They begin with one main idea and state that idea clearly in the first paragraph.
2. They include supporting details that expand and clarify the main point. All irrelevant information is eliminated.
3. The final paragraph summarizes the information presented and restates the main idea.

This structure can be outlined as follows.

I. Introduction: Main idea
II. First supporting idea
    A. Specific example of supporting idea
    B. Specific example of supporting idea
III. Second supporting idea
    A. Specific example of supporting idea
    B. Specific example of supporting idea
IV. Conclusion: Summary and restatement

Depending on the length and completeness of the essay, there may be more supporting ideas and/or additional examples of each. For example, in a one-page essay, each supporting idea would be discussed in its own paragraph. In a very brief essay, the introduction, supporting ideas, and conclusions might be expressed by a single sentence for each within a single paragraph.

**A. Read the following essay and on a separate piece of paper prepare an outline of its information according to the preceding diagram.

La televisión contra los niños

La introducción generalizada de la televisión en los hogares[a] ha alterado[b] de manera radical la vida y el comportamiento de los niños de edad preescolar (dos a seis años). Actualmente, por ejemplo, los niños norteamericanos miran la televisión entre cuarenta y cincuenta horas semanales. Semejante[c] consumo televisivo provoca graves perturbaciones afectivas[d] y psicológicas.

En el campo afectivo, los efectos negativos de la televisión son profundos no sólo en el niño, sino también en la unidad familiar. Primero, la televisión priva[e] a los niños del tiempo, ese tiempo que antes les quedaba libre después de la escuela y los deberes, ese tiempo que las «generaciones de antes de la TV» consagraban[f] a las reuniones familiares o las relaciones sociales. Pero, lejos de protestar por esta pérdida, algunos padres se han aprovechado[g] de la atracción que siente el niño por la pantalla:[h] utilizan la televisión como una verdadera y cómoda niñera.[i] Hoy día, en las buenas familias, y no se les pega[j] a los niños; se les coloca[k] ante la «tele». Consecuencia: los niños acaban prefiriendo ver la televisión a estar con sus padres. Según una encuesta[l] reciente, de 3000 niños, el 44 por ciento prefiere ver la televisión a estar con su padre, y el 20 por ciento la prefiere a estar con su madre.

Ya que los niños pasan tanto tiempo frente al televisor, algunos han luchado[m] para que el aparato se transforme en una fuente de saber[n] y que se convierta en una especie de escuela primaria ideal. Pero está demostrado que la cuestión de la calidad[o] de las emisiones para niños es realmente secundaria, pues lo que resulta verdaderamente multilante para su estructura mental es el hecho[p] de mirar sin descanso la televisión, sea cual sea[q] la emisión que miren. Antes de la televisión, los niños jugaban. Hoy día, se aburren en casa cuando no miran la televisión. Tal hábito ha desarrollado[r] el nerviosismo y la agresividad de los niños.

Fuente de comunicación unilateral,[s] la televisión crea en el individuo que la ve un comportamiento esencialmente pasivo. Cuando la pantalla pequeña sustituye a toda experiencia exterior, acaba por[t] convertirse, literalmente, en una pantalla entre el individuo y la realidad, entre el niño y los demás. En ese sentido, la televisión funciona como una droga, un opio, que causa las mismas consecuencias de hábito y de frustración.

En la mayoría de las familias, la televisión ha puesto término[u] a la efectividad de la palabra de los padres, ha dislocado los ritos familiares. Para toda una generación de padres, la televisión se ha convertido en una eficaz «nodriza[v] electrónica» que garantiza cierta paz en el hogar y actúa sobre los niños como un sedante, un anestésico providencial. Sin duda, la televisión es la droga más perversa de la edad moderna.

[a]*homes* [b]*ha... has changed* [c]*Such* [d]*emotional* [e]*quita* [f]*dedicaban* [g]*se... have taken advantage* [h]*screen* [i]*babysitter* [j]*smack* [k]*pone* [l]*survey* [m]*han... have fought* [n]*fuente... source of knowledge* [o]*quality* [p]*fact* [q]*sea... whatever may be* [r]*ha... has developed* [s]*one-way* [t]*acaba... it ends up* [u]*ha... has put an end* [v]*se... has become an efficient nursemaid*

**B. Fill in the following outline with information that could be used as the basis of an expository essay. Here are two choices of topics to start you out.

| *Las contribuciones étnicas a la cultura* | *Las atracciones de la universidad pequeña* |
| *norteamericana* | |

I. Muchas de las fiestas y tradiciones norteamericanas tienen su origen en otras culturas.

I. Las universidades pequeñas tienen muchas ventajas sobre las instituciones grandes.

II. _____

    A. _____

    B. _____

III. _____

    A. _____

    B. _____

IV. _____

**C. Read the following selection, making editorial and proofreading comments and changes.

1. *Editing.* Ask yourself the following questions as you edit.
    a. Can I identify the main idea easily? If not, what is the problem? How could the main idea be made to stand out more clearly?
    b. Is the main idea supported and developed with specific points? Is irrelevant information included that should be eliminated? Are there other arguments that might be included in order to make the writer's position stronger?
    c. Is there an introduction and a conclusion? What effect (either positive or negative) does this have? How could I improve it?

Las sociedades que tienen la television son mejores que las sociedades que no tienen la television. Mucha gente no gusta la television porque creen la television cause problemas para la sociedad. Las sociedades que no tienen la television tienen otra cosas que hacer. Las chicas y los chicos escuchan la radio. Los padres leen los libros. Las familias van al cine. Las sociedades que tienen la television miran la television por siete u ocho horas todos los dias. No es bueno.

Pero, la television esta importante porque mucha programas son buena. Los programas de los animales o el viaje a la luna, son muy interesantes. Aqui, la television es simpatica. Pero mucha programas son violenta y los chicos miran este programas y creen que la programa esta la vida real. La programa produce mucha violencia.

En mi casa voy a tener una television pero no voy a mirar la television todas las horas y no voy a permitir a mis chicas y chicos mirar la television por siete u ocho horas todos los dias.

2. *Proofreading.* Read the selection again carefully, looking for and correcting errors of the following types.

- **ser/estar** confusion
- lack of agreement: noun/adjective and subject/verb
- preterite/imperfect confusion
- indicative/subjunctive confusion
- unnecessary repetition (could have used pronouns)
- spelling and accentuation
- vocabulary (dictionary) mistakes

**D. You have been invited to join the President's Committee on Environmental Issues. You feel very strongly that the committee must focus on one single issue in order to be effective. Choose an issue from the following list and write a brief essay (100–150 words) arguing why the committee should adopt this particular issue over the others.

la lluvia ácida	la desaparición de las selvas vírgenes	la contaminación del mar
el efecto invernadero	los residuos radioactivos	la basura y cómo procesarla

1. Before beginning to write, discuss the topic briefly with a classmate. Working together, try to come up with many different ideas to help you clarify which point of view—positive or negative—you wish to defend.
2. On a separate sheet of paper organize your ideas, following the general outline on pages 95–96. If you need to use a bilingual dictionary, be very careful to double-check each word that you look up.
3. Using your outline as a general guide, prepare a rough draft. Remember that at this stage the most important thing is to get your ideas out; don't worry about grammar, vocabulary, or spelling yet. Put your rough draft aside for a day and/or share it with a classmate before you begin to revise.
4. Edit and proofread following the guidelines on pages 71–72.
5. Make any changes that need to be made following your editing and proofreading, then recopy your final version onto another sheet of paper to hand in.

Pasaje cultural*

Los bosques, defensas del planeta

Los árboles son soporte y protección para el clima de nuestro planeta, pero se corta anualmente una gran cantidad de ellos. En este segmento va a ver que los árboles se usan de maneras diferentes para ayudar a nuestra subsistencia.

DESPUES DE VER

**A. Después de ver este vídeo, ¿qué piensa Ud. sobre el uso de los árboles? Escriba su reacción sobre el tema de la protección de los bosques y selvas.

_____

_____

_____

_____

*The viewing segments corresponding to the **Pasaje cultural** section can be found on the *Video to accompany ¡Avance!*

B. Busque en el Internet artículos sobre el medio ambiente en un país hispano. Luego, en una hoja de papel aparte, escriba un resumen breve de lo que Ud. encuentre. Incluya las fuentes (*sources*) a las cuales Ud. se refiere. ¿Cómo se compara el tratamiento del tema descrito en los artículos con la forma en que se trata en la comunidad donde Ud. vive?

C. Usando las siguientes frases y transformando los verbos en el infinitivo en mandatos, prepare un aviso corto para persuadir a la gente a utilizar, con moderación y con conciencia, la madera y cualquier otro producto que proceda de los árboles. Vuelva a ver el vídeo para obtener algunas ideas.

Aconsejamos que	Esperamos que	Pedimos que
Es importante que	(No) Desechar	Prohibimos que
Es necesario que	(No) Malgastar	Recomendamos que
Es preferible que	(No) Usar	Sugerimos que

_____

_____

_____

_____

_____

CAPITULO

El hombre y la mujer en el mundo actual

6

EXPRESION ORAL Y COMPRENSION

Describir y comentar

A. Escuche las siguientes palabras y repítalas en la pausa. Entonces escuche cada palabra otra vez, compare su pronunciación con la que oye en el programa auditivo y repita la palabra una vez más.

aspirar a	el juguete	el sueldo
desempeñar un papel	la juventud	la vejez
educar	el/la machista	
socializar	la meta	femenino/a
	la muñeca	feminista
el amo/a de casa	el papel	machista
la aspiración	la pelota	masculino/a
el cambio	el prejuicio	
la carrera	el puesto	alguna vez
la custodia	los quehaceres	en cuanto a…
la educación	domésticos	en estos días
la expectativa	la responsabilidad	recientemente
el/la feminista	la sensibilidad	últimamente
la igualdad	la socialización	
la infancia		

B. Mire la lista de vocabulario del ejercicio A mientras escucha las siguientes preguntas. Diga la palabra de la lista que mejor corresponda a cada contexto. Repita la respuesta correcta después de oírla en el programa auditivo.

1. …   2. …   3. …   4. …   5. …   6. …

C. Ud. oirá un breve texto describiendo el dibujo en la página 130. Primero mire las actividades a continuación y luego escuche con atención para completarlas. Trate de hacer el ejercicio escuchando el texto una sola vez.

Indique (✓) todas las respuestas correctas según el texto.

1. Según el texto, Tere comprende la importancia de…
    a. ☐ la salud y los deportes.
    b. ☐ los buenos modales (*good manners*).
    c. ☐ la independencia económica.
    d. ☐ la obediencia de los hijos.
    e. ☐ la educación.
    f. ☐ la cocina.
    g. ☐ tener un esposo rico.
    h. ☐ lo que pueden decir los vecinos.
    i. ☐ tener amigos de ambos (*both*) sexos.
    j. ☐ la apariencia / la belleza física.

2. Al final, Tere (permite / no permite) que su hija salga a jugar fútbol.

D. ¿Son los hombres más vulnerables al estrés? Marque (✓) el siguiente cuadro según lo que Ud. piensa de este tema. Luego escuche con atención un breve texto para verificar sus respuestas. No se preocupe si hay palabras o frases que no comprende completamente. Si lo necesita, escuche la selección una vez más.

		Mujeres	Hombres
1.	sexo fuerte		
2.	sexo débil		
3.	más afectados por el estrés		
4.	recuperación más rápida de la depresión		
5.	mayor producción de adrenalina		

Lengua

23. PRESENT PERFECT INDICATIVE

A. Ud. oirá una serie de oraciones. Repítalas, cambiando el verbo en el pretérito por el presente perfecto de indicativo. Repita la respuesta correcta después de oírla en el programa auditivo.

B. A Luis le gusta dar la impresión de que es el primero en todo. Así que cuando sus amigos le preguntan si quiere hacer algo, él siempre les contesta que ya lo ha hecho. Ud. oirá una serie de preguntas. Contéstelas como Luis las contestaría. Trate de usar pronombres de complemento directo cuando sea posible. Repita la respuesta correcta después de oírla en el programa auditivo.

MODELO: Luis, ¿quieres leer este libro? → *No, ya lo he leído.*

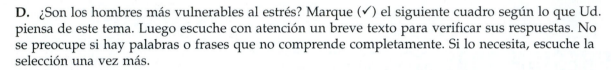

24. PRESENT PERFECT SUBJUNCTIVE

A. Los siguientes dibujos indican lo que piensan o sienten las personas en el momento actual acerca de algo que ya ha ocurrido. Para cada dibujo Ud. oirá una pregunta. Contéstela, incorporando las palabras indicadas. Repita la respuesta correcta después de oírla en el programa auditivo.

> MODELO: ¿Qué le enoja al profesor? →
> *Le enoja que los estudiantes se hayan dormido en clase.*

dormirse en clase

1. cerrar los grifos   2. traerle un cachorro   3. robarle un bistec   4. caerse

B. Ud. oirá las siguientes oraciones. Complételas con la forma correcta del presente perfecto de subjuntivo del verbo en letra cursiva. Use pronombres de complemento directo cuando sea posible. Repita la respuesta correcta después de oírla en el programa auditivo.

> MODELO: Es fantástico que ahora las mujeres *tengan* muchas oportunidades profesionales. Es una lástima que en el pasado… → *…no las hayan tenido.*

1. Es necesario que en el futuro los cuentos infantiles *eviten* el sexismo. En el pasado no creo que…
2. Es importante que en el futuro los padres *eduquen* a los niños sin estereotipos. Es triste que en el pasado…
3. Es bueno que ahora los hombres *pasen* más tiempo con sus hijos. Dudo que en el pasado…
4. Esperamos que los esposos *hagan* más quehaceres domésticos. No creo que en el pasado…

C. Marta está un poco enojada con su esposo. Ud. oirá las siguientes sugerencias de Marta a su marido. Complételas con la forma correcta del verbo en letra cursiva, en el tiempo presente perfecto de subjuntivo o en el presente perfecto de indicativo. Use pronombres de complemento directo cuando sea posible. Repita la respuesta correcta después de oírla en el programa auditivo.

MODELO: Es fantástico que hoy *laves* tú la ropa, aunque en el pasado… → *no la hayas lavado.*

1. No quiero que *tires* los calcetines por el suelo, aunque ya sé que en el pasado…
2. Es importante que *comprendas* tu actitud sexista; en el pasado no creo que…
3. Es irónico que ahora *digas* que crees en la igualdad; estoy segura de que en el pasado…
4. Es importante que me *escuches* cuando hablo; dudo que en el pasado…

25. USES OF THE SUBJUNCTIVE: ADJECTIVE CLAUSES

A. Ud. oirá una oración y luego la primera parte de una nueva oración. Haga la nueva oración usando la primera parte indicada y haciendo cualquier cambio necesario en el verbo. Repita la respuesta correcta después de oírla en el programa auditivo.

MODELO: Tengo una casa que está cerca.   (Busco) → *Busco una casa que esté cerca.*

1. …   2. …   3. …   4. …   5. …   6. …

B. Para cada uno de los siguientes dibujos, Ud. oirá una pregunta. Conteste la pregunta usando el vocabulario indicado para expresar lo que tiene la persona (o animal) en el dibujo y lo que quiere. Repita la respuesta correcta después de oírla en el programa auditivo.

MODELO: ¿Qué tiene Juan y qué quiere? →
Tiene un coche viejo; quiere uno que sea nuevo.

coche viejo / uno nuevo

1. hueso pequeño / más grande

2. fumar / no fumar

3. dormir / participar activamente

4. aburrido / interesante

Enlace

VOCES

Escuche con atención a Alan y Soledad, dos hispanos que nos hablan de cómo llegaron a conocer a su pareja.

A. Escuche sus historias para identificar dos semejanzas y dos diferencias entre sus experiencias. Mientras escucha, puede ser útil prestar atención a los siguientes aspectos de cada encuentro y tomar algunos apuntes.

- cuándo ocurrió (¿eran niños? ¿adolescentes? ¿adultos?)
- dónde ocurrió (¿en una fiesta? ¿en el trabajo? ¿ ?)
- cómo ocurrió (¿un encuentro accidental? ¿alguien los presentó? ¿un proceso normal dentro del trabajo? ¿ ?)
- ¿fue un amor «a primera vista»? ¿empezó primero con la amistad?

Si lo necesita, escuche el testimonio de Alan y Soledad más de una vez.

SEMEJANZAS

1. _____

2. _____

DIFERENCIAS

1. _____

2. _____

**B. Ud. oirá el testimonio de Alan y Soledad otra vez. Escriba un breve resumen *en el pasado* de *una* de estas dos historias de amor. Las siguientes palabras y expresiones le serán útiles para resumir las historias de Alan y Soledad. Seleccione las que se necesitan para la historia que Ud. decide resumir y luego organice la información de acuerdo con la historia. Cuidado con las formas del pretérito y del imperfecto. Después de escribir el resumen, escuche la historia una vez más para verificar su versión. ¡No se olvide de ponerle un título!

Vocabulario útil	
ayudar	limitarse a miradas o gestos
crecer con el tiempo	pasar por frente a la casas
darse disimuladamente notas	poder acompañar
extrañar	ponerse de acuerdo
hacer la práctica profesional	realizar un (estudio/trabajo)

_____

_____

_____

_____

_____

_____

_____

_____

_____

_____

_____

_____

_____

_____

_____

C. Ahora escuche con atención a tres hispanas —Cecilia, Elvira y Lorena— quienes hablan de los cambios que han visto con respecto a los papeles del hombre y la mujer en sus respectivos países. Escuche para identificar la siguiente información.

- un cambio positivo que menciona cada hablante
- un área donde la situación todavía no ha cambiado mucho

Luego escriba la información en el siguiente cuadro. Si lo necesita, escuche sus testimonios más de una vez.

	Positivo	**Todavía no ha cambiado**
Cecilia	_____	_____
Elvira	_____	_____
Lorena	_____	_____

D. Ud. oirá el testimonio de Cecilia, Elvira y Lorena otra vez. ¿En qué campo parece que han ocurrido con más frecuencia los cambios que se mencionan? Anote los cambios que se mencionan, clasificándolos en el cuadro a continuación.

Tipos de cambios	Cecilia	Elvira	Lorena
económico	_____	_____	_____
educativo	_____	_____	_____
empleo	_____	_____	_____
legal	_____	_____	_____
personal	_____	_____	_____
político	_____	_____	_____
social	_____	_____	_____
¿otros?	_____	_____	_____

**E. De las experiencias que nos han contado Lorena, Soledad, Alan, Elvira y Cecilia, ¿cuál se identifica mejor con la realidad actual de los Estados Unidos? Explique brevemente.

_____
_____
_____
_____

**F. ¿Cuál de las experiencias que nos han contado es la que más se diferencia de la realidad norteamericana? Explique brevemente.

_____
_____
_____
_____

Pronunciación y ortografía*

PRONUNCIACION: REPASO DE LOS DIPTONGOS

A diphthong is formed by a strong and a weak vowel; the two vowels are pronounced as a single sound. When a written accent is placed over the weak vowel (**i** or **u**), the diphthong is considered broken and the two vowels are pronounced as separate sounds. If the strong vowel (**a**, **e**, or **o**) has a written accent, the diphthong is maintained.

A. Escuche cada una de las siguientes palabras y repítala en la pausa. Compare su pronunciación con la que oye en el programa auditivo y repita una vez más.

	DIPTONGO		NO DIPTONGO				DIPTONGO		NO DIPTONGO	
1.	[i̯e]	riendo	[í-e]	ríe		5.	[i̯a]	gracias	[í-a]	tía
2.	[ei̯]	reina	[e-í]	reí		6.	[ai̯]	paisaje	[a-í]	país
3.	[i̯o]	miope	[í-o]	mío		7.	[u̯e]	vuelo	[ú-e]	actúe
4.	[oi̯]	oigo	[o-í]	oído		8.	[eu̯]	deuda	[e-ú]	reúne

B. Ud. oirá una serie de palabras. Identifique la manera en que cada combinación de dos vocales se escribe. Se oirá cada palabra dos veces.

MODELO: ríe → a. ie (b.) íe

1.	a. oi	b. oí		4.	a. ua	b. úa		7.	a. io	b. ío
2.	a. ue	b. úe		5.	a. ei	b. eí		8.	a. ai	b. aí
3.	a. ia	b. ía		6.	a. ia	b. ía				

PRONUNCIACION: REPASO DE LA *D* FRICATIVA Y LA *D* OCLUSIVA

A. Escuche cada una de las siguientes palabras y repítala en la pausa. Compare su pronunciación con la que oye en el programa auditivo y repita una vez más. Cuidado de no convertir las vocales en diptongos. La **d** fricativa [đ] esta indicada.

1.	disfraz	4.	el día	7.	nađar
2.	el disfraz	5.	esclavituđ	8.	responsabiliđađ
3.	perđer	6.	cuiđađo		

B. Lea cada una de las siguientes palabras en voz alta, grabando su pronunciación y prestando atención especial a la pronunciación de la **d** oclusiva y la **d** fricativa. Después de grabar cada palabra, compare la pronunciación con la que oye en el programa auditivo y repita una vez más. La **d** fricativa no está indicada.

1.	abnegado	4.	indica	7.	comunidad
2.	grande	5.	es diferente	8.	difuntos
3.	todo	6.	diferente	9.	los difuntos

ORTOGRAFIA: REPASO DE LOS SONIDOS [k/k^w/x/g/g^w]

A. Escuche cada una de las siguientes palabras. Luego escriba las letras que faltan. Se oirá cada palabra dos veces.

1.	elo_____ente	5.	lue_____ito	9.	blan_____ísimo
2.	_____esadilla	6.	en_____nto a	10.	identifi_____e
3.	Ta_____o	7.	_____u_____te		
4.	lue_____o	8.	averi_____e		

---

*Remember to use the separate Pronunciation Audio CD for the **Pronunciación y ortografía** sections.

B. Lea cada una de las siguientes oraciones en voz alta, grabando su pronunciación. Después de grabar cada oración, escuche la pronunciación que oye en el programa auditivo y repita una vez más. Preste atención especial a la pronunciación de las vocales y de la **d,** además de los sondidos [k], [k^w] y [s].

1. Para llegar a la excelencia, es cuestión de dedicar unas cuantas horas extras a la tarea.
2. Necesitan practicar si quieren tener una pronunciación perfecta; es buena idea decir las oraciones en voz alta.
3. Las máquinas modernas son capaces de hacer toda clase de computaciones, y todo lo pueden hacer con una rapidez cada vez más increíble.

C. Escuche el siguiente texto por completo. Luego se repetirá el texto más lentamente con pausas. En las pausas, escriba lo que oyó. Al final, toda la selección se repetirá una vez más.

_____

_____

_____

_____

_____

_____

_____

_____

_____

PRACTICA ESCRITA Y COMPOSICION

Describir y comentar

A. Complete las siguientes oraciones con la forma correcta de la palabra de la lista del vocabulario en la página 129 que mejor corresponda al sentido de la oración.

1. La _____ significa que dos o más personas reciben el mismo tratamiento y que tienen los mismos derechos.

2. Lavar la ropa y limpiar la casa, o sea (*that is*), los

   _____ tradicionalmente son trabajos de las mujeres.

3. El _____ es lo que gana una persona por su trabajo.

4. El objetivo o _____ de Pilar es llegar a ser gerente de su compañía.

5. Pablo _____ a ser médico aunque esto requiere largos años de estudio.

6. Mi hijo _____ de Romeo en el drama de Shakespeare.

7. Ella fue la que me inspiró a seguir la _____ de artista.

8. Es un lugar bueno para los atletas porque, _____ instalaciones deportivas, tiene las mejores del estado.

B. ¿Qué palabra del vocabulario de la lista en la página 129 mejor completa cada serie?

1. el juguete, la pelota, _____

2. el sueldo, la aspiración, la carrera, _____

3. la infancia, la socialización, _____

4. la revolución, la transformación, el movimiento, _____

Lengua

23. PRESENT PERFECT INDICATIVE

**A. Escriba oraciones con información verdadera usando el presente perfecto de los verbos que aparecen a continuación. Incluya una de las siguientes expresiones en cada oración.

PARA DAR CONTESTACIONES AFIRMATIVAS

muchas veces
una vez
ya

PARA DAR CONTESTACIONES NEGATIVAS

nunca en mi vida (*never in my life*)
todavía no

MODELO: besar a ese chico / esa chica → *He besado a ese chico una vez.*

1. cumplir (*to fulfill*) todos los requisitos para la graduación

_____

2. votar en una elección presidencial

_____

3. probar una bebida alcohólica

_____

4. recibir una multa por exceso de velocidad

_____

5. hacer un viaje transoceánico

_____

6. dormirse en una clase

_____

7. ver nacer un animal

_____

8. romperse un hueso

_____

**B. Algunas veces la gente explica ciertos hechos atribuyéndolos a la genética. Por ejemplo: No hay tantas grandes pintoras como grandes pintores, porque las mujeres son inferiores a los hombres. Pero a veces es posible explicar los mismos fenómenos viéndolos como el resultado de ciertas experiencias y oportunidades. Por ejemplo: Hay menos grandes pintoras que grandes pintores porque históricamente las mujeres no han tenido las oportunidades de estudiar pintura, ni de practicar esta profesión como los hombres. ¿Qué tipo de experiencias u oportunidades (o falta de ellas) puede explicar los siguientes hechos? Use una forma del presente perfecto de indicativo en su respuesta. ¡Cuidado! Algunas de estas declaraciones son generalizaciones bastante amplias.

1. La mayoría de las mujeres tiene relativamente poca capacidad para los deportes.

_____

_____

2. Los hombres suelen estar más seguros de sí mismos en el mundo de los negocios que las mujeres.

_____

_____

3. Los hombres no se sienten tan cómodos con los niños como las mujeres.

_____

_____

4. Las mujeres tienen menos habilidad para la mecánica que los hombres.

_____

_____

●**ESTRATEGIAS PARA LA COMUNICACION**   ¿**Ud. quiere decir que… ?** *Double-checking comprehension*

Vuelva a escribir las siguientes oraciones para expresar de una manera más sencilla la idea general.

MODELO: Los problemas sociales como, por ejemplo, el crimen y la pobreza, sólo pueden resol-
verse a través de cambios difíciles y profundos no sólo en la política y el gobierno,
sino también en nuestras actitudes. →
No hay soluciones fáciles para los problemas sociales.

1. Según varios estudios, hace falta poner énfasis en la enseñanza y el aprendizaje de idiomas

   extranjeros. _____

   _____

2. Muchas mujeres modernas prefieren seguir una carrera en vez de quedarse en el hogar como

   amas de casa. _____

   _____

3. En el pasado solían enseñar a los niños a no ser sensibles o, por lo menos, a no demostrar su

   sensibilidad. _____

   _____

4. Mis abuelos no quieren que yo salga con una jugadora de básquetbol porque no creen que

   jugar deportes sea una actividad femenina. _____

   _____

24. PRESENT PERFECT SUBJUNCTIVE

A. Los siguientes dibujos representan escenarios en los que las personas piensan en el pasado reciente
y en las cosas que han pasado o que no han pasado. Exprese sus pensamientos completando las oraciones con la forma correcta del presente perfecto de subjuntivo de los verbos indicados.

Te sorprende que tus padres (decidir) _____[1] venir a visitarte a última hora

(*at the last minute*) pero esperas que ellos (traerte) _____[2] dinero para la matrí-

cula. No te gusta que tu hermanito (venir) _____[3] también.

Esperas que tus compañeros (limpiar)

_____⁴ la casa y que no

(dejar) _____⁵ sus cosas

por todas partes. Dudas que ellos (pasar)

_____⁶ la aspiradora (*to*

vacuum) ni que (sacudir: *to dust*)

_____⁷ los muebles, pero

es posible que (hacer)

_____⁸ lo necesario para

impresionar a tus padres.

No crees que tu hermanito (respetar)

_____⁹ la señal que dejaste

en la puerta de tu alcoba «Vedada (*Forbidden*) la en-

trada» y tienes miedo que él (usar)

_____¹⁰ tus cosas o que

(romperlas) _____¹¹.

Tu madre duda que tú (comer)

_____¹² bien

durante las últimas semanas ni que (dormir)

_____¹³ lo suficiente. Tu

padre espera que (aplicarse)

_____¹⁴ a los estudios y

que no (gastar) _____¹⁵

todo el dinero que te dejaron en la última visita.

B. Complete las siguientes oraciones con la forma correcta del verbo indicado en el presente perfecto de indicativo o de subjuntivo, según el contexto.

1. A algunos hombres les molesta que las mujeres (abandonar) _____ el

   papel tradicional de ama de casa.

2. En el pasado es cierto que algunos hombres (permitir) _____ trabajar

   a sus esposas, pero no es verdad que ellos (aceptar) _____ que sus es-

   posas dejen de ocuparse también de la casa y de los hijos.

3. Algunos expertos piensan que la actitud de muchas personas —tanto hombres como mujeres—

   (cambiar) _____ enormemente en las últimas décadas.

4. Sin embargo, muchas mujeres adultas creen que (progresar: ellas)

   _____ mucho, pero al mismo tiempo dudan que la sociedad (hacerlo)

   _____ al mismo ritmo.

5. Muchos hombres (comprender) _____ que el desarrollo de la mujer

   no es un invento para fastidiarles (*upset them*) y (adaptarse) _____ a

   la nueva situación positivamente.

C. Complete el párrafo, en que tres generaciones de mujeres reflexionan sobre los papeles de los
hombres y las mujeres, con la forma correcta del verbo entre paréntesis: el presente de subjuntivo, el
presente de indicativo, el presente perfecto de subjuntivo o el presente perfecto de indicativo.

María Victoria está contenta que las leyes con respecto a la discriminación (cambiar)

_____[1] y que ahora su hija y su nieta (tener)

_____[2] más oportunidades. Ella no está segura de que todos los cambios

hasta ahora (ser) _____[3] buenos, pero espera que la situación (arreglarse)

_____[4] en el futuro.

Mercedes sabe que ella (beneficiarse) _____[5] mucho de los cambios

en la sociedad. Al mismo tiempo, comprende que su vida en cierto sentido (ser)

_____[6] más difícil que la de su madre. Le preocupa que su vida profesio-

nal (estar) _____[7] en conflicto con su vida como madre y esposa.

A Laura no le gusta que le (llamar) _____[8] «feminista». Ella cree que

los hombres y las mujeres (deber) _____[9] tener los mismos derechos. Pero

en su opinión en el pasado las mujeres «feministas» (reaccionar) _____[10]

demasiado en contra de los hombres. Ella espera que en el futuro los hombres y las mujeres (poder)

_____[11] recibir el mismo pago por el mismo trabajo, pero no quiere que

las mujeres (convertirse) _____[12] en militantes.

**D. ¿Cuáles son las reflexiones de tres generaciones de hombres? Siguiendo el modelo del ejercicio C,
escriba dos oraciones acerca de cada persona. Trate de incluir por lo menos un verbo en el presente de
subjuntivo, uno en el presente perfecto de subjuntivo y uno en el presente perfecto de indicativo.

_____

_____

_____

_____

_____

_____

_____

_____

_____

**E. Imagine que Ud. ha llegado a ser famoso/a y que ya está viejo/a. El periódico le ha mandado el siguiente cuestionario. Llénelo con información sobre su vida. Cuidado con los usos del indicativo y del subjuntivo, del presente y del presente perfecto.

1. Ud. es considerado/a un experto y es muy respetado/a en su profesión. ¿Lo atribuye a alguna influencia especial o a alguna experiencia que haya tenido en su juventud?

   Claro. Me alegro mucho de que _____

2. ¿Piensa Ud. que se ha dedicado demasiado al trabajo?

   Puede ser. Sé que para tener éxito _____

   A mis hijos les enfada mucho que ahora, en comparación con el pasado, yo _____

   _____

3. En su opinión, ¿tuvo su vida profesional un efecto negativo en su familia?

   No tanto. Mis dos hijas se quejan (*complain*) mucho de que su padre nunca, _____

   _____ pero creo que eso es natural.

4. ¿Hay algo que le gustaría cambiar?

Claro que sí. Me pone triste ahora pensar que nunca en mi vida (*never in my life*) _____

_____

5. ¿Tiene Ud. planes para el futuro?

Sí, algunos. Creo que mi esposo/a y yo _____ y es posible que

_____

6. ¿Tiene Ud. algunos consejos que darle a la juventud de hoy?

Sí. Espero que los jóvenes _____

y creo que ellos _____

25. USES OF THE SUBJUNCTIVE: ADJECTIVE CLAUSES

A. Complete las siguientes oraciones con la forma correcta de los verbos entre paréntesis en el indicativo o en el subjuntivo, según el contexto.

1. No hay ningún estereotipo que (corresponderse) _____ exactamente con la realidad.

2. Me dicen que tienen un perro que nunca (estar) _____ quieto.

3. ¿Hay alumnos que (asistir) _____ a todas las clases?

4. No conozco a nadie que no le (temer) _____ a la muerte.

5. Ahora hace un viaje que (incluir) _____ toda Europa y parte de Africa.

6. Nadie (saber) _____ cómo va a ser la vida en el año 2050.

7. Buscan un arquitecto que (poder) _____ diseñar algo más moderno.

8. Van a dar un premio al científico que (lograr) _____ resolver el problema.

9. Vamos a otra tienda. Aquí no hay nada que me (gustar) _____.

10. Aquí se prepara una paella que (tener) _____ el auténtico sabor valenciano.

**B. Ud. y un compañero diseñan la sociedad del futuro. ¿Cómo quieren que sea? Complete las siguientes declaraciones.

1. En nuestra sociedad, no va a haber nadie que _____

_____

2. La contaminación no va a ser un problema, porque no va a haber vehículos que _____

_____

3. Todos los miembros del gobierno van a ser personas que _____

_____

4. Para evitar el problema de la discriminación, recomendamos que _____

_____

5. En nuestra sociedad, va a ser obligatorio que todos los ciudadanos _____

_____

6. En nuestra sociedad, no va a haber ninguna compañía que _____

_____

7. En nuestra sociedad, va a haber mujeres que _____

y hombres que _____

8. En la plaza central de la capital, vamos a tener un(a) _____

porque _____

**C. Para tener un matrimonio contento y estable, una pareja necesita varias cosas. Describa lo que un matrimonio debe tener para ser feliz.

MODELO: un apartamento →
La pareja necesita un apartamento que tenga suficiente espacio para los dos.

1. unos suegros _____

_____

2. ingresos (*income*) _____

_____

3. un horario de trabajo _____

_____

4. una comunidad _____

_____

5. unos jefes _____

_____

6. un niño (unos niños) _____

_____

D. El éxito de los anuncios que aparecen en revistas o en la radio o la televisión depende de la calidad del producto, eso sí. Pero también de gran importancia es la capacidad de la compañía de conocer muy bien a su comprador futuro (¿quién será? ¿qué cualidades tiene o admira? ¿qué cualidades busca en este producto?) y luego de presentar el producto para mejor atraer su interés. Mire los dos anuncios de las páginas 147–148. ¿Puede Ud. identificar al «comprador ideal» de cada uno? ¿Es el mismo tipo de persona en cada caso? ¿Es un hombre o es una mujer? ¿Cómo lo sabe? ¿Qué palabras o expresiones se lo revelan?

	Apunte todas las palabras descriptivas	Identidad del comprador prospectivo
Anuncio 1 pág. 147		
Anuncio 2 pág. 148		

En su opinión, ¿son igualmente efectivos los dos anuncios? Explique.

_____

_____

_____

_____

_____

Copyright, Nissan (2000).
Nissan and the Nissan logo are registered trademarks of Nissan.

Para familias que enfocan
la vida deportivamente.

SEAT Alhambra, 1.9 TDI 130 CV.

SEAT
auto emoción

Courtesy of SEAT S.A.

Enlace

¡Ojo!

A. Dé la forma correcta de la palabra o frase que mejor complete cada oración, según las palabras indicadas entre paréntesis.

1. Si quiere sacar una A es necesario que (asistir / atender / ayudar) _____ a

    clase todos los días.

2. Aunque lo intento, yo nunca (lograr / suceder / tener éxito) _____ levan-

    tarme temprano por las mañanas.

3. Yo (hacerse / llegar a ser / ponerse / volverse) _____ rojo de vergüenza

   cuando me di cuenta de que había salido en pijama a la calle.

4. Enrique, el hijo de Julio Iglesias, (lograr / suceder / tener éxito) _____ con

   sus canciones en toda Hispanoamérica por unos años.

5. Mi compañero de cuarto (hacerse / llegar a ser / ponerse / volverse)

   _____ completamente loco de tanto estudiar español.

6. Ayer descubrí que el psicólogo que me (asistir / atender / ayudar) _____

   en la escuela secundaria vive ahora en un hospital psiquiátrico.

B. Dé la forma correcta del verbo que mejor complete cada oración, según la palabra indicada entre paréntesis. ¡Cuidado! También hay palabras de los capítulos anteriores.

1. Ayer le (*happened*) _____ una cosa muy divertida a mi hermana.

2. Los fines de semana suelo (*help*) _____ en un hogar para los sin casa.

3. Mi padre me va a prestar su Cadillac este fin de semana. Tengo que (*return it*)

   _____ en perfectas condiciones.

4. En sólo tres años mi tía (*became*) _____ una abogada muy prestigiosa.

5. ¡Es la última (*time*) _____ que te espero dos horas para ir al cine!

6. Según las estadísticas, el americano medio (*moves*) _____ de ciudad al

   menos tres veces en su vida.

REPASO: PARRAFO DE SINTESIS

Lea la siguiente selección, llenando los espacios en blanco con la forma correcta en español de las palabras entre paréntesis. Cuando se dan dos palabras, escoja la más apropiada según el contexto.

Los juegos de los niños

No hay duda que los hombres y las mujeres son diferentes. Pero, ¿son distintos los sexos porque la

biología los hace así o porque la cultura y la sociedad insisten en separarlos? Varios estudios recientes

(indicar) _____[1] que los mensajes[a] (que / quien)[2] los niños y las niñas (recibir)

_____[3] de la sociedad (ser / estar) _____[4] muy diferentes. Uno

de los campos en (cual / que)[5] esto (*is noted*) _____[6] es en el de los juegos físicos y

el deporte.

   Antes de que los niños hayan expresado su preferencia en cuanto a sus intereses, sus padres ya

(*have indicated them to them*) _____[7]. Si uno (comparar)

_____[8] los juguetes que (*are found*) _____[9] en los dormitorios[b]

de los niños, aun de los más chiquitos, descubre algo muy interesante. En el dormitorio masculino, (ser /

[a]*messages* [b]*bedrooms*

estar / haber) _____[10] una variedad de objetos que llevan al niño fuera de[c] la casa: equipo deportivo, animales, coches y trenecitos, armas. En cambio,[d] en el dormitorio femenino (*are seen*) _____[11] juguetes que enfocan la casa como centro de interés: casas en miniatura, muñecas,[e] prendas de ropa. No sorprende, pues, que los niños (soler) _____[12] jugar fuera de la casa. (*We see them*) _____[13] entreteniéndose[f] en deportes y juegos de fantasía como vaqueros e indios, o como soldados. A veces es posible que (jugar: ellos) _____[14] a vaqueros e indios todo el día. Las películas del oeste (ser / estar) _____[15] muy populares entre los jóvenes. Mientras (vivir) _____[16], John Wayne (ser / estar) _____[17] el ídolo de muchos niños.

Por otro lado,[g] los juegos femeninos (tener) _____[18] lugar dentro de[h] la casa: muñecas y juegos de tablero como las damas[i] y monopolio. Barbie y Ken (ser / estar) _____[19] dos muñecas famosas. Este año la empresa Mattel sabe que (ir) _____[20] a vender más de un millón de estas muñecas. En contraste con los niños, que (jugar) _____[21] cada vez más lejos de[j] su propia casa y así (ir: ellos) _____[22] aprendiendo a ser independientes, las niñas (aprender) _____[23] que cuando (jugar: ellas) _____[24] (deber) _____[25] hacerlo sin hacer ruido.[k]

El 65 por ciento de los juegos de los niños, generalmente juegos de equipo, (ser / estar) _____[26] muy competitivos, tienen reglas y llevan la posibilidad de ganar o perder. También (*is needed*) _____[27] un alto grado de destreza[l] física. Sólo el 35 por ciento de los juegos femeninos son de este tipo. En vez de jugar en equipo, la niña típica (jugar) _____[28] con sólo una persona más: «la mejor amiga» con (que / quien)[29] ella (poder) _____[30] compartir todos sus secretos. Las niñas (poner) _____[31] mucho énfasis en la popularidad: (querer: ellas) _____[32] que los demás (admirarlas) _____[33]. Desde una edad temprana, pues, las niñas tratan de ser sensibles a las emociones y a los sentimientos[m] de otros; los niños, mientras tanto,[n] (aprender) _____[34] a competir y a organizar actividades con muchas personas y a resolver disputas para que el juego pueda continuar. Como[o] los niños (ser / estar) _____[35] muy agresivos, las disputas son frecuentes.

[c]fuera... *outside* [d]En... *On the other hand* [e]*dolls* [f]*entertaining themselves* [g]Por... *On the other hand* [h]dentro... *inside* [i]*checkers* [j]cada... *farther and farther from* [k]*noise* [l]*skill, dexterity* [m]*feelings* [n]mientras... *meanwhile* [o]*Since*

¿Y qué?[p] ¿No son los juegos de los niños simplemente juegos de niños? Desgraciadamente para las mujeres, el mundo adulto también (tener) _____[36] sus juegos. Ellas (descubrir) _____[37], ya tarde, que éstos se asemejan[q] mucho a los juegos que (practicar) _____[38] sus amiguitos masculinos cuando (ser / estar) _____[39] pequeños. La famosa incompetencia de la mujer en el mundo de los negocios no es culpa[r] de la biología; es simplemente falta[s] de práctica.

[p]¿Y... *So what?*   [q]*éstos... these (games) are similar*   [r]*fault*   [s]*lack*

Análisis y aplicación: Composición

EL BOSQUEJO

Before you begin to write anything, you obviously have to have a general idea about what you are going to say. This general idea is a loose or informal outline. For some people, and for some writing tasks, an informal outline is enough to guide the development of an idea. For other people, and particularly for extensive writing tasks, a formal outline is often helpful. A formal outline is much more detailed and takes longer to create. It identifies the specific points the author wishes to make and the order in which he or she intends to make them. Although it takes time to create a formal outline, if it is well done, it can reduce the time needed for actual writing. Also, the detail involved in a formal outline can sometimes alert the writer to undeveloped or disorganized ideas and can thus help to guarantee a clearer, more coherent essay or paper.

To construct a formal outline, you first need to select a topic and have at least a general idea of the main point you wish to make, the issue that you plan to defend (or attack), the idea that you intend to explain or describe in greater detail. The process of constructing an outline will often suggest additional ideas to you and help you to further clarify ideas that you already had considered. First, jot down all aspects of your main idea that occur to you. Some people find that discussing the topic at least briefly with someone else can help to generate ideas. You can jot down your ideas in Spanish or English or in a combination of the two languages. Then, looking carefully at your list, try to group together those aspects that seem similar. Some may be duplicates, and you can eliminate them. With the remaining items in groups, determine what the major characteristic is for each group. This in turn helps to signal what could be the major divisions of the outline—and of the essay. After you have your main ideas generally organized, take some time to look up vocabulary words that you think you will need to discuss the ideas in Spanish, and keep this list handy as you actually begin to write.

The following items are possible aspects of a composition in which the writer wishes to discuss the advantages of going to college. On another sheet of paper, group them and determine the major characteristic—the organizing principle—for each group.

1. to make more money
2. to have greater professional opportunities
3. to get a broader education
4. to gain good social experience
5. to get a good job
6. to be exposed to new ideas and different viewpoints
7. to prepare for graduate school
8. to not have to get a job right now
9. to make new friends
10. to become independent of parents
11. to discover a career
12. to make contacts
13. to get training in critical thinking

There is no single way to organize these items, but it *is* possible to group them as follows:

1, 5   2, 5, 7, 11   4, 9, 10, 12   8   3, 6, 13

Some items fall into two categories, depending on how they are defined. Item 8 seems to stand by itself, which may mean that it is irrelevant to the central issue or that it needs to be expanded by adding other, similar items. These are decisions that the individual writer must make.

The remaining items fall into four categories.

ECONOMIC	PROFESSIONAL / CAREER	SOCIAL	INTELLECTUAL
1, 5	2, 5, 7, 11	4, 9, 10, 12	3, 6, 13

These categories are the general headings of the outline for "The Advantages of Going to College." The items can be grouped within them according to their importance, logical order, or some other appropriate means. Here is one possible outline based on the preceding grouping.

THE ADVANTAGES OF GOING TO COLLEGE

I. Introduction
II. Professional/Career Advantages
   A. Career orientation or selection
      1. To discover a career
      2. More education leads to more professional opportunities
   B. Career preparation
      1. Coursework prepares one to get a good job
      2. Coursework prepares one to go to graduate or professional school for additional training
III. Economic Advantages
   A. More education leads to better jobs
   B. More education ensures better salaries
      1. University graduate versus high school graduate
      2. Professional versus nonprofessional
IV. Intellectual Advantages
   A. Exposure to knowledge in many fields
   B. Exposure to new ideas and different viewpoints
   C. Training in critical thinking
V. Social Advantages
   A. Expand horizons
      1. Meet new friends
      2. Good social experience through people and activities
   B. Prepare for post-college
      1. Become independent of parents
      2. Make contacts
VI. Conclusion

A. On another sheet of paper, organize the following items into groups, then make an outline.

THE LARGE FAMILY: PROS AND CONS

1. overpopulation
2. good social experience
3. teaches responsibility
4. teaches how to get along with others
5. doesn't provide enough parent attention
6. older children get overworked
7. too difficult to provide economically for all
8. parents don't have any time or freedom
9. gives parents security in old age
10. children will always have a playmate
11. children will always have some sibling to relate to

B. You have been assigned to write an expository essay about one of the following general topics. Choose a topic and, on another sheet of paper, make a list of information related to the topic you choose. Following the format suggested in **El bosquejo, organize these points into general groups, and identify the main idea suggested by each subgroup. According to your ideas, make a list of at least ten words that you would need to develop your essay in Spanish. Recopy your outline and your word list on a new sheet of paper.

1. lo bueno y lo malo de los exámenes universitarios
2. ¿Deben los adultos animar a los niños a creer en Santa Claus?
3. las maneras en que la sociedad socializa a los niños con respecto a los papeles sexuales
4. la imagen que se presenta en la televisión de la familia

Pasaje cultural*

Alfareras (Potters) de la provincia del Cañar, Ecuador

Este segmento presenta a las mujeres de esta región del Ecuador que sostienen a sus familias y la economía municipal practicando la alfarería con una antigua técnica incaica. Sus ollas y cántaros (*jugs*) se venden bien en los mercados vecinos por su calidad y por sus características únicas.

DESPUES DE VER

**A. Después de ver este vídeo, complete la siguiente oración.

La alfarería del Cañar, Ecuador, es una artesanía creada principalmente por (mujeres / hombres / mujeres y hombres) _____ porque _____

_____

_____

**B. Busque información en el Internet sobre la artesanía de algún país hispano (o de alguna región de un país hispano). Apunte la información que Ud. encuentre.

nombre del país: _____

tipo de artesanía: _____

_____

*The viewing segments corresponding to the **Pasaje cultural** section can be found on the *Video to accompany ¡Avance!*

características distintivas: _____

materiales necesarios: _____

¿Qué artesanías son típicas del lugar donde Ud. vive? ¿los muebles? ¿los edredones o cobijas (*quilts*)? ¿las joyas? ¿Hay una división tradicional entre los sexos en cuanto a la fabricación de estas artesanías? En una hoja de papel aparte, escriba una comparación entre las artesanías que encontró en el Internet y las de su comunidad. Incluya el papel de los sexos si hay información disponible sobre esto.

**C. Escoja un segmento del vídeo de unos cinco segundos, y en dos o tres párrafos describa en detalle todo lo que se ve y lo que se oye durante ese segmento: los colores, los objetos, los movimientos, las expresiones, etcétera. Indique también sus impresiones al respecto.

_____

_____

_____

_____

_____

_____

_____

_____

_____

_____

CAPITULO

7

El mundo de los negocios

EXPRESION ORAL Y COMPRENSION

Describir y comentar

A. Escuche las siguientes palabras y repítalas en la pausa. Entonces escuche cada palabra otra vez, compare su pronunciación con la que oye en el programa auditivo y repita la palabra una vez más.

contratar	el cajero / la cajera	la gerencia
despedir (i, i)	el cajero automátio	el/la gerente
entrevistar	la compañía	el hombre / la mujer
estar a la venta	el contrato	de negocios
hacer cola	el desempleado /	el mercado
hacer horas extraordinarias	la desempleada	la oficina
renunciar (a)	el desempleo	las pérdidas
solicitar	el despacho	el secretario / la secretaria
tomar vacaciones	el empleado / la empleada	el sindicato
	el empleo	el socio / la socia
las acciones	la empresa	la solicitud
el/la accionista	la entrevista	la tienda
el almacén	las ganancias	la venta
la Bolsa		

B. Mire la lista de vocabulario del ejercicio A mientras escucha las siguientes series de palabras asociadas. Diga la palabra de la lista que se asocia con cada serie. Repita la respuesta correcta después de oírla en el programa auditivo.

1. … 2. … 3. … 4. … 5. …

C. Escuche las palabras de la lista de vocabulario de la página 156 y repítalas en la pausa. Escuche la palabra otra vez, compare su pronunciación con la que oye en el programa auditivo y repita una vez más.

Las transacciones monetarias/bancarias

ahorrar
cargar
cobrar
   cobrar un cheque
gastar
ingresar
invertir (ie, i)
pagar a plazos
pagar en efectivo
pedir (i, i) prestado
pedir (i, i) un préstamo
prestar

retirar
la cuenta
   la cuenta corriente
   la cuenta de ahorros
las deudas
los gastos
las inversiones
el préstamo
la tarjeta de cajero
la tarjeta de crédito

D. Mire la lista de vocabulario del ejercicio C mientras escucha las siguientes definiciones. Luego diga y escriba la palabra que se ha definido en el programa auditivo. Repita la respuesta correcta después de oírla en el programa auditivo. Oirá cada definición dos veces.

1. _____   2. _____   3. _____

E. Imagine que Ud. va a hacer un año de prácticas en varias compañías de diferentes países de Europa. Busca una tarjeta de crédito para facilitar su trabajo. Para Ud. hay *tres* servicios que la tarjeta ideal tiene que ofrecer.

1. Tiene que ser válida por toda Europa,
2. tiene que darle alguna protección si pierde su equipaje durante un viaje y
3. tiene que ofrecerle asistencia a cualquier hora del día.

Un anuncio de televisión le describe las características de dos tarjetas: una VISA normal y la nueva tarjeta VISA MUNDITAR.

Escuche el anuncio por primera vez para decidir cuál de estas tarjetas vale la pena investigar más (es decir, si la tarjeta cumple sus tres requisitos mínimos) y cómo pedir más información. Marque (✓) la tarjeta que le conviene más y escriba el número de teléfono para pedir más información.

☐ VISA
               Número para pedir más información: _____
☐ VISA MUNDITAR

F. Además de sus tres necesidades básicas, Ud. tiene otros requisitos que le gusta que tenga su tarjeta. Ahora escuche el anuncio una vez más. ¿Ofrece la tarjeta que Ud. seleccionó en el ejercicio E todos los requisitos que aparecen en su lista? Indique (✓) las ventajas que ofrece.

1. ☐ dinero en efectivo en cualquier lugar del mundo

2. ☐ ventajas para obtener entradas para cines, teatros y discotecas

3. ☐ seguro de accidentes

4. ☐ precios especiales al alquilar un coche

5. ☐ en caso de pérdida de la tarjeta, sustitución inmediata en cualquier lugar del mundo

6. ☐ ventajas para reservar hoteles

7. ☐ descuentos en los billetes de aviones y barcos

8. ☐ ventajas para invertir en la Bolsa

G. Según un estudio reciente, los hombres y las mujeres tienen maneras muy diferentes de dirigir (*management styles*). Ud. oirá un texto breve. Escuche con atención para descubrir las diferencias esenciales. Luego complete la siguiente actividad.

1. ¿Cuál de estos gráficos mejor corresponde a la manera femenina de dirigir?

a.

b.

c.

Ahora escuche el texto una segunda vez para responder a las siguientes preguntas más específicas.

2. Según el texto, la manera de dirigir de las mujeres, ¿representa algo positivo o algo negativo

para el siglo XXI? _____

3. Dé una razón concreta para justificar su respuesta para el número dos. _____

_____

Lengua

Antes de completar los ejercicios que practican el imperfecto de subjuntivo, complete el siguiente repaso de las formas del pretérito y el uso del presente de subjuntivo.

26. REVIEW OF THE PRETERITE

A. El último día del semestre, antes de empezar las vacaciones, todos estábamos muy ocupados. Explique las actividades que hicimos usando la forma correcta del pretérito. *No* repita el sujeto. Repita la respuesta correcta después de oírla en el programa auditivo.

MODELO: yo / abrir una cuenta de ahorros → *Abrí una cuenta de ahorros.*

1. ... 2. ... 3. ... 4. ... 5. ... 6. ... 7. ... 8. ... 9. ... 10. ...

B. Para cada uno de los dibujos en la página 158, Ud. oirá una pregunta. Contéstela, describiendo lo que hicieron ayer las personas que se ven. Use pronombres de complemento directo e indirecto cuando sea posible. Repita la respuesta posible después de oírla en el programa auditivo.

MODELO:  ¿Qué hizo el niño? → *Comió y bebió mucho.*

comer / beber

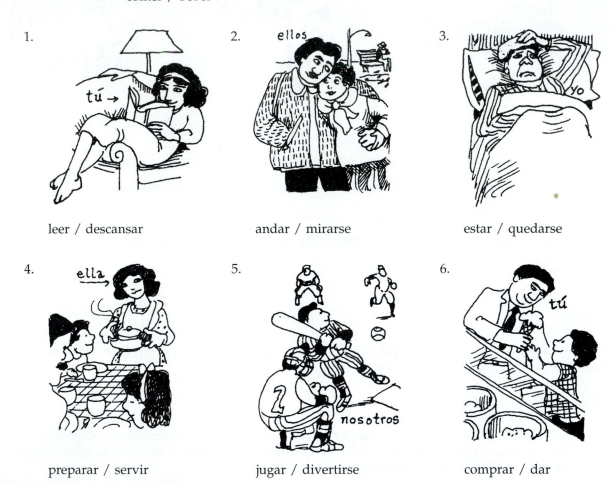

1. leer / descansar

2. andar / mirarse

3. estar / quedarse

4. preparar / servir

5. jugar / divertirse

6. comprar / dar

27. REVIEW OF THE USES OF THE SUBJUNCTIVE

A. Ud. oirá una serie de acciones. ¿Quiere Ud. que ocurran estas acciones? Exprese su opinión. *No repita el sujeto.* Repita la respuesta posible después de oírla en el programa auditivo.

MODELO: Hay un examen mañana. → *No quiero que haya un examen mañana.*

1. ... 2. ... 3. ... 4. ... 5. ...

B. Ud. oirá una serie de afirmaciones. ¿Cree Ud. en las afirmaciones o duda de ellas? Exprese su opinión. Repita la respuesta posible después de oírla en el programa auditivo.

MODELO: La luna es de queso verde. → *Dudo que la luna sea de queso verde.*

1. ...   2. ...   3. ...   4. ...   5. ...

C. Rodolfo es un estudiante típico. ¿Cómo reacciona él a las siguientes noticias? Ud. oirá una serie de oraciones. Exprese las opiniones positivas de Rodolfo con «¡Qué bueno… !» y sus reacciones negativas con «¡Qué lástima… !» Repita la respuesta correcta después de oírla en el programa auditivo.

> MODELO: Los profesores cancelan los exámenes finales. →
> *¡Qué bueno que los profesores cancelen los exámenes finales!*

1. ...   2. ...   3. ...   4. ...   5. ...

D. Ud. oirá una serie de comentarios sobre las cosas que busca y tiene Juan. El siempre busca lo contrario de lo que tiene. Exprese lo que busca o lo que ya tiene, según el contexto. Repita la respuesta posible después de oírla en el programa auditivo.

> MODELOS: Juan tiene un compañero que habla mucho. → *Busca uno que hable poco.*
>
> Juan busca una clase que sea interesante. → *Tiene una que es aburrida.*

1. ...   2. ...   3. ...   4. ...   5. ...

28. THE PAST SUBJUNCTIVE: CONCEPT; FORMS

A. Escuche la oración modelo y repítala. Luego oirá un nuevo sujeto para el verbo en el subjuntivo. Repita la oración, sustituyendo el nuevo sujeto y haciendo el cambio indicado. *No* repita el nuevo sujeto. Repita la respuesta correcta después de oírla en el programa auditivo.

> MODELO: Querían que *estudiaras.* → *Querían que estudiaras.*
> (nosotros) → *Querían que estudiáramos.*

1. ...   2. ...   3. ...   4. ...

B. Rodolfo tiene problemas de peso. El médico le aconsejó que perdiera unos kilos pero Rodolfo olvidó seguir sus advertencias. Escuche algunas de las sugerencias del doctor y repítalas. Luego oirá una nueva terminación para la oración. Repita la oración, haciendo los cambios necesarios. Repita la respuesta correcta después de oírla en el programa auditivo.

> MODELO: El médico quería que *bajara de peso.* → *Quería que bajara de peso.*
> (no engordar) → *Quería que no engordara.*

1. ...   2. ...   3. ...   4. ...

C. Ud. oirá una serie de acciones que alguien le dijo que ocurrieron, pero Ud. no lo creía. Exprese las dudas que Ud. tenía. Repita la respuesta correcta después de oírla en el programa auditivo.

MODELO: Elvirita vio a Elvis Presley. → *No creía que viera a Elvis Presley.*

1. … 2. … 3. … 4. … 5. … 6. …

D. Ud. oirá una serie de hechos que le ocurrieron a Lupi el primer día en su nuevo trabajo como secretaria. Lupi quería causar una buena impresión; por eso, era necesario que trabajara mucho. Exprese esta necesidad según el modelo. Repita la respuesta correcta después de oírla en el programa auditivo.

MODELO: Lupi llegó muy temprano. → *Era necesario que llegara temprano.*

1. … 2. … 3. … 4. … 5. …

29. USE OF SUBJUNCTIVE AND INDICATIVE IN ADVERBIAL CLAUSES

A. Escuche la oración modelo y repítala. Luego oirá una nueva terminación para la oración. Repita la oración sustituyendo la nueva terminación y haciendo el cambio indicado. Repita la respuesta correcta después de oírla en el programa auditivo.

MODELO: Llamó antes de que yo *saliera.* → *Llamó antes de que yo saliera.*
(saberlo) → *Llamó antes de que yo lo supiera.*

1. … 2. … 3. … 4. … 5. … 6. …

B. ¿Subjuntivo o indicativo? Ud. oirá las siguientes oraciones. Cámbielas según las indicaciones que oirá en el programa auditivo. Haga las modificaciones verbales que sean necesarias. Repita la respuesta correcta después de oírla en el programa auditivo.

MODELO: *Van a exportar* más productos cuando *saquen* más ganancias.   (Iban a exportar más productos…) → *cuando sacaran más ganancias.*

1. Siempre hablan con el gerente cuando tienen un problema.

2. Van a caminar hasta que estén cansados.

3. Pidieron un préstamo tan pronto como lo necesitaron.

4. Siempre hay manifestaciones después de que un negocio va a la bancarrota.

5. Puedo cobrar un cheque en cuanto necesite dinero.

C. Ud. oirá una oración incompleta y tres terminaciones diferentes. Escoja la terminación más lógica según el contexto de cada oración. ¡Cuidado! Es necesario distinguir a veces entre el subjuntivo y el indicativo en las respuestas. Oirá cada oración y las terminaciones dos veces.

Los padres dicen a sus hijos...

1. No vas a poder manejar el auto hasta que...

   a.   b.   c.

2. Puedes mirar la televisión tan pronto como...

   a.   b.   c.

Los profesores dicen a los estudiantes...

3. Ud. puede sacar libros de la biblioteca en cuanto...

   a.   b.   c.

4. Ud. va a ser uno de los primeros en escoger sus clases cuando...

   a.   b.   c.

Los gerentes dicen a los empleados...

5. Uds. no van a tener éxito hasta que...

   a.   b.   c.

6. En esta empresa Uds. reciben un mes de vacaciones después de que...

   a.   b.   c.

D. Ud. oirá una serie de frases. Dé la forma correcta —del presente o del imperfecto de subjuntivo— de cada verbo indicado a continuación, según el contexto. Repita la respuesta correcta después de oírla en el programa auditivo.

> MODELO: los niños / trabajar en las fábricas (En el pasado era posible...) →
> *En el pasado era posible que los niños trabajaran en las fábricas.*

1. las mujeres / quedarse en casa

2. los empleados / recibir sueldos más altos

3. los jefes / ser buenos gerentes

4. los hombres / tener éxito en los negocios

5. los trabajadores / declararse en huelga

6. los empleados / participar en la dirección de la compañía

Enlace

VOCES

Escuche con atención a Ariel, Josep y William, tres hispanos que hablan de sus experiencias con respecto al trabajo.

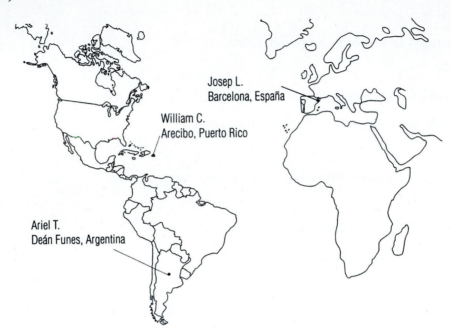

Josep L.
Barcelona, España

William C.
Arecibo, Puerto Rico

Ariel T.
Deán Funes, Argentina

A. Escuche sus experiencias para buscar la siguiente información en particular.

- ¿Hay alguien en su familia que tenga su propio negocio o que trabaje independientemente?
- ¿Qué clase de trabajo hace?

1. Ariel T.

   Algún familiar que tiene un negocio propio: ☐ sí   ☐ no

   Clase de trabajo: _____

2. Josep L.

   Algún familiar que tiene un negocio propio: ☐ sí   ☐ no

   Clase de trabajo: _____

3. William C.

   Algún familiar que tiene un negocio propio: ☐ sí   ☐ no

   Clase de trabajo: _____

B. Ud. oirá el testimonio de Josep y William otra vez. Ahora escuche para descubrir lo que piensan estas dos personas acerca de las ventajas y desventajas de trabajar por cuenta propia (*of working for oneself*) en vez de trabajar por cuenta ajena (para otro). Trate de dar por lo menos una ventaja y una desventaja para cada cuadro de la siguiente tabla.

Trabajar por cuenta propia	
POSITIVO	NEGATIVO

**C. ¿Cómo contesta Ud. las mismas preguntas que contestaron Ariel, Josep y William? ¿Hay alguien en su familia que tenga su propio negocio? ¿Qué tipo de trabajo hace? ¿Qué dificultades o triunfos ha experimentado en ese esfuerzo?

_____

_____

_____

_____

_____

_____

_____

_____

_____

Pronunciación y ortografía*

PRONUNCIACION: LAS OCLUSIVAS SORDAS: [p/t/k]

In English the stop consonants [p, t, k] are usually pronounced with some aspiration, that is, accompanied by a puff of air. The aspiration disappears only when [p, t, k] follow the sound [s]. Compare the sounds of [p, t, k] in the following pairs of English words.

pine / spine	_cot / scott_	_tab / stab_
take / stake	_pill / spill_	_kit / skit_

In Spanish the [p, t, k] sounds are never aspirated. They always sound like the English [p, t, k] that follow [s].

———————————

*Remember to use the separate Pronunciation Audio CD for the **Pronunciación y ortografía** sections.

A. Escuche cada una de las siguientes palabras y repítala en la pausa. Compare su pronunciación con la que oye en el programa auditivo y repita una vez más. Cuidado con la pronunciación de los sonidos [p, t, k] y la de las vocales.

[p]   Pepe   papá   lápiz   pepino   palo

[t]   tos   lata   taza   tino   pleito

[k]   cosa   queso   quito   Cuzco   canal

B. Lea cada una de las siguientes palabras en voz alta, grabando su pronunciación y prestando atención especial a la pronunciación de las consonantes oclusivas sordas y la de las vocales. Después de grabar cada palabra, escuche la pronunciación que oye en el programa auditivo y repita una vez más.

1. antepasado	4. costumbre	7. quitar	10. característica
2. compartir	5. contraste	8. típico	11. con respecto
3. cafetera	6. importar	9. paquete	12. pedir prestado

C. Escuche el siguiente texto por completo sobre la deuda externa (*foreign debt*). Luego se repetirá el texto más lentamente con pausas. En las pausas escriba lo que oyó. Al final de toda la selección, se repetirá una vez más.

_____

_____

_____

_____

_____

_____

_____

_____

_____

_____

PRACTICA ESCRITA Y COMPOSICION

Describir y comentar

**A. Explique brevemente la diferencia entre cada par de palabras o expresiones.

1. una oficina / un despacho

   _____

   _____

2. un empleado / un gerente

   _____

   _____

3. una tarjeta de crédito / una tarjeta de cajero

   _____

   _____

4. las acciones / las ganancias

   _____

   _____

5. cobrar un cheque / pagar en efectivo

   _____

   _____

B. Ponga las definiciones con las palabras correspondientes. Escriba la palabra o expresión de la lista en la página 155 que corresponde a cada definición que sobra.

PALABRAS

1. _____ el secretario
2. _____ cobrar
3. _____ la mujer de negocios
4. _____ el mercado
5. _____ _____
6. _____ _____

DEFINICIONES

a. persona que se dedica a asuntos comerciales
b. lugar en donde se compran y se venden las acciones
c. recibir dinero por un producto o un servicio
d. persona que se encarga de los trabajos rutinarios de una oficina
e. miembro de una sociedad comercial que invierte dinero en ella y recibe un porcentaje de las ganancias
f. lugar en donde se puede comprar principalmente comestibles

C. Cada una de las series de nombres que se dan a continuación representa un ejemplo de, o está asociada con, algunas palabras o expresiones de la lista del vocabulario en la página 155. ¿Cuáles son esas palabras o expresiones?

1. _____ Merrill Lynch, Wall Street, la crisis de 1929

2. _____ Macy's, Hudson's, Bloomingdale's, Sears

3. _____ UAW, ILGWU, Teamsters

4. _____ Ford, IBM, AT&T

Lengua

Antes de completar los ejercicios que practican el imperfecto de subjuntivo, complete el siguiente repaso de las formas del pretérito y el uso del subjuntivo.

26. REVIEW OF THE PRETERITE

A. Complete la siguiente descripción del dibujo a continuación con la forma correcta del pretérito de los verbos entre paréntesis.

© Joaquín S. Lavado, QUINO, *Hombres de bolsillo,* Ediciones de La Flor.

El lunes por la mañana el señor Negro (levantarse) _____[1], (ponerse) _____[2] el traje negro y (irse) _____[3] para el centro. Era el cumpleaños de su mujer y por eso (decidir) _____[4] comprar algo en un gran almacén elegante. Cuando (llegar) _____[5] al almacén, (subir) _____[6] al tercer piso. (Buscar) _____[7] a una dependiente y los dos (conversar) _____[8] sobre lo que él quería. El señor Negro y la dependiente (considerar) _____[9] varios regalos y (comentar) _____[10] los méritos de cada uno (¡el señor Negro era un comprador super-

prudente!). Por fin, el señor Negro (escoger) _____[11] un vestido para su mujer y lo (cargar) _____[12] a su cuenta. Luego (subir) _____[13] al cuarto

piso, donde le (envolver[a]) _____[14] el regalo. Luego, metiéndoselo debajo del brazo,

el señor Negro (bajar) _____[15] a otro piso para hacer otras compras.

El mismo lunes, el señor Bigote le (dar) _____[16] un beso a su mujer y

(despedirse) _____[17] de sus hijos, quienes le (decir) _____[18]:

«No olvides, papi, que hoy es el cumpleaños de mamá.» Más tarde esa mañana, el señor Bigote (cerrar)

[a]*to wrap*

_____[19] su tabaquería y (dirigirse) _____[20] al almacén más

elegante de la ciudad. (Entrar) _____[21] y (acercarse) _____[22] a

una dependiente. Cuando le (explicar) _____[23] lo que quería comprar, ella lo

(mirar) _____[24] extrañada y le (preguntar) _____[25] qué había

hecho[b] con el otro. «¿Qué otro?», (contestar) _____[26] el señor Bigote, y (sacar)

_____[27] de su billetera el dinero para pagar. Cuando (ver: ellas)

_____[28] esto, la dependiente y su asistente (sentir) _____[29] un

poco de miedo, pero el señor Bigote (pagar) _____[30] el vestido, y (subir)

_____[31] para que se lo envolvieran.[c]

[b]había… *had done* [c]*wrap*

**B. Conteste las siguientes preguntas sobre el episodio del ejercicio A. Cuidado con el uso del pretérito y del imperfecto.

1. ¿Qué le pasó al señor Bigote mientras subía en el ascensor después de comprar el regalo?

   _____

2. ¿Por qué cree Ud. que el señor Negro bajaba en el ascensor?

   _____

3. ¿Cómo reaccionaron los dos señores al verse?

   _____

4. En su opinión, ¿qué hicieron los dos después?

   _____

5. En su opinión, ¿cómo se puede explicar esta situación?

   _____

**C. La siguiente tira cómica dramatiza lo que ocurrió la semana pasada entre dos amiguitos, Mafalda y Manolito. Léala con atención y después conteste las siguientes preguntas.

© Quino/Quipos

Vocabulario útil		
la botella *bottle*	el cajón *drawer*	una imitación *a fake*

1. ¿Adónde fue Mafalda? ¿Por qué? ¿Qué buscaba?

    _____

    _____

2. ¿Qué tuvo que hacer Manolito para servirle? ¿Por qué?

    _____

    _____

3. ¿Qué preguntas le hizo Mafalda a Manolito cuando llegó? ¿Por qué le hizo tantas preguntas?

    _____

    _____

4. ¿Cómo le contestó las preguntas Manolito? ¿Por qué? ¿Dijo la verdad o mintió? ¿Por qué?

    _____

    _____

    _____

5. ¿Qué hizo finalmente Mafalda? ¿Por qué?

    _____

    _____

6. ¿Qué era más importante para Manolito: ser un buen hombre de negocios o ser un buen

    amigo?

    _____

    _____

ESTRATEGIAS PARA LA COMUNICACION   Luego… y después… *How to narrate events*

Use las siguientes expresiones para narrar una historia en el pasado. Escríbala en otro papel. Cuidado con el uso del pretérito y del imperfecto en su narración, y no se olvide de usar algunas de las expresiones conectivas (páginas 212–213 de *¡Avance!*) para establecer la cronología del relato. ¡Cuidado! Las expresiones que se dan a continuación no se presentan en ningún orden específico. Ud. las puede ordenar como quiera.

comprar una compañía	despedir al gerente
decorar la oficina	emplear a una secretaria
descubrir algo que causa	ir a la bancarrota
un gran escándalo	pagar a plazos

27. REVIEW OF THE USES OF THE SUBJUNCTIVE

** Escriba una oración para cada uno de los siguientes casos.

Una cosa que...

1. Ud. prohíbe que su hermanito haga

———

2. Ud. prefiere que sus profesores no hagan

———

3. sus padres esperan que Ud. haga

———

4. sus amigos ruegan que Ud. no haga

———

5. su hermanito pide que Ud. le haga

———

6. su novio/a no permite que Ud. haga

———

28. THE PAST SUBJUNCTIVE: CONCEPT; FORMS

A. ¿Cuánto recuerda Ud.? Complete el siguiente cuadro con las formas verbales indicadas.

	PRESENTE	PRESENTE DE SUBJUNTIVO	PRETERITO	IMPERFECTO DE SUBJUNTIVO
1. pagar: yo				
2. escribir: ellos				
3. ver: tú				
4. dar: Ud.				
5. ser: yo				
6. volver: nosotros				
7. dirigir: tú				
8. atacar: ellos				
9. cuidar: Ud.				
10. saber: nosotros				

B. La tira cómica a continuación describe lo que le pasó al señor Roto en un elegante restaurante del distrito financiero de su ciudad. Mírela con atención y luego complete el resumen a continuación con la forma correcta del verbo entre paréntesis: el presente o el pasado (pretérito o imperfecto) de indicativo, el presente o el imperfecto de subjuntivo.

© Quino/Quipos

Hace unas semanas el señor Roto entró en un restaurante muy selecto. Tenía mucha hambre y esperaba que algún cliente (tener) _____[1] compasión y que le (dar)

_____[2] unos centavos para comprar un bocadillo.ª Después de entrar al restaurante, él (dirigirse) _____[3] a un hombre de negocios muy serio y le (explicar)

_____[4] lo que (querer: él) _____[5]. Este hombre no (querer)

_____[6] ni mirarlo. Era necesario que el señor Roto (acercarse)

_____[7] a otra mesa. Desafortunadamente, pasó a la mesa de un corredor de

Bolsa que no (estar) _____[8] de muy buen humor. Cuando el señor Roto le

(pedir) _____[9] que le (dar) _____[10] dinero, el corredor de

Bolsa (empezar) _____[11] a gritarle. Pero el pobre señor Roto tenía mucha hambre y también mucha paciencia. «Yo sé que alguien en este restaurante (ir)

_____[12] a darme algo», se dijo. «Ese hombre allá (ser)

_____[13] muy gordo y es posible que (estar) _____[14] de

ªsandwich

mejor humor.» Esta vez el señor Roto tuvo suerte. «Tome Ud.», le (decir) _____¹⁵

el accionista gordo, «Con este dinero es posible que Ud. (comprarse) _____¹⁶

una verdadera comilona.^b» El señor Roto (ponerse) _____¹⁷ contentísimo. ¡Una

verdadera comilona! (Sentarse) _____¹⁸ y cuando llegó el camarero, (darle)

_____¹⁹ el dinero y le dijo: «Por favor, (querer: yo) _____²⁰

que Ud. (traerme) _____²¹ una comilona de 25 bocadillos.»

^buna... *a tremendous meal, big meal*

C. El director de la residencia universitaria donde Ud. vive quiere saber las quejas que tienen los residentes para solucionarlas. Ud. entrevista a sus compañeros de residencia y luego informa a su director. Haga su reportaje usando las formas verbales apropiadas del pasado —de indicativo o de subjuntivo— según las circunstancias. ¡Cuidado! También es necesario cambiar los pronombres.

> MODELO: ESTUDIANTE: Creo que deben limpiar el vestíbulo más a menudo.
> REPORTAJE: Un estudiante dijo que... →
> *creía que debían limpiar el vestíbulo más a menudo.*

1. ESTUDIANTE: Me parece que hay ratones en mi cuarto.

   REPORTAJE: Un estudiante dijo que le parecía que _____

   _____

2. ESTUDIANTE: Es increíble que no haya suficientes lavadoras.

   REPORTAJE: Un estudiante dijo que _____

   _____

3. ESTUDIANTE: No me gusta que la cocina común sea muy pequeña.

   REPORTAJE: _____

   _____

4. ESTUDIANTE: Es malo que la televisión del área de recreo no funcione bien.

   REPORTAJE: _____

   _____

5. ESTUDIANTE: Es importante que el correo se distribuya correctamente.

   REPORTAJE: _____

   _____

D. Durante los noventa, se estableció el Tratado de Libre Comercio (TLC) entre el Canadá, México y los Estados Unidos. Complete la siguiente descripción del Tratado con la forma correcta de los verbos entre paréntesis: el presente o pasado de indicativo o subjuntivo según el contexto.

El Tratado de Libre Comercio intentó reducir los impuestos comerciales entre los tres países norteamericanos. Se deseaba que los productos y servicios de México y Canadá (entrar)

_____¹ libremente en los Estados Unidos y viceversa. Los Estados Unidos

(esperar) _____² que este acuerdo (ser) _____³ el primer paso para obtener una zona de libre comercio desde Alaska hasta la Tierra del Fuego. A pesar de estos deseos de libre comercio, el gobierno norteamericano (decir) _____[4] en palabras muy claras que no (interesarle) _____[5] un mercado común al estilo europeo. Algunos dudan que la mano de obra barata de México (beneficiar) _____[6] el mercado de trabajo estadounidense porque consideran que es posible que (perderse) _____[7] mucho empleo. Sin embargo, otros opinan que el aumento de las exportaciones (favorecer) _____[8] a los Estados Unidos.

**E. Imagínese que Ud. es el gerente superexitoso de una gran empresa. ¿Cómo completa las siguientes declaraciones? Cuidado con el uso del subjuntivo y del indicativo.

1. El año pasado tuve muchos problemas con el sindicato. Ellos insistían en que _____

   _____

2. Por ser tan importante me dieron una tarjeta de crédito que _____

   _____

3. Me alegró mucho que el banco _____

4. Con todos los cambios en los impuestos federales, dudo que _____

   _____

5. Para tener mucho éxito en el mundo de los negocios, es necesario que una persona _____

   _____

29. USE OF SUBJUNCTIVE AND INDICATIVE IN ADVERBIAL CLAUSES

A. Lea las siguientes oraciones e indique si la parte en letra cursiva se refiere a una situación real y conocida (**R**) o a una situación anticipada o no experimentada (**A**).

1. _____ *When I finish school,* I plan to look for a job in New York.

2. _____ They had to expand the building almost *as soon as they finished it.*

3. _____ Ms. Williams will wait, however long it takes, *until you finish.*

4. _____ *When you have a minute,* I'd like you to come by and talk to me.

5. _____ I'll give you a decision *as soon as I talk to my parents.*

6. _____ That day I swore that, *as soon as I was rich and famous,* I would come back and make people sorry for the things they had said.

7. _____ *When I was a child,* I thought that life would be a lot simpler *when I was older.*

8. _____ Because the boss was in the room we couldn't talk freely, but John told me he would explain everything *after the boss left.*

9. _____ *After the boss left,* John explained everything to me.

Ahora, haga lo mismo con las siguientes oraciones, indicando también la forma correcta del verbo señalado.

10. _____ *Cuando* (reciba / recibo) *mi título* (*degree*), voy a poder encontrar un trabajo sin ninguna dificultad.

11. _____ Todos se rieron *después de que el señor Palo* (dijera / dijo) eso. ¡Fue tan cómico!

12. _____ Mis amigos y yo vamos a celebrar *tan pronto como* (sabemos / sepamos) los resultados de la entrevista.

13. _____ Todos aprendimos mucho sobre el sistema económico japonés mientras (estábamos / estuviéramos) *en Tokio el verano pasado.*

14. _____ Me enojo mucho *cuando* (vea / veo) *ese tipo de explotación.*

15. _____ No van a poder hacer nada con la computadora *hasta que* (aprendan / aprenden) *a programar.*

16. _____ *Tan pronto como* (oigas / oyes) *ese tono de voz,* sabes que tienes que tener mucho cuidado.

17. _____ El jefe me dijo que quería hablar conmigo *después de que* (volviera / volvió) *de mi viaje.*

B. Complete las siguientes oraciones con la forma correcta del verbo entre paréntesis: en el subjuntivo o en el indicativo, según el contexto. Cuidado con la secuencia de los tiempos verbales.

1. Te contrataron para reemplazar a un empleado enfermo. Sólo puedes trabajar aquí hasta que

   (volver) _____ ese empleado.

2. Ese hombre me vuelve loco. Silba (*He whistles*) mientras (trabajar) _____.

3. El señor Brown no sabía cuándo iba a ser exactamente, pero me dijo que me iba a llamar

   cuando (poder) _____.

4. Después de que el Congreso (aprobar) _____ esa ley, hubo muchas

   manifestaciones porque ahora los empleados no pueden fumar cuando (estar)

   _____ en la oficina.

5. Después de que el Congreso (aprobar) _____ esa ley, va a haber muchas

   manifestaciones.

6. La industria automovilística norteamericana tuvo casi un monopolio del mercado en los

   Estados Unidos hasta que con la crisis de energía en los años setenta, (empezar)

   _____ a sentirse la necesidad de tener coches más económicos, como los

   japoneses. Ahora, no va a recuperar su posición dominante hasta que no se decidan a (efectuar:

   to undertake) _____ cambios radicales en la manufactura de los autos.

**C. Complete las siguientes oraciones de una forma lógica, usando el subjuntivo o el indicativo según el contexto. Cuidado con la secuencia de los tiempos verbales.

1. De joven, yo (sentirse) _____ muy satisfecho/a cuando _____

   _____

2. En el futuro, yo me voy a sentir muy satisfecho/a en cuanto _____

   _____

3. De joven, yo (pensar) _____ que mi vida iba a cambiar radicalmente tan

pronto como _____

4. En realidad, mi vida cambió radicalmente cuando _____

_____

5. En el futuro, podré (*I'll be able*) decir que «he llegado» después de que _____

_____

**D. Conteste las siguientes preguntas con oraciones completas. Use la palabra o expresión entre paréntesis en la respuesta.

1. ¿Cuándo piensas empezar tu primer trabajo permanente? (en cuanto)

_____

2. ¿Hasta cuándo vas a seguir viviendo en este estado? (hasta)

_____

3. ¿Hasta cuándo piensas estudiar en esta universidad? (mientras que)

_____

4. ¿Cuándo piensas casarte / empezar una familia? (tan pronto como)

_____

5. ¿Cuándo te gustaría hacer un viaje alrededor del mundo? (cuando)

_____

Enlace

¡Ojo!

A. Elija la palabra que mejor complete la oración.

1. Ramón y Laura son buenos atletas. Niñas (ambos / tanto como) niños participan en el programa.
2. ¿Sabes (la cita / la fecha) del examen?
3. El desempleo es una (cuestión / pregunta) de gran importancia.
4. No me gradúo hasta el próximo semestre (como / ya que) todavía necesito completar tres clases más.
5. (Ambos / Tantos) equipos necesitan ganar el partido para clasificarse.

B. Dé la palabra española que corresponda mejor a la palabra en letra cursiva. Dé el infinitivo de los verbos y la forma masculina singular de los sustantivos y adjetivos. ¡Cuidado! Hay también palabras de los capítulos anteriores.

1. It isn't really a *question* _____ of total space. *Both* _____

houses have four bedrooms.

2. When my parents *took* _____ me to the opera for the first *time*

_____ I actually liked it.

3. *Because* _____ I misplaced my datebook, I forgot the *date*

_____ of our appointment.

4. The last *time* _____ I saw them, they *both* _____

attended _____ school.

5. Since she *became* _____ president of the corporation, she hasn't once

returned _____ to her old neighborhood. She no longer has any *close*

_____ friends.

6. *Both* _____ old men and old women need better health insurance, *since*

_____ it is harder for them *to care for* _____ themselves.

REPASO: PARRAFO DE SINTESIS

Lea la siguiente selección, llenando los espacios en blanco con la forma correcta en español de las palabras entre paréntesis. Cuando se dan dos palabras, escoja la más apropiada según el contexto.

Los profesionales más buscados por las empresas

El vecino que vive en el quinto piso y el joven que vive en el segundo buscan trabajo desde hace

tiempo. Ambos terminaron sus estudios el año pasado en la rama administrativa de la Formación

Profesional y por lo tanto tienen similares conocimientos. Pero es muy probable que uno (conseguir)

_____ [1] trabajo antes que el otro. El del quinto piso (ser / estar)

_____ [2] un poco mayor —tiene 25 años, está casado y tiene carnet de conducir.

¿Cuáles (ser / estar) _____ [3] los atributos más deseados por una empresa? El

empleado de entre 25 y 35 años con algo de experiencia es el que va a (lograr / suceder / tener éxito)

_____ [4]. A partir de los 35 años, es raro que uno (encontrar)

_____ [5] un trabajo si no tiene una preparación muy deseada. Las empresas buscan

individuos que (saber) _____ [6] dar un trato agradable al público y que (tener)

_____ [7] la capacidad de organización y mando. Muchas empresas dudan que la

gente muy joven (poder) _____ [8] tener estos rasgos. Según ellos es necesario que

(buscar: ellos) _____ [9] gente mayor y más madura para reunir estas características.

También en los últimos años se ha descubierto que las empresas prefieren que sus empleados

(haber tener) _____ [10] experiencia laboral, pero no demasiada. Lo mejor es que sólo

(haber trabajar) _____ [11] entre uno o dos años antes de entrar en el nuevo puesto.

Las personas que (haber pasar) _____ [12] mucho tiempo en otros puestos suelen

tener hábitos muy difíciles de cambiar. Al empresario le gusta formar a su gente y no quiere que (venir)

_____ [13] con ideas ya muy fijas. Buscan trabajadores que (saber)

_____¹⁴ lo que quieren pero es importante que estas personas (estar)

_____¹⁵ dispuestas a ser flexibles. Otro punto: Se sabe que las empresas (preferir)

_____¹⁶ los casados a los solteros ya que es probable que los casados (disfrutar)

_____¹⁷ de un estilo de vida más estable.

Así que el joven del segundo piso no tiene más remedio que esperar dos años y casarse. Entre

tanto, le sugerimos que (seguir) _____¹⁸ estudiando.

Análisis y aplicación: Composición

In Chapters 5 and 6 you practiced organizing the information in expository essays according to levels of generality. Several specific ideas illustrate or explain one general idea; each general idea helps to develop the main idea or thesis of the paper.

Choosing the general ideas depends on the topic, of course, but also on the *method* you use to develop your ideas. For example, the best way to discuss a short story may be to break it into parts: the characters, the scene, the plot, and so on. You might approach the same topic by comparing and contrasting the story with others that you know. In this and succeeding chapters, you will practice several different methods of essay development.

**ANALISIS Y CLASIFICACION

Analysis means examining each of the parts of a piece of writing as well as their relationship to each other. If you discuss a story by looking separately at character, scene, and plot, you are using the method of analysis.

Classification means grouping together objects or ideas that are similar. For example, you might discuss short stories by classifying them: **cuentos fantásticos, cuentos realistas, cuentos policíacos, cuentos de ciencia ficción,** and so on. Classification is the opposite of analysis.

The following vocabulary is often used for establishing analysis and classification in Spanish.

Vocabulario para el análisis y la clasificación		
agrupar	*to group*	Es posible **agrupar** las obras en dos clases.
analizar	*to analyze*	Es conveniente **analizar** la máquina para ver la relativa importancia de sus partes principales.
clasificar	*to classify*	Los animales se **clasifican** en cinco grupos grandes.
constar de	*to consist of*	El cuerpo del insecto **consta de** tres partes: la cabeza, el tórax y el abdómen.
dividirse en	*to divide into*	Los animales **se dividen en** cinco grupos principales.
el análisis	*analysis*	Un **análisis** de la sustancia revela la presencia de dos elementos básicos.
la clasificación	*classification*	La **clasificación** de los animales se basa en su modo de vida al igual que en su anatomía.

1. Aplique brevemente el método de **análisis a** los siguientes temas generales. Conteste en otro papel. ¿Qué características específicas de cada tema se pueden mencionar?

   a. la ropa del individuo profesional exitoso
   b. la educación después de la escuela secundaria en los Estados Unidos
   c. el automóvil

2. Aplique brevemente el método de **clasificación** a los siguientes temas generales. Conteste en otro papel. ¿Cuáles son los grupos generales que se pueden mencionar?

   a. las organizaciones estudiantiles universitarias
   b. el humor
   c. el automóvil

3. Ud. tiene que hacer una investigación sobre uno de los siguientes temas y luego escribir un ensayo sobre lo que aprendió. Cada tema se presta a varios métodos de organización. Escoja un tema y sugiera dos bosquejos, uno que se base en el análisis y otro que se base en la clasificación. Use el formulario que se da a continuación como guía para hacer su bosquejo. Antes de elaborar los bosquejos, piense en una idea central para cada ensayo proyectado.

   Temas sugeridos

   el chocolate   las drogas   los sindicatos
   las computadoras   la literatura   las universidades

   Tema: _____

   Idea central: _____

   A. Idea general: _____

      1. Idea específica: _____

      2. Idea específica: _____

   B. Idea general: _____

      1. Idea específica: _____

      2. Idea específica: _____

   C. Idea general: _____

      1. Idea específica: _____

      2. Idea específica: _____

Tarea. En otro papel, escriba cuatro oraciones relacionadas con su ensayo basado en la clasificación y otras cuatro relacionadas con su ensayo analítico. Cada oración debe incluir una de las expresiones de la lista del vocabulario de la página 176. Trate de usar todas las expresiones por lo menos una vez.

Pasaje cultural*

El Internet, herramienta (*tool*) útil

Muchos estarían de acuerdo (*would agree*) con la idea de que el Internet ha sido uno de los avances más útiles en el mundo de los negocios. En este segmento se ve cómo millones de personas alrededor del mundo recurren a (*resort to*) él a diario para hacer transacciones bancarias, comerciar (*trade*) en la Bolsa, vender y comprar productos y servicios, buscar información, bajar (*download*) programas y comunicarse con el resto del mundo.

**ANTES DE VER

Contesta las siguientes preguntas antes de ver el vídeo.

1. ¿Usa Ud. el Internet? ¿Con qué frecuencia y para qué lo usa? Si lo usa en su trabajo, explique cómo lo usa allí.

   _____

   _____

   _____

2. Pensando en sus respuestas a las preguntas anteriores, explique cómo hacía Ud., o cómo hacía la gente en general, las mismas actividades antes de que existiera (*existed*) el Internet.

   _____

   _____

   _____

3. ¿Qué sabe Ud., o cuál es su impresión, del uso del Internet en el mundo hispano? ¿Cree Ud. que es tan popular en España e Hispanoamérica como lo es en este país? Explique.

   _____

   _____

   _____

---

*The viewing segments corresponding to the **Pasaje cultural** section can be found on the Video to accompany *¡Avance!*

**VAMOS A VER

¿Cierto (**C**) o falso (**F**)? Conteste según el vídeo. Corrija las oraciones falsas.

1. _____ Según el narrador, Jean Pierre Noher* utiliza el Internet dos o tres veces por semana.

2. _____ Noher trabaja en un despacho como los que se encuentran en las grandes empresas de este país.

3. _____ Al principio, la compu (computadora) le dio a Noher la oportunidad de bajar canciones digitalizadas del Internet para aumentar su colección personal de música.

4. _____ Luego, el Internet le ayudó a Noher durante sus investigaciones sobre la vida y literatura de Jorge Luis Borges.

5. _____ Actualmente, Noher está buscando una grabadora de CD en el Internet para comprarla.

6. _____ Noher usa la tecnología para musicalizar (*add music to*) situaciones de emoción, esperanza, suspenso, etcétera.

7. _____ Parece que este segmento de vídeo se presentó un poco antes de la salida de la película *Un amor de Borges*.

DESPUÉS DE VER

A. ¿Qué impresión sobre el uso general de la tecnología en el mundo hispano le da a Ud. el vídeo? ¿Tiene Ud. la misma impresión que tenía antes de ver el vídeo? Explique. Haga una lista de las maneras en que el Internet ha ayudado, está ayudando o va a ayudar en el futuro al mundo de los negocios en este país, en Hispanoamérica y en el mundo entero. Luego, organice sus ideas en un breve ensayo en una hoja de papel aparte.

B. Busque información sobre cómo el Internet influye en los negocios en el mundo hispano. Esto puede incluir anuncios para aparatos para la oficina, artículos de revistas electrónicas o cualquier cosa que represente la influencia del Internet en los negocios de hoy. Comparta su información con sus compañeros de clase.

_____
*Jean Pierre Noher ha ganado múltiples premios como mejor actor por su interpretación de Jorge Luis Borges en la película *Un amor de Borges,* escrita y dirigida por Javier Torre.

CAPITULO

8

Creencias e ideologías

EXPRESION ORAL Y COMPRENSION

Describir y comentar

A. Escuche las siguientes palabras y repítalas en la pausa. Entonces escuche cada palabra otra vez, compare su pronunciación con la que oye en el programa auditivo y repita la palabra una vez más.

animar	la competencia	la monja
cambiar de opinión	el clero	el monje
competir (i, i)	la conversión	la oración
comprometerse	la creencia	el pastor / la pastora
convertir(se) (ie, i)	la cruzada	el propósito
cooperar	el cura	el rabino / la rabina
dedicarse a	el ejército	el sacerdote
defender (ie)	el evangelizador / la	la sinagoga
fomentar	evangelizadora	el templo
motivar	la fe	el valor
negociar	la iglesia	
predicar	la Iglesia	
predicar con el ejemplo	la mezquita	comprometido/a
rezar	el/la militar	
	el misionero / la	
la bendición	misionera	

B. Mire la lista de vocabulario del ejercicio A mientras escucha las siguientes preguntas. Diga la palabra que mejor corresponda a cada pregunta. Repita la respuesta correcta después de oírla en el programa auditivo.

1. … 2. … 3. … 4. … 5. …

C. Escuche las siguientes palabras y repítalas en la pausa. Entonces escuche cada palabra otra vez, compare su pronunciación con la que oye en el programa auditivo y repita la palabra una vez más.

Creencias y creyentes

el agnóstico / la agnóstica
el/la altruista
el anglicano / la anglicana
el ateo / la atea
el/la budista
el católico / la católica
el conservador / la conservadora
el/la (no) creyente
el/la derechista

el/la egoísta
el/la hipócrita
el/la izquierdista
el judío / la judía
el/la liberal
el/la materialista
el musulmán / la musulmana
el pagano / la pagana
el/la protestante

D. Mire la lista de vocabulario del ejercicio C mientras escucha las siguientes preguntas. Diga la palabra de la lista que mejor corresponda a cada contexto. Repita la respuesta correcta después de oírla en el programa auditivo.

1. ... 2. ... 3. ... 4. ... 5. ...

E. Cuando se piensa en la religión en el mundo hispano, es probable que la asociación más fuerte sea con la religión católica. Es verdad que la gran mayoría de los hispanos en España, en Latinoamérica o en los Estados Unidos, son católicos. Sin embargo, los hispanos siempre han estado en contacto con otras religiones importantes. En este ejercicio oirá un breve texto que describe en más detalle uno de los grupos religiosos que ha tenido un enorme impacto en la cultura hispana.

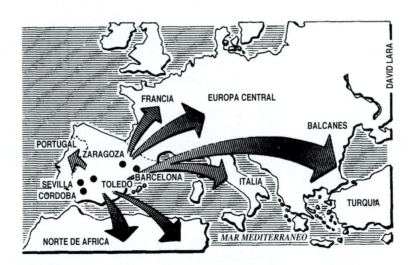

1. Escuche el texto por primera vez para buscar la siguiente información.

   a. ¿Cómo se llama el grupo? _____

   b. ¿Dónde vivía? _____

   c. ¿Qué importancia tiene el año 1492 para este grupo? _____

   _____

2. Escuche el texto una segunda vez para contestar las siguientes preguntas.

   a. ¿Qué nombre le daban a su madre patria? _____

   b. ¿En qué sentido es este grupo similar a otros grupos de la misma religión? _____

   _____

   c. ¿En qué sentido es diferente? _____

F. En este ejercicio oirá un breve texto que describe en más detalle otro de los grupos religiosos dentro de la cultura hispana.

1. Escuche el texto por primera vez para buscar la siguiente información.

   a. ¿Cómo se llama el grupo? _____

   b. ¿Dónde vive? _____

   c. ¿Qué importancia tiene el año 1492 para este grupo? _____

   _____

2. Escuche el texto una segunda vez para contestar las siguientes preguntas.

   a. ¿Cuál es una característica de sus creencias hoy en día? _____

   _____

   b. ¿En qué sentido son estas creencias semejantes a las creencias que tenían antiguamente?

   _____

Lengua

30. THE SUBJUNCTIVE IN ADVERBIAL CLAUSES: INTERDEPENDENCE

A. Oirá una pregunta y una respuesta. Repita la respuesta. Luego oirá un adverbio. Repita la respuesta, incorporando el adverbio y haciendo el cambio indicado. Cuidado con el uso del subjuntivo y del indicativo. Repita la respuesta correcta después de oírla en el programa auditivo.

> MODELO: —¿Quieres venir con nosotros?
> —Sí, puesto que me lo pagan. → *Sí, puesto que me lo pagan.*
> (con tal de que) → —*Sí, con tal de que me lo paguen.*

   1. ... 2. ...

B. Ud. oirá las siguientes oraciones y frases y además un adverbio nuevo para cada situación. Use el adverbio para juntar la oración y la frase, haciendo los cambios que sean necesarios en el verbo subordinado. Repita la respuesta correcta después de oírla en el programa auditivo.

> MODELO: Cristóbal Colón creía que el mundo era redondo. (todos, negarlo) (aunque) →
> *Cristóbal Colón creía que el mundo era redondo aunque todos lo negaban.*

1. Colón no podía hacer nada. (recibir dinero)
2. Colón habló con Isabel de Castilla, la reina católica. (darle dinero para hacer una expedición)
3. Isabel se lo dio. (él, conquistar nuevas tierras en nombre de ella)
4. Colón quería seguir hacia el oeste. (ellos, encontrar tierra)
5. Colón sabía que los marineros se iban a poner contentos. (ver tierra)

C. Para cada uno de los siguientes dibujos, Ud. oirá una pregunta. Contéstela usando las palabras indicadas y un adverbio apropiado de la lista a continuación. Repita la respuesta posible después de oírla en el programa auditivo.

a menos que con tal de que en caso de que para que puesto que

MODELO:

¿Está contenta ahora la niña? →
No, no va a estar contenta a menos que su madre le compre la pelota.

no ir a estar contenta / su madre comprarle la pelota

1.

no tomar decisiones importantes / consultar las estrellas

2.

poder salir / su padre darle dinero

3.

abrirla / hacer calor en el cuarto

4.

no haber un piso número trece / mucha gente ser supersticiosa

5.

siempre seguir ritos especiales / tener buena suerte

6.

decidir llevar el paraguas / llover más tarde

31. **Por** and **para**

A. Luisa y Emilio planean una sorpresa. Escuche las siguientes preguntas acerca de la historia presentada en los dibujos a continuación. Luego, conteste las preguntas utilizando las palabras y expresiones indicadas. Donde aparece un asterisco (*), utilice la preposición **por** o **para** según el contexto. Repita la respuesta correcta después de oírla en el programa auditivo.

> MODELO: explicarle los planes / * / realizar la sorpresa
> (¿Qué le dice Luisa a Emilio?) → *Le explica los planes para realizar la sorpresa.*

1. decidir hacer / la tarta de cumpleaños / * / su mamá

_____

_____

_____

_____

_____

2. darle dinero / * / comprar los ingredientes / * / la tarta

_____

_____

_____

_____

_____

3. caminar / * / el parque primero _____

_____

_____

_____

_____

4. primero pasar / * / el puente; luego detenerse / * / observar / el partido de béisbol _____

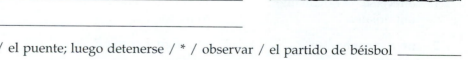

_____

_____

_____

_____

5. dárselo / dependiente / * / los ingredientes _____

_____

_____

_____

6. él y Luisa trabajar / * / varias horas / * / hacer la tarta

_____

_____

7. ponerse muy contenta / * / el regalo / de sus hijos

_____

_____

_____

_____

B. Describa el siguiente dibujo con **por** o **para** usando las expresiones indicadas, según el contexto. Repita la respuesta posible después de oírla en el programa auditivo.

1. ofrecerse / el diamante / mil dólares

2. un diamante / ser grande

3. el ladrón / entrar / la ventana

4. el joyero / correr / el teléfono

5. el muchacho / gritar / la policía

ESTRATEGIAS PARA LA COMUNICACION   **No pude porque...** *Offering explanations*

Ud. oirá una oración y dos respuestas. Escoja la respuesta más lógica para cada contexto.

1. a   b   3. a   b   5. a   b

2. a   b   4. a   b

32. THE PROCESS **se**

Antes de practicar las construcciones con **se** de proceso, repase brevemente las construcciones reflexivas con los ejercicios A y B que siguen.

A. Cuando somos pequeños necesitamos que otros nos hagan muchas cosas que luego aprendemos a hacer nosotros mismos. Ud. oirá una serie de oraciones. Complételas para expresar este cambio en la vida de las personas indicadas. Use pronombres de complemento cuando sea posible. Repita la respuesta correcta después de oírla en el programa auditivo.

> MODELO: Antes mi madre me vestía pero ahora yo… → *me visto.*

1. …   2. …   3. …   4. …   5. …

B. Para los siguientes dibujos escuche las preguntas y contéstelas. ¡Cuidado! A veces la acción es reflexiva y a veces no. Repita la respuesta posible después de oírla en el programa auditivo.

MODELO:

¿Qué hace el niño? → *Se lava los dientes.*

lavar(se)

1.

vestir(se)

2.

vestir(se)

3.

afeitar(se)

4.

quitar(se)

5.

quitar(se)

6.

no peinar(se)

C. A veces un acontecimiento puede provocar muchas reacciones diferentes; todo depende del punto de vista de uno. Por ejemplo, hoy Isabel y su novio anuncian que van a casarse. Ud. oirá un verbo sugerido. Exprese la reacción que tienen las siguientes personas. Repita la respuesta correcta después de oírla en el programa auditivo.

> MODELO: la hermana menor de Isabel   (entusiasmarse) → *Se entusiasma.*

1. los padres de Isabel
2. el ex novio de Isabel
3. nosotros, los no invitados a la boda

4. la ex novia del novio
5. los amigos solteros del novio
6. las amigas de Isabel

D. En las últimas vacaciones hicimos una excursión al lago para nadar y hacer un *picnic*. ¿Cómo lo pasaron las siguientes personas y animales? Siga el modelo del ejercicio C. Repita la respuesta correcta después de oírla en el programa auditivo.

1. el perro
2. nosotros
3. dos de mis amigos

4. mi hermanito
5. el gato
6. tú

33. REVIEW OF THE SUBJUNCTIVE: AN OVERVIEW

Para los siguientes dibujos Ud. oirá unas oraciones incompletas. Complete cada oración usando las palabras indicadas bajo cada dibujo. Cuidado con el uso del subjuntivo o del indicativo según el caso. Preste atención especial a los tiempos verbales. Repita la respuesta correcta después de oírla en el programa auditivo.

A.

1. mirar la televisión
2. acostarse los niños
3. acostarse
4. terminar el programa

B.

1. darle dinero
2. pedirles dinero
3. no hacer bien su trabajo
4. aprender a tener más cuidado

Enlace

VOCES

Escuche con atención a Xavier y Juan, dos hispanos que nos contestan las siguientes preguntas: ¿Practica Ud. alguna religión? ¿En qué manera afectan su vida sus creencias religiosas?

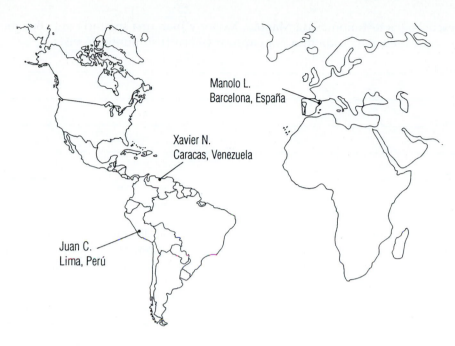

A. Lea las siguientes declaraciones y luego escuche los testimonios de Xavier y Juan para decidir a quién se describe mejor —a Xavier, a Juan, a los dos o a ninguno. Trate de sacar la información necesaria escuchando los testimonios una sola vez.

	XAVIER	JUAN
1. Está totalmente contento con su religión.	☐	☐
2. Practica una religión que normalmente no se asocia con el mundo hispano.	☐	☐
3. Empezó a practicar su religión desde niño.	☐	☐
4. Asocia la religión con la vida de todos los días.	☐	☐
5. Asocia la religión con los ritos y los dogmas.	☐	☐
6. Es ateo.	☐	☐

B. Ahora escuche con atención a Manolo, Xavier y Juan mientras reaccionan ante la siguiente pregunta: La religión, ¿es un factor importante en la vida de la mayoría de la población de su país?

1. Escuche los testimonios una primera vez para sacar la idea general de cada uno. Entonces indique (✓) cuál de las siguientes declaraciones mejor resume la idea central de cada uno de los testimonios. Es posible que dos o más de los testimonios compartan el mismo «mensaje».

POSIBLES IDEAS BASICAS	MANOLO	XAVIER	JUAN
a. Sí, la religión hace un papel importante en la vida de la gran mayoría de la gente de mi país.	☐	☐	☐
b. Hace un papel importante, pero menos que en el pasado.	☐	☐	☐
c. Hace un papel importante, pero no tan importante como lo indica el estereotipo.	☐	☐	☐
d. No, en realidad la religión no hace un papel importante hoy en día.	☐	☐	☐

2. Ahora escuche los testimonios de Manolo, Xavier y Juan una segunda vez. Busque un ejemplo específico que menciona cada uno para apoyar (*support*) su punto de vista.

a. Manolo: _____

_____

b. Xavier: _____

_____

c. Juan: _____

_____

**C. 1. ¿Cree Ud. que la importancia de la religión tal y como la describen estas cuatro personas es semejante a su importancia en los Estados Unidos o es diferente? ¿En qué sentido? ¿Cree Ud. que hay muchas diferencias regionales con respecto a la importancia de la religión? Explique.

_____

_____

_____

_____

_____

2. Los hispanos mencionan la importancia de la religión en las fiestas —la Navidad y las Pascuas, por ejemplo. ¿Recuerda Ud. alguna ocasión festiva con origen religioso que le fue particularmente memorable? Descríbala brevemente. ¿Cuántos años tenía? ¿Qué ocurrió? ¿Por qué lo/la impresionó tanto?

_____

_____

_____

_____

_____

Pronunciación y ortografía*

PRONUNCIACION: LA *B* OCLUSIVA Y LA *B* FRICATIVA: [b/ƀ]

Like the letter **d,** the letters **b** and **v** have two pronunciations in Spanish. The stop **b** (**la** *b* **oclusiva: [b]**) is similar to English [b]. It is represented by the letters **b** and **v** after the letters **m** and **n** or a pause. In all other contexts, the letters **b** and **v** represent the fricative **b** sound (**la** *b* **fricativa: [ƀ]**), which has no equivalent in English. It is a sound midway between [b] and [v]: the lips are stretched tight and brought together without actually touching.

A. Escuche cada una de las siguientes palabras y repítala en la pausa. Compare su pronunciación con la que oye en el programa auditivo y repita una vez más. La **b** fricativa [ƀ] está indicada.

_____

*Remember to use the separate Pronunciation Audio CD for the **Pronunciación y ortografía** sections.

1. voy	4. porvenir [porbenir]	7. no bastante	10. bebé
2. ya voy [ya boy]	5. bruja	8. calavera [calabera]	11. conversación
3. venir	6. bastante	9. resolver [resolber]	12. vivienda [bibienda]

B. Lea cada una de las siguientes palabras en voz alta, grabando su pronunciación y prestando atención especial a la pronunciación de la **b** oclusiva y la **b** fricativa. Después de grabar cada palabra, escuche la pronunciación que oye en el programa auditivo y repita una vez más. La **b** fricativa *no* está indicada.

1. gustaba	4. motivar	7. joven	10. no viene
2. Gustavo	5. rabino	8. bien	11. vez
3. vende	6. un beso	9. viene	12. una vez

ORTOGRAFIA: REPASO DE [g/g^w/x]

Escuche cada una de las siguientes palabras y llene los espacios con la letra o las letras —**g, gu, gü, j**— que la completen. Se oirá cada palabra dos veces.

1. rela____o	4. nicara____ense	7. a____inaldo	10. fati____é
2. ami____ito	5. rio____a	8. a____afiestas	
3. fati____a	6. ar____ir	9. anto____o	

ORTOGRAFIA: REPASO DE LA ACENTUACION

A. Escuche cada una de las siguientes palabras y escriba un acento donde sea necesario. Se oirá cada palabra dos veces.

1. politico	4. especial	7. relampago	10. pregunton
2. demasiado	5. musulmanes	8. levante	
3. dificultades	6. papeleo	9. diciendoles	

B. Escuche el siguiente texto por completo. Luego se repetirá el texto más lentamente con pausas. En las pausas escriba lo que oyó. Al final toda la selección se repetirá una vez más.

_____

_____

_____

_____

_____

_____

_____

PRACTICA ESCRITA Y COMPOSICION

Describir y comentar

A. Complete las oraciones con la forma correcta de la palabra de las listas del vocabulario en las páginas 181–182 que mejor corresponda al sentido de la oración.

1. Los _____ invadieron España en 711 y la dominaron durante siete siglos.

2. Los _____ y las _____ de la Iglesia Católica no pueden

   casarse.

3. Un mártir es una persona que dio su vida por su _____.

4. Mi padre fue _____. Por eso nos mudamos cada dos años y yo me eduqué

   en las escuelas de las distintas bases.

5. El revolucionario quiso _____ un espíritu de rebeldía entre los indígenas.

6. Los _____ ortodoxos no comen carne de cerdo.

7. Es un niño muy perezoso. Lo tenemos que _____ con promesas de dulces y

   regalos o no hace nada.

8. Para la gente muy competidora, es difícil _____ con otros.

9. Cuando yo te _____ a que hicieras más ejercicio, nunca me imaginé que

   correrías (*you would run*) en un maratón.

B. Ponga cada palabra de la segunda columna con su definición en la primera columna.

1. _____ la clase sacerdotal de una religión organizada, que se dedica a administrarla

2. _____ una expedición religiosa militar que se proponía defender a Jerusalén de los turcos

3. _____ un individuo que no predica con el ejemplo

4. _____ el nombre que los cristianos le daban a un individuo que no creía en un solo Dios

5. _____ un edificio consagrado a las ceremonias religiosas

6. _____ el conjunto de individuos que defienden la patria con las armas

7. _____ un individuo que ayuda a los demás sin pensar en su propio bien

8. _____ una católica que vive según las reglas de cierta orden religiosa

a. el ejército
b. el pagano
c. el clero
d. el altruista
e. la monja
f. la iglesia
g. el hipócrita
h. la cruzada

C. ¿Qué palabra de la lista de la derecha completa mejor cada serie?

1. _____ el pastor, el cura, el misionero

2. _____ el protestante, el católico, el judío

3. _____ el objetivo, la meta, el fin

4. _____ los ideales, las creencias, los principios

a. los valores
b. la conversión
c. el musulmán
d. el propósito

**D. Explique la diferencia entre cada par de palabras o expresiones.

1. el izquierdista / el derechista _____

_____

2. competir / negociar _____

_____

3. el agnóstico / el ateo _____

_____

4. cambiar de opinión / convertirse _____

_____

Lengua

30. THE SUBJUNCTIVE IN ADVERBIAL CLAUSES: INTERDEPENDENCE

A. Construya una oración completa usando la primera oración, una palabra o frase de la siguiente lista y las palabras entre paréntesis. Use el subjuntivo, el indicativo o el infinitivo según el caso. Se puede usar una palabra o frase más de una vez. Hay más de una manera de unir las oraciones.

a condición de (que)	aunque	en cuanto
a fin de (que)	cuando	hasta (que)
a menos de (que)	de modo que	para (que)
antes de (que)	en caso de (que)	sin (que)

1. En 1478 los Reyes Católicos recibieron autorización. (establecer la Inquisición en España) _____

_____

2. La Inquisición ya existía en Europa. (ponerla en práctica los Reyes Católicos) _____

_____

3. Fue creada en 1231 por el papa Gregorio IX. (combatir varios movimientos heréticos de aquella

época) _____

_____

4. La Inquisición perseguía a los herejes y a los que no eran católicos. (aceptar ellos los dogmas de

la Iglesia) _____

_____

5. Los herejes tenían que confesarse. (llegar el Inquisidor a su pueblo) _____

_____

6. La Inquisición amenazó a los fieles. (denunciar ellos a posibles herejes) _____

_____

7. Recibieron sentencias leves. (confesar sus errores) _____

_____

8. Los Reyes Católicos decidieron expulsar a los judíos y a los musulmanes del país. (convertirse

ellos al cristianismo) _____

_____

9. Muchos de ellos se convirtieron. (no aceptar realmente la nueva fe) _____

_____

B. Las creencias sobre la muerte representan la religión para algunos y el comercio para otros. Lea el texto de la página 196 acerca de un servicio que ofrece una compañía de Salt Lake City, Utah. Luego, complete las oraciones que siguen, escogiendo el verbo apropiado de la lista y conjugándolo en la forma correcta del subjuntivo o indicativo, según el contexto. ¡Cuidado! No se utilizan todos los verbos.

basarse	conservar	decir	morir	ser
buscar	contar	elegir	ofrecer	tener
clonarse	dar	ir	poder	vivir

1. Los clientes de la Summun Corporation deben consultar con la compañía antes de que

_____.

2. La compañía permite que sus clientes _____ entre varias momiformas,

desde las más elegantes hasta otras más frívolas, con tal de que _____

suficiente dinero.

3. Según el texto, la Summun es única; es decir, no hay otras compañías que

_____ este servicio.

4. Parece que los métodos de la Summun _____ en las antiguas técnicas que

usaban los egipcios.

5. Ya que estos métodos _____ el mensaje genético, es posible que un cliente

_____ algún día si quiere.

6. No es verdad que la momificación _____ lo mismo que la crionización

puesto que la gente momificada no _____ reanimarse después de la

muerte.

7. Hasta ahora la Summun tiene pocos clientes, a menos que uno _____ Butch

y Oscar, el perro y el gato del presidente de la compañía.

LA MODA DE MOMIFICARSE

La Summun Corporation de Salt Lake City (EEUU), única empresa comercial de momificaciones del mundo, está al servicio de la clientela más caprichosa. Ofrecen tres estilos estándar de *momiformas* a elegir: el modelo *egipcio* (con o sin jeroglíficos personalizados), el *art deco* o el *renacentista*, que puede incluir una máscara con la reproducción exacta del rostro en vida. Aparte de ello, el cliente puede encargar cualquier decoración póstuma que se le ocurra. Desde copiar su uniforme de gala a ser envuelto en seda bordada con los versos del *Libro tibetano de los muertos*.

Basado en las milenarias técnicas egipcias, el método de Summun pretende incluso conservar el mensaje genético de manera que la gente pueda clonarse algún día.

Esto no significa que este método de conservación sea igual que la crionización; aquí nadie puede ser reanimado. Es una alternativa para aquellas personas que no están dispuestas a permitir que sus cuerpos se corrompan después de la muerte.

Summun lleva años *momificando* mascotas domésticas. Ahora trata de *enrollar* con sus vendajes también al ser humano, pero encuentra pocos voluntarios. Por el momento, las únicas momias que tiene expuestas son las de *Butch y Oscar*, el doberman y el gato del presidente de la compañía. Encargos para el futuro, sin embargo, sí que ha recibido: casi 110 personas han firmado ya el contrato, entre ellas altos cargos de diferentes países, celebridades del mundo de la música y, cómo no, estrellas de cine que han decidido también pasar a la posteridad entre vendas.

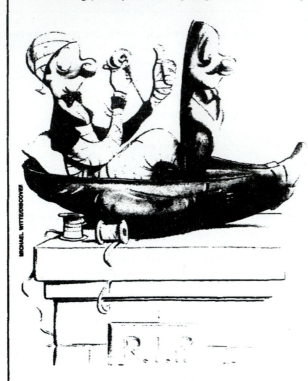

Realizada mediante una puesta al día de los métodos del antiguo Egipto, la momificación puede encontrar sus partidarios entre quienes no quieran pasar a mejor vida de cualquier manera...

text: Reprinted with permission of Muy Interesante;
illustration: Michael Witte/Gerald & Cullen Rapp, Inc.

C. Complete las siguientes oraciones de una manera lógica.

1. Voy a la biblioteca este fin de semana en caso de que _____

   _____

2. En mi opinión, los profesores no deben recibir permanencia (*tenure*) a menos que _____

   _____

3. No me molesta tener una clase a las ocho de la mañana con tal de que _____

   _____

4. En mi opinión, tener un «código de comportamiento correcto» no es necesario ya que _____

   _____

5. En mi opinión, los requisitos académicos existen para que nosotros _____

_____

31. **Por** and **para**

A. Cambie las expresiones en letra cursiva por **por** o **para** según el caso.

1. Ella trabaja *con el fin de* _____ ganar dinero *que se destina a*

_____ sus causas favoritas.

2. Nadie hace nada *en beneficio de* _____ ese pobre.

3. *En opinión de* _____ el presidente, el desempleo no es un problema muy

grave.

4. Fueron *en busca de* _____ la enfermera.

5. Los niños corrieron *hacia* _____ el columpio (*swing*).

6. No quiere darme el coche *a cambio de* _____ el caballo.

7. Ese niño no duerme nada *durante* _____ la noche.

8. *A causa de* _____ su conversión, sus padres ya no le hablan.

9. Hay que hacer esto *no más tarde que* _____ mañana.

10. Caminaron *a través de* _____ la sinagoga.

B. Complete el siguiente párrafo con **por** o **para** según el caso.

La historia de la invasión árabe de España ha sido contada[a] _____[1] muchos

años y gradualmente se ha convertido en una leyenda. La leyenda dice que en aquel entonces[b] la

Península Ibérica estaba controlada _____[2] los visigodos.[c] Florinda, la hija del

conde Julián, era muy hermosa. _____[3] su belleza ella atrajo la atención de

Rodrigo, el último rey visigodo de España. Un día, mientras ella se bañaba

_____[4] la orilla[d] del río, fue sorprendida _____[5] el rey,

quien la violó.[e] _____[6] unos días Florinda guardó silencio, pero luego se lo

contó todo a su padre. _____[7] el conde, las acciones del rey representaron una

tremenda deshonra personal. _____[8] vengarse[f] del rey, invitó a los moros a

pasar _____[9] el estrecho[g] de Gibraltar e invadir España.

_____[10] esta razón, los moros pudieron entrar en el país y empezar un dominio

que continuó _____[11] ocho siglos.

[a]ha... *has been told* [b]en... *back then* [c]*Visigoths* [d]*bank* [e]*raped* [f]*take revenge* [g]*Strait*

C. Lupi y sus amigos están estudiando para sus exámenes finales cuando se dan cuenta de que no tienen café. A pesar del frío y la nieve deciden salir de compras. Vuelva a escribir las oraciones de Lupi utilizando la preposición **por** o **para** según el caso.

> MODELO: Te doy mis apuntes *a cambio de* tu libro. → *Te doy mis apuntes por tu libro.*

1. Queríamos salir de casa *en busca de* café.

   _____

2. *En la opinión de* mis amigos, era cuestión de vida o muerte.

   _____

3. Nos pusimos abrigo, sombrero y guantes *con el propósito de* protegernos del frío.

   _____

4. Fuimos *hacia* la tienda.

   _____

5. No podíamos cruzar las calles *debido a* la nieve.

   _____

6. Estuvimos en la calle *durante* dos horas.

   _____

7. *En comparación con* lo que tardamos, no mereció la pena comprar el café.

   _____

D. Esta secuencia de dibujos representa algo que ocurrió la semana pasada en la familia Valdebenito. Usando las preguntas como guía, narre la historia en el tiempo pasado. Use complementos pronominales y el subjuntivo cuando sea necesario. En su relato, incorpore las preposiciones **por y **para** según el contexto y cada uno de los siguientes adverbios por lo menos una vez: **a menos que, para que, puesto que, tan pronto como.** Escriba en otro papel.

- ¿Quiénes son los individuos y cuál es la relación entre ellos?
- ¿Cuál era el contexto del episodio?
- ¿Qué planeaban los individuos?
- ¿Cuáles eran sus motivos?
- ¿Qué pasó en la historia?
- ¿Cómo reaccionaron las varias personas? ¿Por qué?
- ¿Qué pasó luego?

1.

2.

3.

4.

5.

6.

32. THE PROCESS **se**

A. Antes de practicar las construcciones con **se de proceso, repase las construcciones reflexivas con el siguiente ejercicio. Los dibujos que siguen representan dos escenas —una en el apartamento de un grupo de amigas y otra en el apartamento de un grupo de amigos— que ocurrieron el sábado pasado. Usando como guía las preguntas a continuación, describa brevemente lo que pasó. Use tantas construcciones reflexivas como pueda. ¡Cuidado! Se incluyen también en los dibujos varias construcciones que no son reflexivas. Escriba en otro papel.

- ¿Quiénes son todos estos individuos?
- ¿Cómo son?
- ¿Qué planes tenían ellos para esa noche?
- ¿Estaban incluidos todos? ¿Por qué no?
- ¿Qué hacían todos en el momento representado en el dibujo?
- ¿Qué hicieron después?

B. Complete las siguientes oraciones en una forma lógica con la forma correcta de un verbo de cada lista que las precede. Indique si el sentido de la oración requiere el **se** de proceso o del reflexivo. Use pronombres de complemento cuando sea necesario.

> aburrir(se)   asustar(se)   despertar(se)   levantar(se)   preocupar(se)

1. Según nuestra tradición, todos deben _____ cuando entra alguien de mucha importancia.

2. Mis niños _____ si una actividad dura más de veinte minutos.

3. Los perros grandes _____ a Alicia.

4. Mis notas _____ mucho a mis padres.

> dormir(se)   enfermar(se)   enfriar(se)   enojar(se)   secar(se)

5. Nosotros _____ inmediatamente después de comer en la cafetería.

6. El movimiento de un coche o de un tren _____ al niño.

7. Voy a dejar su cena en el horno (*oven*); no quiero que _____.

8. De niño, no tenía buen sentido del humor: los chistes _____.

> calentar(se)   divertir(se)   enamorar(se)   ofender(se)   sentar(se)

9. Si Ud. lleva este perfume, es probable que los hombres _____ de Ud.

10. No, no _____ allí, señora. Esta silla de aquí es más cómoda.

11. ¿Puede Ud. _____ un poco de agua? Quiero hacer café.

12. Tú _____ fácilmente. ¡Fue sólo un chiste!

**C. Describa Ud. la siguiente secuencia de dibujos, explicando las acciones que ocurren y también los sentimientos de las personas. Escriba en otro papel.

33. REVIEW OF THE SUBJUNCTIVE: AN OVERVIEW

Complete la siguiente selección con la forma correcta del verbo entre paréntesis —en el indicativo, subjuntivo o infinitivo— según el contexto. Cuidado con los tiempos verbales.

Martin Luther King, Jr., fue uno de los hombres más controvertidos[a] del siglo XX. Mientras él

(vivir) _____[1], unos creían que (ser) _____[2] un santo. Otros

estaban convencidos de que él (causar) _____[3] la violencia, a pesar de su cam-

paña de resistencia sin violencia. King quería (cambiar) _____[4] el tratamiento

que se les daba a los negros y también quería que los negros (sentirse) _____[5]

orgullosos de su pasado y de su identidad. Sabía que la situación no iba a cambiar hasta que el

gobierno (modificar) _____[6] las leyes.

Para (efectuar) _____[7] algunos de estos cambios, King organizó manifesta-

ciones pacíficas en gran escala.

El odio que los esfuerzos[b] de King despertaron culminó en Memphis, cuando éste (ser)

_____[8] asesinado en el balcón de un hotel. Desde ese día muchos trabajaron

para que el gobierno (declarar) _____[9] la fecha natal de King como fiesta nacio-

nal a fin de que (ser) _____[10] honrado. Hoy día más de 40 estados han decla-

rado día feriado el 15 de enero. No hay duda que hoy Martin Luther King (ser)

_____[11] una figura histórica conocida en todo el mundo. Su mensaje de igual-

dad y tolerancia sigue inspirando a quienes quieren vivir en una sociedad más justa.

[a]*controversial* [b]*efforts*

Enlace

¡Ojo!

Indique la palabra que mejor complete la oración. ¡Cuidado! Hay también palabras de los capítulos anteriores.

1. Ellos todavía no (realizan / se dan cuenta de) la gravedad de la situación.
2. Para aprender otro idioma, creo que es necesario (moverse / mudarse) a un país donde se hable esa lengua.
3. El muchacho llamó al médico porque (sentía / se sentía) enfermo.
4. Algunas personas nerviosas (se mudan / se mueven) continuamente; o se comen las uñas, o cambian de pie o hacen otros movimientos.
5. En la película *E.T.*, Eliot (realiza / se da cuenta de) lo que muchos sólo soñamos: conocer a un ser de otro planeta.
6. Mis amigos (se sienten / sienten) mucho que no hayas podido asistir a la fiesta.
7. La compañía lo (movió / trasladó) a otra ciudad aunque él no quería irse.

Lea la siguiente selección, escogiendo la forma correcta de las palabras entre paréntesis.

El caso de Osel, el niño lama

¿Sabía Ud. que uno de los lamas tibetanos es un joven de Granada, España? Los budistas tibetanos creen que Osel (así se llama el joven) (es / sea)[1] la reencarnación de otro lama que murió poco antes de que Osel (naciera / nació)[2]. Osel (es / está)[3] solamente el cuarto lama reencarnado en el Occidente.

Todo (comenzaba / comenzó)[4] en 1977, cuando sus padres (conocieron / supieron)[5] a Yeshe, un lama tibetano que viajaba (por / para)[6] Europa. Yeshe los introdujo a las creencias budistas; ya que ellos se (mostraban / mostraran)[7] receptivos, les sugirió que (fundaran / fundaron)[8] un centro de retiro en La Alpujarra, una región montañosa cerca de Granada. Allí (vivían / vivieron)[9] cuando algunos años más tarde María quedó embarazada de Osel. A la sazón,[a] Yeshe había muerto. Una noche, Yeshe se le apareció en sueños a María y le pidió que (cuidaba / cuidara)[10] mucho a su futuro hijo, pues estaba llamado a ser su nuevo cuerpo. Ella no dio mucha importancia pero simultáneamente Yeshe también entró en los sueños del lama Zopa, un antiguo compañero suyo. En el sueño Yeshe le avisó a su amigo que (fue / iba)[11] a reencarnarse en un niño del sur de Europa. Zopa se puso muy contento de que su amigo (volvía / volviera)[12] y salió inmediatamente (por / para)[13] Europa (por / para)[14] buscarlo. Lo (encontraba / encontró)[15] por fin en la Alpujarra. El Dalai Lama pidió a la familia de Osel que (viajara / viajó)[16] a la India para que él y los otros lamas (podían / pudieran)[17] comprobar la supuesta reencarnación. (Por / Para)[18] diversas pruebas, como elegir los objetos personales de Yeshe de entre un montón, confirmaron que Osel sí (era / estaba)[19] el lama fallecido.[b] Por varios años Osel vivía allí, junto a su familia, preparándose (por / para)[20] su vida sacerdotal.

[a]A... *At that time*   [b]muerto

Análisis y aplicación: Composición

**INTRODUCCIONES Y CONCLUSIONES

As you saw in Chapters 4 and 5, the introduction and conclusion are important elements in most writing. Although the specific purpose of the introduction and conclusion of a narration is different from that of an exposition, the general goal is the same. The introduction leads readers into the selection, and the conclusion leads them out again, generally leaving them with one final thought to ponder.

In a narration the introduction sets the mood, trying to capture the reader's attention by creating suspense about what will happen in the story. In an exposition, the introduction also tries to capture the reader's interest, perhaps with an anecdote or an intriguing question. But in an exposition the *main* purpose of the introduction is to inform the reader of *the selection's basic idea* or *thesis*, to be developed or defended in subsequent paragraphs. Sometimes the introduction highlights the main points of the development of the thesis. This "preview" is particularly helpful to the reader if the development of the main idea is long and consists of several different points, each discussed in some detail. The introduction may be as short as a single sentence or as long as several paragraphs; it may be humorous or serious. It is important, however, that both the length and the tone of the introduction be appropriate for the selection as a whole.

In a narration, the conclusion is the "wind-down" after the climax of the story. It may also indicate to the reader the "moral" of the story: why the incident is memorable and the impact it had on those involved. In an exposition the conclusion is a "drawing together," helping readers to synthesize the individual ideas and get back to the main point. The conclusion may be a simple summary or go beyond the summary to offer a final comment or thought, usually regarding the importance of what has been discussed or its relationship to other areas of interest.

The following vocabulary is often used in writing introductions and conclusions to expositions in Spanish.

Vocabulario para las introducciones		
tener en cuenta, tener presente	*to keep in mind, take into account*	Para comprender esta estructura, hay que **tener presente** la estratificación de la sociedad incaica.
tratar de	*to deal with, be about*	El libro **trata de** las leyendas de Bécquer.
se trata de	*it's about, it's a question of*	**Se trata de** las varias formas de gobierno en las Américas.

Vocabulario para las conclusiones		
a fin de cuentas	*when all is said and done*	**A fin de cuentas,** su administración no merece la crítica que siempre se le hace en la prensa.
en conclusión, para concluir	*in conclusion*	**En conclusión,** la televisión representa un grave peligro para la educación de los jóvenes.
en resumen	*in short, in a nutshell*	La televisión es, **en resumen**, la causa del deterioro de la sociedad.

1. En el Capítulo 5 Ud. preparó un bosquejo para la selección en la página 125. Mire su bosquejo y vuelva a leer la selección. ¿Qué información contienen la introducción y la conclusión de la selección?

2. Vuelva a leer la selección en las páginas 149–151 y haga el siguiente ejercicio en otro papel.
    a. Haga un bosquejo de la selección según lo que aprendió en el Capítulo 5.
    b. Analice la introducción y la conclusión de la selección. ¿Qué información se incluye?
    c. ¿Cuál parece ser el propósito de la introducción: atraer la atención del lector o informarle sobre el contenido de la selección? ¿Es la conclusión simplemente un resumen o incluye otras ideas? Si incluye otras ideas, comente el efecto que producen esas ideas.

Tarea. A continuación se dan los bosquejos para tres exposiciones. Escoja dos de ellos y escriba en otro papel la introducción y la conclusión de la exposición.

Las especies animales en peligro de extinción

    I. Introducción
   II. Ejemplos de especies en peligro
       A. El cóndor de California
       B. El gorila
       C. La ballena
  III. Causas
       A. Cambios en el lugar donde habitan
       B. Caza intensiva
  IV. Posibles soluciones
       A. Reservas y santuarios
       B. Cría científica
       C. Control de la caza
   V. Conclusión

Los tres grandes -*ismos* económicos

    I. Introducción
   II. El capitalismo
  III. El socialismo
  IV. El comunismo
   V. Conclusión

Los fenómenos parapsicológicos

    I. Introducción
   II. La psicokinesis
      A. Definición
      B. Casos famosos
      C. Otras explicaciones
  III. La clarividencia
      A. Definición
      B. Casos famosos
      C. Otras explicaciones
  IV. La telepatía
      A. Definición
      B. Casos famosos
      C. Otras explicaciones
   V. Conclusión

Pasaje cultural*

El Señor de los Milagros en el Perú y el carnaval de Oruro, Bolivia

Los eventos religiosos en los países latinoamericanos son una mezcla de tradiciones y creencias. En todos, como va a ver en este segmento, la devoción de la gente es una de las características distintivas de la cultura hispana.

DESPUES DE VER

**A. Después de ver este vídeo, describa los elementos principales de las dos fiestas llenando los siguientes espacios en blanco.

---

*The viewing segments corresponding to the **Pasaje cultural** section can be found on the *Video to accompany ¡Avance!*

	El Señor de los Milagros, Perú	Carnaval de Oruro, Bolivia
Religión asociada con el evento		
Razón principal de la fiesta		
Eventos principales de la fiesta		
Ropa que llevan los participantes		

B. Busque en el Internet información sobre una fiesta religiosa en España, como la Semana Santa en Sevilla. Compare por escrito en una hoja de papel aparte los elementos de esta fiesta con los de El Señor de los Milagros en el Perú y/o el carnaval en Bolivia. ¿En dónde se ve más evidencia del «sincretismo» (la mezcla de creencias)? ¿Por qué?

CAPITULO

9

Los hispanos en los Estados Unidos

~~~~~~

EXPRESION ORAL Y COMPRENSION

Describir y comentar

A. Escuche las siguientes palabras y repítalas en la pausa. Después escuche cada palabra otra vez, compare su pronunciación con la que oye en el programa auditivo y repita la palabra una vez más.

acoger
acostumbrarse (a)
adaptarse (a)
aportar
asimilarse
emigrar
establecerse
inmigrar

el anglosajón / la
    anglosajona
el aporte
el/la canadiense
el chicano / la chicana

la ciudadanía
el ciudadano / la
    ciudadana
el crisol
la emigración
el/la emigrante
el/la estadounidense
el exiliado / la exiliada
la herencia
el hispano / la hispana
la identidad
la inmigración
el/la inmigrante

el latino / la latina
la mayoría
la minoría
el orgullo
el refugiado / la
    refugiada

acogedor(a)
bilingüe
mayoritario/a
minoritario/a
orgulloso/a

LAS NACIONALIDADES HISPANAS

el argentino / la argentina
el boliviano / la boliviana
el chileno / la chilena
el colombiano / la
    colombiana
el / la costarricense
el cubano / la cubana
el dominicano / la
    dominicana

el ecuatoriano / la
    ecuatoriana
el español / la española
el guatemalteco / la
    guatemalteca
el hondureño / la hondureña
el mexicano / la mexicana
el/la nicaragüense
el panameño / la panameña

el paraguayo / la paraguaya
el peruano / la peruana
el puertorriqueño / la
    puertorriquena
el salvadoreño / la
    salvadorena
el uruguayo / la uruguaya
el venezolano / la
    venezolana

B. Mire la lista de vocabulario del ejercicio A mientras escucha las siguientes oraciones o preguntas. Diga la palabra que mejor corresponda a cada contexto. Repita la respuesta correcta después de oírla en el programa auditivo.

    1. ...   2. ...   3. ...   4. ...   5. ...   6. ...

C. Ud. oirá un texto que describe las actividades organizadas por el Centro Cultural Artístico Guadalupe de San Antonio, Texas.

   1. Escuche el texto por primera vez y busque la información para completar la ficha a continuación. Mientras escuche, trate de entender las ideas generales y de adivinar las palabras o frases que no entiende completamente.

> CENTRO CULTURAL ARTISTICO
>
> Dirección: _____
>   San Antonio, Texas
>
> Público/Clientela: _____
>
> Número aproximado de clientes: _____
>
> Número de años que ha existido el centro: _____

   2. Escuche el texto una segunda vez para completar el dorso (*reverse side*) de la misma ficha.

> **Clase de actividades patrocinadas (*sponsored*)** (indique todas las correctas):
>
> _____ actividades religiosas   _____ excursiones
>
> __✓__ cine/teatro   _____ exposiciones de arte
>
> _____ cocina, corte y confección (*sewing*)   _____ exposiciones de libros
>
> _____ conciertos y bailes   _____ talleres (*workshops*)

D. ¿Estado, Estado Libre Asociado o nación independiente? Ud. oirá un texto que describe las implicaciones de un cambio del estatus de Puerto Rico, las cuales son muy importantes tanto para Puerto Rico como para los Estados Unidos.

   1. Escuche el texto una primera vez para buscar las respuestas a las siguientes preguntas generales.

      a. ¿Apoya el texto uno de estos tres estatus específicos? ¿Cuál? _____

      b. ¿Qué tipos de evidencia considera el texto en la discusión sobre estas tres posibilidades? Indique (✓) todos los correctos.

          _____ cultural   _____ militar

          _____ económico   _____ político

          _____ geográfico   _____ religioso

          _____ lingüístico   _____ social

2. Escuche el texto una segunda vez para encontrar más detalles. Complete el cuadro identificando *un punto* específico para cada sección.

	Estado		Estado Libre Asociado
+		+	
−		−	

Lengua

34. THE PASSIVE VOICE

A. Cambie las siguientes oraciones pasivas por oraciones activas. Repita la respuesta correcta después de oírla en el programa auditivo.

> MODELO: La casa fue pintada por Lee. → *Lee pintó la casa.*

1. Dos fábricas fueron construidas por la compañía.
2. Los obreros fueron empleados por el jefe.
3. Las acciones fueron compradas por el empleado.
4. …
5. …

B. Ud. oirá las siguientes preguntas y luego la información que debe utilizar para completar sus respuestas. Conteste cada pregunta con una oración pasiva, incorporando la información. Repita la respuesta correcta después de oírla en el programa auditivo.

> MODELO: ¿Quién llamó al inmigrante? (el jefe) → *El inmigrante fue llamado por el jefe.*

1. ¿Quién puso los mensajes en el despacho?
2. ¿Quiénes echaron de menos al jefe?
3. ¿Quiénes abandonaron la patria?
4. ¿Quién empleó a ese grupo de exiliados?
5. ¿Quién cubrió el cuerpo de la víctima?
6. ¿Quién pronunció el discurso?

C. Para los siguientes dibujos, Ud. oirá un sustantivo. Describa los dibujos, empezando la descripción con el sustantivo que oye en el programa auditivo e incorporando el verbo indicado bajo el dibujo. Repita la respuesta correcta después de oírla en el programa auditivo.

> MODELO:
> La Declaración de Independencia (/) →
> *La Declaración de Independencia fue firmada por John Hancock.*
>
> firmar

1. abrir

2. peinar

3. rescatar (*to rescue*)

4. vender

5. comprar

6. comer

D. Ud. oirá un verbo y un sustantivo. Los sustantivos son recipientes de las acciones de los verbos indicados. Exprese esto en una oración pasiva con **se.** Repita la respuesta correcta después de oírla en el programa auditivo.

MODELO: hacer / el trabajo → *Se hizo el trabajo.*

1. ...   2. ...   3. ...   4. ...   5. ...   6. ...

E. Para cada uno de los siguientes dibujos, oirá un sustantivo. Describa el dibujo en el tiempo pretérito, usando oraciones pasivas con **se** e incorporando el sustantivo que oye y el verbo indicado bajo cada dibujo. Repita la respuesta correcta después de oírla en el programa auditivo.

MODELO:

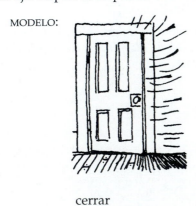

(la puerta) → *Se cerró la puerta.*

cerrar

1.

romper

2.

vender

3.

construir

4.

hacer

5.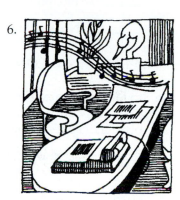

censurar

6.

oír

35. RESULTANT STATE OR CONDITION VERSUS PASSIVE VOICE

A. Ud. oirá una serie de acciones. Después de que ocurrieron estas acciones, ¿en qué condición está ahora el recipiente de la acción indicada? Repita la respuesta correcta después de oírla en el programa auditivo.

> MODELO: Anoche la tempestad destruyó la ciudad; ahora la ciudad… → *está destruida.*

1. …   2. …   3. …   4. …   5. …

B. Ud. oirá una serie de oraciones incompletas. Complételas con **estar** + el participio (condición) o con la voz pasiva con **ser** (acción), según las indicaciones a continuación. Cuidado con la concordancia del participio. Repita la respuesta correcta después de oírla en el programa auditivo.

> MODELO: acción: lavar (No pude encontrar las camisas porque ayer…) → *fueron lavadas.*

1. condición: romper
2. acción: devolver
3. condición: preparar
4. acción: obtener
5. condición: hacer

ESTRATEGIAS PARA LA COMUNICACION   **Gracias, pero no…**   *How to decline invitations*

**Ud. oirá la descripción de una situación imaginaria. Escuche la situación y las respuestas que se dan a continuación. Luego, indique la respuesta que prefiere para cada situación.

1. _____ a. No, gracias.

   _____ b. ¡Cuánto me gustaría!, pero tengo otro compromiso.

   _____ c. No, no tengo la costumbre de ir a ver películas.

2. _____ a. Es Ud. muy amable, pero hoy no puedo.

_____ b. Quizás otro día.

_____ c. No, gracias.

3. _____ a. Es Ud. muy amable, pero no tengo la costumbre de salir con desconocidos.

_____ b. Lo siento.

_____ c. Bueno, no sé. No creo que esté libre esta noche. Es posible que tenga otro compromiso.

4. _____ a. Me encantaría pero tengo un examen mañana.

_____ b. No, no tengo la costumbre de cenar.

_____ c. No, sus hijos son muy aburridos.

36. "NO-FAULT" **SE** CONSTRUCTIONS

Según Ramón, los errores siempre ocurren por accidente; nunca son acciones deliberadas. Ud. oirá las preguntas de su padre. Contéstelas con el **se** «inocente», como las contestaría Ramón. Repita la respuesta correcta después de oírla en el programa auditivo.

> MODELO: EL SR. PEREZ: Ramón, ¿por qué están rotos mis lentes?
> RAMON: caer → *Es que se me cayeron.*

1. quedar en el coche	3. olvidar	5. romper
2. acabar	4. caer	

37. **A** AND **EN**

Ud. oirá las siguientes palabras. Uselas para formar oraciones, agregando la preposición **a** o **en** según el contexto. Conjugue los verbos en el tiempo pretérito. Repita la respuesta correcta después de oírla en el programa auditivo.

1. Pedro / ir / la universidad
2. Pablo / insistir / acompañarlo
3. Isabel / no trabajar / la oficina / trabajar / su casa
4. los niños / aprender / usar / computadoras / la escuela
5. unos desconocidos / llegar / la puerta
6. ellos / invitarla / bailar / la fiesta
7. todos / divertirse / la fiesta
8. las 12:30 / todos / volver / su casa

Enlace

VOCES

Ud. está recogiendo datos demográficos acerca de las familias de varios miembros de la comunidad hispana en los Estados Unidos. Escuche con atención a Eduardo, Inés y Viola, hispanos que hablan de sus familias.

Eduardo C.
Berkely, CA

Viola M.
San Francisco, CA

Mercedes L.
Alhambra, CA

William G.
Schenectady, NY

Inés C.
Red Bank, NJ

Enrique B.
Los Angeles, CA

Ilia R.
Santa Ana, CA

A. Busque la información para completar las siguientes fichas sobre cada uno. Al final, indique a quién (o quiénes) necesita hacer más preguntas para recoger la información necesaria.

1. Nombre: _____ País de origen: _____

País de origen de

el padre: _____ la madre: _____

abuelos paternos: _____ abuelos maternos: _____

profesión u ocupación: profesional   agricultura   industria

2. Nombre: _____ País de origen: _____

País de origen de

el padre: _____ la madre: _____

abuelos paternos: _____ abuelos maternos: _____

profesión u ocupación: profesional   agricultura   industria

3. Nombre: _____ País de origen: _____

País de origen de

el padre: _____ la madre: _____

abuelos paternos: _____ abuelos maternos: _____

profesión u ocupación: profesional   agricultura   industria

B. Ahora escuche con atención a William, Enrique, Ilia y Mercedes, cuatro hispanos que contestan la siguiente pregunta: Si alguien de otro país le dijera a Ud. que pensaba venirse a vivir a los Estados Unidos, ¿qué consejos le daría?

1. Escuche sus comentarios por primera vez y preste atención a las ideas generales, buscando la siguiente información.

   • En general, ¿le animaría (*would encourage*) a alguien a venirse a vivir a los Estados Unidos o le desanimaría?
   • ¿Cuál es el consejo que se menciona con más frecuencia?

   a. Nombre: _____ _____ animar _____ desanimar

      Consejos: _____

      Nombre: _____ _____ animar _____ desanimar

      Consejos: _____

      Nombre: _____ _____ animar _____ desanimar

      Consejos: _____

      Nombre: _____ _____ animar _____ desanimar

      Consejos: _____

   b. Consejo más frecuente: _____

2. Ahora escuche los testimonios de William, Enrique, Ilia y Mercedes una segunda vez. Luego trate de resumir brevemente sus consejos utilizando el pasado de subjuntivo según lo indica el esquema a continuación. ¡Cuidado! Estos párrafos son resúmenes de las ideas que expresan, no son transcripciones de sus palabras exactas.

William dijo que era importante que la persona _____[1] el idioma que se habla

en este país, que _____[2] y _____[3] constantemente cons-

ciente de la conducta apropiada.

   Enrique sugirió que el individuo lo _____[4] bien porque es muy difícil

acostumbrarse a otra cultura.

   Ilia recomendó que la persona _____[5] inglés y que

_____[6] mucho dinero. Para ella, también era importante que el futuro

inmigrante _____[7] una educación universitaria.

   Mercedes, igual que todos los otros, aconsejó que el futuro inmigrante fuera bilingüe. Para ella,

si la persona no tenía un oficio útil era mejor que no _____[8] a los Estados

Unidos, pues le sería difícil encontrar empleo.

Pronunciación y ortografía*

PRONUNCIACION: LAS VIBRANTES ALVEOLARES: [r/r̄]

The letter **r** represents a sound similar to English *tt* in *butter*, *better*, or *dd* in English *rudder*, *riddle*. The tip of the tongue goes up to the roof of the mouth, taps once quickly, and comes down again.

_____

*Remember to use the separate Pronunciation Audio CD for the **Pronunciación y ortografía** sections.

A. Escuche cada una de las siguientes palabras y repítala en la pausa. Compare su pronunciación con la que oye en el programa auditivo y repita una vez más.

pitter / patter	*motto / matter*	*kitty / caught a*
pero / para	mera / mira	caro / cara

When the letter **r** occurs at the end of a word, the tap sound is very soft, somewhat like the unreleased final stop sound in *cod:* **habla͟r.**

B. Escuche cada una de las siguientes palabras y repítala en la pausa. Compare su pronunciación con la que oye en el programa auditivo y repita una vez más. Cuidado con la pronunciación de la **r** al final de cada palabra.

1. *cod*	5. *bed*	9. *mod*
2. jugar	6. ver	10. mar
3. lavar	7. perder	11. dar
4. decir	8. leer	12. practicar

C. Escuche cada una de las siguientes palabras y repítala en la pausa. Compare su pronunciación con la que oye en el programa auditivo y repita una vez más. Cuidado con la pronunciación de la **r.**

1. hora	5. ganar	9. cara
2. cura	6. poner	10. comer
3. nariz	7. verdadero	11. oración
4. pared	8. gerente	12. dinero

The double **r** is pronounced not with a single flap of the tongue against the roof of the mouth, but with several flaps in rapid succession, producing a sound like a child's imitation of a motor engine: [r̄]. This sound is also represented by the single letter **r** at the beginning of a word, and after the letters **n** or **l.** If you have trouble pronouncing this sound, try curling your tongue slightly back and up to touch the roof of your mouth. With the tongue still touching the top of your mouth, blow out until the tongue begins to vibrate.

D. Escuche cada una de las siguientes palabras y repítala en la pausa. Compare su pronunciación con la que oye en el programa auditivo y repita una vez más. Cuidado con la pronunciación de la **r.**

1. burro	5. costarricense	9. regalo
2. carrera	6. perro	10. honra
3. bancarrota	7. rojo	11. refugiado
4. zorro	8. raza	12. entierro

E. Lea cada una de las siguientes oraciones en voz alta, grabando su pronunciación y prestando atención especial a la pronunciación de las vibrantes. Después de grabar cada oración, escuche la pronunciación que oye en el programa auditivo y repita una vez más.

1. La secretaria abrió el despacho a las 9:00 y lo cerró a la hora de almorzar.
2. Después de las frecuentes crisis económicas, varias empresas están al borde de la bancarrota.
3. En general prefiero no viajar con mucho dinero; por consiguiente, hago las compras y pago las cuentas con tarjetas de crédito o con cheques de viajero.
4. Primero, la mayoría de la población chicana actual es urbana, mientras que los indios suelen vivir en reservaciones y otras áreas rurales.
5. Por su residencia y por su trabajo, los indios y los chicanos se encuentran empujados hacia una mayor integración a la sociedad angloamericana y a una menor interrelación mutua.

F. Escuche el siguiente texto por completo. Luego se repetirá el texto más lentamente con pausas. En las pausas, escriba lo que oyó. Al final, toda la selección se repetirá una vez más.

_____

_____

_____

_____

_____

_____

_____

_____

_____

_____

PRACTICA ESCRITA 〜〜〜〜〜
Y COMPOSICION

Describir y comentar

A. Busque antónimos en la lista del vocabulario en la página 207.

1. el emigrante _____

2. monolingüe _____

3. mantenerse separado _____

4. inmigrar _____

5. humilde _____

6. rechazar _____

B. Busque sinónimos en la lista del vocabulario en la página 207.

1. integrarse _____

2. mexicoamericano _____

3. la contribución _____

C. Complete las siguientes oraciones con la forma correcta de la palabra de la lista del vocabulario en la página 207 que mejor corresponda al sentido de la oración.

1. Una persona que tiene que abandonar su país por motivos políticos es un

_____ .

2. Los _____ son nativos de una isla del Caribe y también son ciudadanos de

los Estados Unidos.

3. Se dice que los niños _____ a nuevas situaciones con más facilidad que los

adultos.

4. El término «_____» se emplea para indicar la mezcla de razas y grupos

étnicos que ha ocurrido en los Estados Unidos.

5. Muchos _____ salieron de su país cuando Fidel Castro se declaró comu-

nista. Un buen número de ellos _____ en Miami y sus alrededores.

6. Los _____ tienen fama de ser metódicos, puntuales y monolingües.

7. Ese niño no sabe quién es. Tiene un problema de _____ .

D. Explique la relación entre cada par de las palabras.

1. la costumbre / acostumbrarse

_____

2. la ciudad / el ciudadano

_____

E. ¿Cómo se le llama a una persona que nació en los siguientes países?

1. Costa Rica: _____

2. Guatemala: _____

3. Bolivia: _____

4. Honduras: _____

5. México: _____

6. Panamá: _____

7. El Salvador: _____

Lengua

34. THE PASSIVE VOICE

A. Conteste las siguientes preguntas de una manera lógica, usando la voz pasiva con **ser.**

MODELO: ¿Asesinó Jack Ruby a Lincoln? → *No. Lincoln fue asesinado por John Wilkes Booth.*

1. ¿Escribió *Romeo y Julieta* J.R.R. Tolkien?

_____

2. ¿Descubrieron América los egipcios?

_____

3. ¿Hicieron los japoneses el primer coche compacto?

_____

4. ¿Dijo Harrison Ford las palabras «Veni, vidi, vici»?

_____

5. ¿Ganaron La Serie Mundial el año pasado los Yanquis de Nueva York?

_____

B. Complete las siguientes oraciones con la voz pasiva con **ser.

MODELO: Mi edificio favorito → *Mi edificio favorito fue construido por los árabes en España.*

1. Mi libro favorito _____

2. La invención más útil del mundo _____

3. Mi obra de arte favorita _____

4. _____ es un año involvidable porque en ese año _____

C. El agente de la acción no es importante en las siguientes oraciones activas. Por lo tanto, también se puede usar la voz pasiva con **se.** Escriba estas oraciones usando la voz pasiva con **se.**

MODELO: Discutieron el asunto. → *Se discutió el asunto.*

1. Mucha gente de Texas, Nuevo México y Arizona habla inglés y español.

_____

2. Muchas compañías internacionales empiezan a transmitir a Latinoamérica 24 horas al día.

_____

3. En una fiesta puertorriqueña, la gente come habichuelas coloradas, arroz blanco, papas rellenas y pasteles de carne.

_____

4. ¿Cuándo inventaron los pesticidas? Algunos dicen que su uso ha afectado a muchos méxicoamericanos que trabajan en el campo.

_____

5. El año pasado muchos agricultores mexicanos y chicanos protestaron por los sueldos bajos en California.

_____

D. Para traducir algunas de las siguientes oraciones al español, no se puede usar la voz pasiva con **se.** Identifique las oraciones que puedan expresarse con la voz pasiva con **se,** escribiendo la palabra **se** en el espacio en blanco.

1. _____ The sentences *were translated* to Spanish by the students.

2. _____ I believe these works *were completed* during the mid-60s.

3. _____ Rome *was* not *built* in a day!

4. _____ Caesar *was killed* by his friends as well as his enemies.

5. _____ Many changes *were made* in the procedure.

E. Carmen Lomas Garza es pintora chicana cuya obra forma parte de la herencia artística hispanoamericana. Complete las siguientes oraciones sobre el arte hispánico y Lomas Garza con la forma apropiada de la voz pasiva (con **ser** o con **se**) según el contexto.

1. El arte hispanoamericano (*was enriched:* enriquecer) _____ por la mezcla de razas y culturas.

2. Las antiguas culturas (*are maintained:* mantener) _____ por el arte hispanoamericano.

3. El arte hispanoamericano (*was influenced:* influenciar) _____ por el mestizaje.

4. En el arte de Lomas Garza (*are seen*) _____ representaciones de la experiencia hispanoamericana.

5. Según Lomas Garza, sus pinturas (*were influenced:* influenciar) _____ por su experiencia como mujer chicana.

6. Las situaciones que (*are expressed:* expresar) _____ con frecuencia en las pinturas de Lomas Garza son recuerdos de su juventud en Texas.

35. RESULTANT STATE OR CONDITION VERSUS PASSIVE VOICE

A. Complete las siguientes oraciones con **fue/fueron** (acción) o **estaba/estaban** (condición).

1. Cuando volvieron al cuarto, se dieron cuenta de que la ventana _____ abierta.

2. Los exámenes y las composiciones _____ corregidos puntualmente.

3. El cóctel _____ envenenado por el exiliado.

4. No tenías que preocuparte. Todo el trabajo ya _____ terminado cuando llegué.

5. Las camisas _____ lavadas por la criada, pero no las pudimos usar porque todavía no _____ planchadas.

6. El pobre señor ha estado un año sin trabajar. _____ despedido en agosto.

B. Complete las siguientes oraciones con la mejor traducción al español de las palabras en inglés.

1. Llegamos a Puerto Rico después del huracán y vimos un espectáculo horrible: casas, árboles, coches… todo (*was totally destroyed*) _____.

2. El año pasado ese libro (*was read by thousands of people*) _____ _____.

3. Durante su administración muchos archivos (*were destroyed*) _____ para impedir una investigación posterior.

4. Fue imposible encontrar el libro; parece que (*it was lost or stolen*) _____ el año pasado.

36. "NO-FAULT" **SE** CONSTRUCTIONS

A. Según Martín, los errores siempre ocurren por accidente; nunca son acciones deliberadas. ¿Cómo responde él cuando su padre le pregunta lo siguiente? Trate de incorporar el verbo indicado entre paréntesis.

MODELO: Martín, ¿rompieron mi martillo (*hammer*) tus amigos?   (romper) → *No, papá, es que se les rompió.*

1. Martín, ¿fuiste al mercado ya?   (olvidar)

   _____

2. Martín, ¿perdió tu amigo Raúl mis herramientas (*tools*)?   (perder)

   _____

3. Martín, ¿saben tus amigos por qué no funciona mi cámara?   (caer)

   _____

4. Martín, ¿saben tú y tus amigos por qué el gato está en el árbol?   (escapar)

   _____

5. Martín, ¿por qué tú y tu hermano me piden más dinero? ¿Dónde está el dinero que les di ayer?   (acabar)

   _____

**B. En los espacios en blanco, escriba una excusa apropiada para cada situación, usando uno de los verbos a continuación.

acabar / caer / escapar / ocurrir / olvidar / perder / quedar / romper

1. Ud. no hizo la tarea que se tiene que entregar hoy en clase. ¿Qué le puede decir al profesor para excusarse y conseguir más tiempo?

_____

_____

2. Hace varios meses Ud. pidió prestado un libro a un amigo. Ahora tiene que devolvérselo, pero el libro ya no está en muy buenas condiciones. ¿Cómo se lo puede explicar?

_____

_____

3. Sus padres deciden salir de noche. Ud. se aprovecha de su ausencia para invitar a algunos amigos a una pequeña fiesta. Sus padres vuelven un poco temprano y la casa es un desastre total.

_____

_____

4. Ud. lleva a su novio/a a comer a un restaurante elegantísimo para su cumpleaños. Cuando le traen la cuenta, descubre que no tiene suficiente dinero para pagarla.

_____

_____

37. A AND EN

A. Indique la preposición correcta para cada una de las siguientes oraciones. En algunas oraciones no se necesita preposición.

1. Los exiliados emigraron (a / en / —) otro país donde había más oportunidades.

2. El salvadoreño cruzó el territorio de México (a / en / —) pie.

3. (Al / En el / El) principio los cubanos vivieron principalmente (a / en / —) Miami y sus alrededores.

4. Los abuelos insistieron (a / en / —) celebrar su aniversario de bodas (a / en / —) su casa.

5. ¿Cuándo aprendió Ud. (a / en / —) manejar la computadora?

6. Tengo que tomar el examen de ciudadanía (a / en / —) una hora, (a / en / —) las 2:30.

7. El acusado dijo que no estaba (a / en / —) el bar cuando ocurrió el robo.

8. ¿Por cuánto tiempo estudiaste (a / en / —) esa escuela?

9. Mis amigos me invitaron (a / en / —) salir con ellos pero no quería (a / en / —) perder este programa.

10. (A / En / —) mi casa se sirve la cena (a / en / —) las 7:00, más o menos. Todos comemos juntos (a / en / —) la gran mesa que está (a / en / —) el comedor.

B. Escriba oraciones completas usando las siguientes palabras. Es necesario agregar preposiciones y artículos y cambiar la forma de los adjetivos, pero no cambie el orden de los elementos. Cuidado con el subjuntivo y el **se** pasivo.

1. hondureños / **ir** / empezar / asimilarse / cultura / anglosajón / cuando / aprender / hablar / inglés

   _____

   _____

2. decir / América / ser / crisol / porque / consistir / gente / de / diverso / grupos / étnico

   _____

   _____

3. ahora que / país / convertirse / nación / bilingüe / comenzar / aparecer / gente / que / insistir / que / sólo / hablar / inglés

   _____

   _____

4. cubanos / llegar / Florida / después / viaje / barco

   _____

   _____

5. prohibir / manejar / coche / más de 70 millas / hora / pero / este estado / (yo) no / conocer / nadie / que / obedecer / ley

   _____

   _____

Enlace

LAS «FRASES ESQUELETAS»

En los espacios en blanco, haga oraciones de las siguientes palabras, poniendo la forma correcta de los artículos, los verbos y los adjetivos y añadiendo preposiciones o la palabra **que** donde sea necesario. No cambie el orden de las palabras. El símbolo (§) significa que hay que poner un artículo definido.

1. durante este siglo / § / mayoría de / § / inmigrantes / haber venir / establecerse definitivamente / sin / pensar / volver / su / patria

   _____

   _____

2. algunos / querer / buscar / mejor / oportunidades / político y económico / y otros / esperar / encontrar / más libertad / social y religioso

   _____

   _____

3. ya que / no pensar / volver / su / patria / querer / su / hijos / aprender / § / nuevo / idioma / para / asimilarse / más rápidamente

_____

_____

4. hoy en día / mucho / jóvenes / de / § / tercero y cuarto / generación / haber volver / § / salas de clase / a fin de / aprender / § / lenguas / su / padres / nunca / enseñarles / casa

_____

_____

¡Ojo!

A. Indique la palabra que mejor complete la oración.

1. Los bomberos (ahorraron / guardaron / salvaron) al gato que subió al árbol.

2. Juan (echa de menos / falta a / pierde) los días que estudiaba español con su novia en la biblioteca.

3. Marta, (ahórrame / guárdame / sálvame) un asiento, por favor. Voy a llegar algunos minutos tarde.

4. Hoy es un gran día para Juanita. Sus padres la (hacen un viaje / llevan / toman) por primera vez al circo.

5. Si el médico llega pronto puede (ahorrar / guardar / salvar) al niño.

6. Es muy difícil (ahorrar / guardar / salvar) dinero cuando hay tantas ofertas en esta tienda.

B. Dé la palabra española que mejor corresponda a las palabras en letra cursiva. Use el infinitivo de los verbos. ¡Cuidado! Hay también palabras de los capítulos anteriores.

1. When I *realized* _____ that I almost never *thought of* _____ my boyfriend, I decided *not to marry* _____ him.

2. My daughter never *seems* _____ *to succeed* _____ at anything.

3. I *thought of* _____ *taking* _____ a trip to Puerto Rico, but it *looks* _____ like it won't be possible this year.

4. The answer *depends on* _____ which *question* _____ you ask.

5. His life *consists of* _____ work, work, and more work. He doesn't *care about* _____ anything else. I *think* _____ he must even *dream about* _____ work.

6. I *feel* _____ the room would *look* _____ roomier if the bureau were against that wall over there. Would you please *move* _____ it for me?

7. Please *return* _____ these books to the library for me, but don't *take*

   _____ too long—they are way overdue!

8. "How do you *feel* _____?" the doctor asked. "When I tap this muscle, can you

   feel _____ it?"

REPASO: PARRAFO DE SINTESIS

Lea la siguiente selección, llenando los espacios en blanco con la forma correcta en español de las palabras entre paréntesis. Donde se dan dos palabras, escoja la más apropiada según el contexto.

Una amistad especial

Hay muchas personas en los Estados Unidos (*who*) _____[1] nunca tienen la

oportunidad de viajar a algún país hispano. (*For*) _____[2] ellos, es difícil (*imaginar*)

_____[3] la vida (*seen*) _____[4] (*through*)

_____[5] los ojos de otra cultura. Yo tampoco (*have traveled*)

_____[6] mucho. Sin embargo, (*since*) _____[7] vivo en la ciudad

de Nueva York, (*I have had*) _____[8] la oportunidad de (*know*)

_____[9] a muchas personas (*who*) _____[10] (*were born*)

_____[11] en otra parte del mundo. Estos encuentros (*have changed*)

_____[12] mi perspectiva enormemente.

   (*In order to*) _____[13] dar sólo un ejemplo, hablando con mi amigo de El

Salvador, (*I have learned*) _____[14] muchas cosas nuevas. (*For*)

_____[15] ejemplo, en El Salvador las familias (*ser / estar*)

_____[16] muy grandes; es más común que la gente (*vivir*)

_____[17] en el campo que en la ciudad. ¡(*For*) _____[18] un

neoyorquino, esto fue un verdadero choque cultural!

   Antes de que yo (*conocer*) _____[19] a mi amigo de El Salvador, mi visión del

mundo era muy diferente. Ahora cuando (*I think of*) _____[20] las diferencias que me

separan de mi amigo, me parece más importante la necesidad de viajar y conocer otras culturas.

Análisis y aplicación: Composición

**CAUSA Y EFECTO

In addition to the technique of analysis and classification (Chapter 7), you can develop essays by examining cause and effect. When you observe a particular phenomenon and ask "Why?" you are looking for causes. When you ask "What are the consequences?" you are searching for effects.

   A composition using cause and effect can be organized in several ways. The cause may be presented first, followed by a discussion of the effect; the effect may be described first and then traced back to the cause. A circular organization is also possible: first, the result; second, the causes; then an analysis of the results in more detail. Whatever the organization, certain precautions should be observed in establishing a cause-effect relationship.

1. *Avoid oversimplifying your topic.* Often the causes (or effects) of an event are complex; if you try to reduce them to a simple statement of "X because Y," you are likely to end up suggesting to your reader that you know very little about the topic. Keeping in mind the space limits of your essay, try to provide as many coherent and well-reasoned arguments as possible regarding the cause-effect relationship in question.

2. *Avoid overcomplicating the topic.* The causes for an event may be *immediate* (you broke your arm because you fell out of a tree) or *remote* (you broke your arm because your brother wouldn't let you go to the movies with him and you were bored and decided to climb the tree). Exclusive use of immediate causes gives the impression of oversimplification. On the other hand, causes that are very remote are difficult to defend in a convincing way. Go back to remote causes only when immediate causes cannot be shown to be the fundamental or basic factors in explaining the event.

3. *Avoid the logical fallacy* of concluding that one event is the cause of another simply because one precedes the other chronologically, or because the two events often accompany each other. You can avoid such reasoning by searching for and examining your evidence carefully.

The following vocabulary is useful for talking about causes and effects in Spanish.

Vocabulario para presentar causa y efecto		
a causa de (que), debido a (que)	*due to*	Se declararon en huelga **a causa de** los bajos salarios.
así (que)	*thus*	Ella se había disfrazado; **así que** ni siquiera sus padres la reconocieron.
causar, producir, provocar	*to cause*	El fumar **causa** cáncer de pulmón.
como consecuencia	*consequently*	Había mentido toda la vida; **como consecuencia** nadie creía lo que había dicho.
por consiguiente, por eso, por lo tanto	*therefore*	Pasó mucho tiempo en Italia; **por consiguiente** sus cuadros demuestran la influencia de los maestros italianos.
porque	*because*	No pudo dormir **porque** había bebido demasiado café.
puesto que	*since*	**Puesto que** había bebido tanto café, no pudo dormir.
el resultado	*the result*	Uno de **los resultados** de sus experimentos fue el descubrimiento de la penicilina.
resultar de, proceder de	*to stem from, result from*	La dependencia física **resulta del** uso de ciertas medicinas.
resultar en	*to result in, produce*	El uso de ciertas medicinas puede **resultar en** dependencias físicas.
se debe(n) a (que)	*is due to*	Muchos descubrimientos científicos **se deben a** accidentes.

1. Analice las siguientes relaciones de causa-efecto, identificando la causa y el efecto propuestos en cada caso. ¿Le parece una relación válida y lógica la presentada en cada caso? ¿Por qué sí o por qué no?
   a. A través de la historia las mujeres han contribuido mucho menos que los hombres en los campos científicos, literarios y artísticos. Por lo tanto, se puede concluir que son menos inteligentes y menos creativas que los hombres.
   b. El propósito de la educación bilingüe es enseñar a los estudiantes hispanos y otros de origen no americano a hacer la transición al inglés. Como consecuencia, el movimiento «English only» quiere prohibir el uso de toda lengua que no sea el inglés.
   c. Los jóvenes de hoy miran la televisión mucho más que sus padres y por lo tanto leen mucho menos. Por eso se ha visto un aumento de bajas calificaciones en los exámenes de admisión a la universidad.

2. La selección de la página 125 del Capítulo 5 es un ensayo a base de la relación causa-efecto. En otro papel, analice esta selección para:
   a. identificar las relaciones de causa-efecto que se establecen
   b. evaluar la validez de estas relaciones: ¿le parecen lógicas?
   c. averiguar la manera en que la información está organizada

Tarea.   You are a reporter for the local campus newspaper and intend to spend time investigating one of the topics from the list below in order to write a piece for your daily column.

1. Cheating/Plagiarism
2. (Not) Voting
3. Discrimination
4. Bilingual Education

Antes de escribir

1. Focus your topic in terms of "Why?" and/or "What are the consequences?" Then, working with a classmate, brainstorm as many related ideas as you can. Jot down your ideas in Spanish, English, or a combination of the two.
2. Based on the ideas you have, decide what should be the main thesis of the essay, and the best way to organize your data (see, for example, the various suggestions on page 225).
3. Make a list of at least ten Spanish words that you will need to develop your essay.
4. If you like, prepare a formal outline of your ideas following the diagrams suggested in Chapters 5 and 6.

A escribir

Use your formal (or informal) outline to guide your writing of the essay. Don't forget to add a brief introduction and a conclusion.

Después de escribir

1. Set your composition aside for at least several hours, or, if possible, for several days. If you cannot do so, then have a friend read it to see how clearly the ideas come across.

2. Read your composition again, and answer the following questions.
   a. Are the cause-effect relationships logical and valid? Are they well explained and defended? Is there enough detail to make the information clear to someone not already familiar with it? Is there any unnecessary or irrelevant information that should be eliminated?
   b. Is there a clearly identifiable main idea for your essay?
   c. Would the intended audience (the students at your school) find it comprehensible? Interesting?
   d. How helpful are the introduction and conclusion? Do they help to make your essay easier and more interesting to read?
   Make whatever content or organizational changes may be necessary.

3. Look for and correct grammatical errors with respect to:
   a. agreement (noun/adjective; subject/verb)   c. preterite/imperfect
   b. **ser/estar**   d. subjunctive/indicative

4. Look for ways to improve the vocabulary used in the essay.
   a. Include at least three expressions from the list on page 225.
   b. Double-check any new words in both the Spanish and the English sections of a bilingual dictionary.

5. Make any necessary changes and rewrite your essay on another sheet of paper.

Pasaje cultural*

Néstor Torres, músico puertorriqueño

En la entrevista de este segmento el intérprete de música afro-cubana, Néstor Torres, relata sus recuerdos de la casa de sus abuelos en las montañas en Puerto Rico y sus experiencias cuando, de adolescente, se trasladó a Nueva York. Allí experimentó una nueva libertad de pensamiento y expresión, pero también descubrió que la lucha (*struggle*) por la supervivencia era severa.

DESPUES DE VER

**A. Después de ver este vídeo, ¿qué le parece a Ud. la idea de emigrar a otro país? Haga un resumen de las ventajas (*advantages*) y desventajas (*disadvantages*) de la inmigración que experimentó (*experienced*) Néstor Torres.

Ventajas: _____

_____

Desventajas: _____

_____

_____

*The viewing segments corresponding to the **Pasaje cultural** section can be found on the *Video to accompany ¡Avance!*

B. Busque en el Internet información sobre una figura hispana destacada en el arte, la política, los deportes, etcétera, que vive en este país. Escriba una biografía breve de esta persona en una hoja de papel aparte. Incluya su nombre, país de origen, profesión/carrera y tantos detalles como Ud. pueda.

_____

_____

_____

_____

_____

_____

_____

CAPITULO 10

La vida moderna

~~~~~~~~~~~~~~~~~~~~~~~~~~~~~~~~~~~~~

EXPRESION ORAL Y COMPRENSION

Describir y comentar

A. Escuche las siguientes palabras y repítalas en la pausa. Entonces escuche cada palabra otra vez, compare su pronunciación con la que oye en el programa auditivo y repita la palabra una vez más.

aprobar (ue)
bajar de peso
comportarse
consumir drogas
desaprobar (ue)
emborracharse
fumar
hacer daño
hacer ejercicio
prohibir
subir de peso
tomar una copa

el alcohol

los alucinógenos
el azúcar
la borrachera
el café

la cafeína
el calmante
el cigarrillo
la cocaína
la comida basura
el comilón / la comilona
el contrabando
la dependencia
el ejercicio aeróbico
el estrés
el fumador / la fumadora
el gimnasio
el hábito
la heroína
la marihuana
la nicotina
las pastillas

la receta médica
el régimen
la salud
la sobredosis
el tabaco
la televisión
el televisor
la toxicomanía
el toxicómano / la toxicómana
el vicio

beneficioso/a

borracho/a
goloso/a
perjudicial
saludable

B. Mire la lista de vocabulario del ejercicio A mientras escucha las siguientes palabras y oraciones. Busque en la lista un sinónimo para la palabra y repita la oración, sustituyendo la palabra original por su sinónimo. Repita la respuesta correcta después de oírla en el programa auditivo.

MODELO: le gustan los dulces: Roberto come muchos chocolates porque le gustan los dulces. → *Roberto come muchos chocolates porque es goloso.*

1. ... 2. ... 3. ... 4. ... 5. ...

C. Mire la lista de vocabulario del ejercicio A mientras escucha las siguientes definiciones. Después diga la palabra que mejor corresponda a cada definición. Repita la respuesta correcta después de oírla en el programa auditivo.

1. ... 2. ... 3. ... 4. ... 5. ...

D. Mire el cuadro a continuación y escuche el breve texto que lo describe.

1. Escuche el texto por primera vez para sacar la idea principal o básica. Luego escuchará varias declaraciones. Identifique cuál es la idea central del texto.

   ¿Cuál es la idea básica de esta selección?

   a   b   c   d

2. Escuche el texto una segunda vez para identificar y clasificar las dependencias mencionadas. Llene el siguiente cuadro con la información necesaria.

Grupo con dependencias	Ejemplos de sus dependencias
niños	
adolescentes	
adultos	

3. En su opinión, ¿cuáles de las dependencias del cuadro que acaba de llenar son desaprobadas por la sociedad?

   _____

   _____

E. Oirá un breve texto que habla de la droga más popular en la sociedad contemporánea.

1. Escuche el texto por primera vez para completar la siguiente oración: La droga más popular en

   la sociedad contemporánea es _____.

2. Mire las oraciones a continuación y escuche el texto una vez más, buscando la información necesaria para completarlas. Hay varias terminaciones correctas para cada declaración. Para cada una de las siguientes oraciones, marque todas las respuestas posibles.

   a. Mucha gente cree que la droga más popular es...

      1   2   3   4

   b. La cafeína se encuentra en...

      1   2   3   4   5

   c. La cafeína afecta...

      1   2   3   4   5   6

Lengua

38. FUTURE AND CONDITIONAL

A. Teresa nunca hace hoy lo que puede hacer mañana. Además, ella piensa que todos son como ella. Ud. oirá una serie de preguntas. ¿Cómo las contestaría ella? Repita la respuesta correcta después de oírla en el programa auditivo.

> MODELOS: ¿No lavas la ropa hoy? → *No, la lavaré mañana.*
>
> ¿No piensa Juan preparar el flan hoy? → *No, lo preparará mañana.*

1. ...   2. ...   3. ...   4. ...   5. ...   6. ...   7. ...   8. ...   9. ...

B. Ud. oirá una serie de oraciones. Cambie la perspectiva del tiempo en que ocurren, perspectiva presente/futuro, por una perspectiva pasado/condicional. Repita la respuesta correcta después de oírla en el programa auditivo.

> MODELO: Dice que vendrá mañana. → *Dijo que vendría mañana.*

1. ...   2. ...   3. ...   4. ...   5. ...

C. Ud. oirá una serie de cosas. ¿Qué haría Ud. con cada cosa? Repita la respuesta posible después de oírla en el programa auditivo.

> MODELO: una hamburguesa → *La comería.*

1. ...   2. ...   3. ...   4. ...   5. ...   6. ...   7. ...   8. ...   9. ...   10. ...

D. Lilián está muy segura de sí misma; su amigo Angel es diferente. Lo que Lilián afirma rotundamente, Angel lo suaviza, expresándolo como una simple probabilidad. Ud. oirá una serie de afirmaciones de Lilián. ¿Cómo las expresaría Angel? Repita la respuesta posible después de oírla en el programa auditivo.

> MODELOS: Son las 3:30. → *Serán las 3:30.*
>
> La película era estupenda. → *La película sería estupenda.*

1. ...   2. ...   3. ...   4. ...   5. ...   6. ...

E. ¿Por qué hacen —o hicieron— las siguientes personas varias acciones? Ud. oirá una serie de preguntas y luego la información que debe utilizar para completar sus respuestas. Conteste cada pregunta, incorporando la información y haciendo los cambios necesarios. Repita la respuesta posible después de oírla en el programa auditivo.

> MODELOS: ¿Por qué come el hombre?   (hambre) → *Tendrá hambre.*
>
> ¿Por qué se quitó el suéter?   (calor) → *Tendría calor.*

1. ...   2. ...   3. ...   4. ...   5. ...   6. ...

39. *IF* CLAUSES WITH SIMPLE TENSES

A. Ud. oirá una serie de oraciones que indican acciones posibles o probables. Escúchelas y luego haga oraciones apropiadas con **si.** Repita la respuesta correcta después de oírla en el programa auditivo.

> MODELO: Juan quiere ir a España, pero no sabe si tiene el dinero. → *Si tiene el dinero, irá a España.*

1. Juan quiere visitar a su amigo, pero no sabe si está en casa.
2. Juan quiere fumar su pipa, pero no sabe si está permitido.
3. Juan quiere mirar la televisión, pero no sabe si hay un programa bueno ahora.
4. …
5. …
6. …

B. Ud. oirá una serie de oraciones que indican acciones imposibles o improbables. Escúchelas y luego haga oraciones apropiadas con **si.** Repita la respuesta correcta después de oírla en el programa auditivo.

MODELO: Juan quiere ir a España, pero no tiene el dinero. → *Si tuviera el dinero, iría a España.*

1. Juan quiere ir al cine, pero no tiene tiempo.
2. Juan quiere contestar la pregunta, pero no sabe la respuesta.
3. A Juan le gusta dormir, pero en este momento no está cansado.
4. …
5. …
6. …

40. COMPARISONS

A. Ud. oirá una serie de adjetivos y verbos. Uselos para construir oraciones comparativas según el dibujo a continuación. Repita la respuesta posible después de oírla en el programa auditivo.

MODELO: (alto) Paloma / Laura → *Paloma es tan alta como Laura.*

1. Paloma / Ana	6. Laura / Ana
2. Paloma / Ana	7. Carlos / Luis
3. Paloma / Ana	8. Carlos / Luis
4. David / Paloma	9. Luis / David
5. David / Paloma	

B. Gilda Jactanciosa siempre insiste en que sus amigos, parientes o experiencias son los mejores o peores del mundo. Ud. oirá una serie de afirmaciones. ¿Cómo respondería Gilda a ellas? Repita la respuesta correcta después de oírla en el programa auditivo.

MODELO: PEDRO: Mi calle es muy segura. →
       GILDA: *Puede ser, pero mi calle es la más segura del mundo.*

1. …   2. …   3. …   4. …   5. …   6. …

C. Ud. oirá una serie de adjetivos. Refiriéndose al dibujo de la actividad A, úselos para hacer oraciones superlativas sobre las personas. Repita la respuesta correcta después de oírla en el programa auditivo.

1. ... 2. ... 3. ... 4. ... 5. ...

Enlace

VOCES

Escuche con atención a Rosa y Lorena, dos hispanas que nos hablan del papel del alcohol en su vida y en la de su familia.

Mercedes L.
Alhambra, CA

Carolina H.
Miami, FL

Lorena C.
Managua, Nicaragua

Rosa V.
Barcelona, Espa a

A. Escuche sus testimonios una primera vez para indicar cómo caracterizaría el consumo del alcohol de cada una de las hablantes. ¿Dónde colocaría Ud. a cada una en las líneas a continuación?

1. asociaciones con el consumo de alcohol

positivas   negativas

2. cuándo se bebe

ocasiones especiales   todos los días

3. cuánto se bebe

cantidades pequeñas   cantidades grandes

4. ¿Quién haría las afirmaciones del cuadro a continuación? Escuche los textos una segunda vez para poder completar el cuadro.

		ROSA	LORENA
a.	En mi familia sólo se bebe en fiestas o cuando hay un invitado.	☐	☐
b.	No me gusta el sabor del alcohol.	☐	☐
c.	Mi padre era alcohólico.	☐	☐
d.	Mi padre suele tomar con las comidas.	☐	☐
e.	Mi padre era violento e irresponsable cuando tomaba.	☐	☐
f.	En mi familia solemos tomar bebidas alcohólicas típicas de nuestra región.	☐	☐
g.	Las mujeres en mi familia beben menos que los hombres.	☐	☐

B. Ahora escuche el testimonio de Lorena, Carolina y Mercedes, tres hispanas que hablan de sus experiencias personales con la toxicomanía y el abuso del alcohol.

1. Escuche por primera vez para buscar respuestas a las preguntas incluidas en el cuadro a continuación.

		Lorena	**Carolina**	**Mercedes**
a.	¿Conoce a alguien que haya abusado de las drogas o del alcohol?			
b.	Si la respuesta es afirmativa, ¿cuál es la droga que ha causado el problema?			
c.	¿Para quién fue un problema?			

**2. Escuche otra vez a Carolina y a Mercedes para buscar información sobre el impacto de la experiencia en ellas o en la familia de la persona que describen. Luego escriba un breve resumen de ese impacto en sus propias palabras.

Carolina: _____

_____

_____

Mercedes: _____

_____

_____

Pronunciación y ortografía*

PRONUNCIACION: LA PALATAL LATERAL Y LA PALATAL FRICATIVA: [ḷ/y]

The sound [ḷ] is represented in Spanish by the double **l**.

calle   ella   me llamo

The sound [y] is represented by the letter **y**.

haya   mayo   ayer

In some dialects of South American Spanish, the palatal sound [ž] replaces both the [ḷ] and the [y] sounds.

calle [ḷ / ž]	ella [ḷ / ž]	me llamo [ḷ / ž]
haya [y / ž]	mayo [y / ž]	ayer [y / ž]

In most parts of Spain and in much of Latin America, the sound [ḷ] is being replaced by the sound [y]. For this reason, the listener cannot always tell just by listening if a word is spelled with a **y** or a double **l**.

1. yo   2. ya no   3. haya
    amarillo   llano   halla

A. Escuche cada una de las siguientes palabras y repítala en la pausa. Compare su pronunciación con la que oye en el programa auditivo y repita una vez más.

1. yerba   4. yace   7. orgullo
2. silla   5. cigarrillo   8. empollón
3. haya   6. llueve   9. yerno

B. Lea cada una de las siguientes palabras en voz alta, grabando su pronunciación. Después de grabar cada palabra, escuche la pronunciación que oye en el programa auditivo y repita una vez más.

1. ella   4. pollo   7. chiquillo
2. allá   5. hoyo   8. desarrollo
3. vaya   6. llevar   9. ayer

A fairly widespread variant of the sound [y] is the affricate [ŷ], which in most dialects of Spanish occurs in initial position (especially to emphasize the word **yo**) and after the letters **n** and **l**.

yo [y / ŷ]   cónyuges [y / ŷ]   el yugo [y / ŷ]   un yerno [y / ŷ]

C. Escuche cada una de las siguientes palabras y repítala en la pausa. Compare su pronunciación con la que oye en el programa auditivo y repita una vez más.

1. el yanqui   3. el yermo   5. yegua
2. yerto   4. llavín   6. llavero

D. Lea cada una de las siguientes palabras en voz alta, grabando su pronunciación. Después de grabar cada palabra, escuche la pronunciación que oye en el programa auditivo y repita una vez más.

1. sello   5. rayo   9.   yeso
2. llevar   6. yunque   10. gallo
3. calle   7. arroyo   11. un llorón
4. allí   8. callar   12. yo

_____

*Remember to use the separate Pronunciation Audio CD for the **Pronunciación y ortografía** sections.

PRONUNCIACION: LA PALATAL NASAL: [ñ]

The Spanish letter **ñ** is pronounced like the *ny* sound in the English word *canyon*.

A. Escuche cada una de las siguientes palabras y repítala en la pausa. Compare su pronunciación con la que oye en el programa auditivo y repita una vez más.

1.	cuñado	4.	español	7.	muñeca
2.	diseñar	5.	cariño	8.	riña
3.	compañía	6.	año		

B. Lea cada una de las siguientes palabras en voz alta, grabando su pronunciación. Después de grabar cada palabra, escuche la pronunciación que oye en el programa auditivo y repita una vez más.

1.	niño	4.	reñir	7.	pequeño
2.	niñera	5.	moño	8.	paños
3.	engañar	6.	señores		

PRONUNCIACION: PRACTICA GENERAL

A. Escuche cada una de las siguientes oraciones y repítala en la pausa. Compare su pronunciación con la que oye en el programa auditivo y repita una vez más.

1. El cañón es bello por la mañana, ¿verdad?
2. Las señoritas llevan mantillas cuando pasean por la calle.
3. Los ojos del pequeño animal brillaban a la luz de las estrellas.
4. El señor pegó el sello con un tremendo puñetazo.

B. Lea cada una de las siguientes oraciones en voz alta, grabando su pronunciación. Después de grabar cada oración, escuche la pronunciación que oye en el programa auditivo y repita una vez más.

1. El niño llevaba pequeños zapatos amarillos y unos guantes rojos.
2. Mientras llovía, pasábamos el tiempo leyendo y jugando a los naipes con los vecinos de al lado.
3. A esa hora todas las calles están llenas de gente que vuelve apresurada a su casa.
4. Entre las bellas y altas montañas hay valles fértiles y verdosos.

ORTOGRAFIA: LA ACENTUACION

Lea el siguiente pasaje mientras lo escucha en el programa auditivo. Al mismo tiempo escriba los acentos donde hagan falta. Se leerá la selección lentamente, pero sólo una vez.

Segun algunos toxicologos, la nicotina es una droga que provoca dependencia fisica y psiquica. Por lo tanto, los cigarrillos modernos que llevan menos nicotina obligan a fumar un mayor numero de cigarrillos cada dia, aumentando asi la absorcion de alquitranes, sustancia que proviene del papel y del tabaco quemado. Es ahi, no en la nicotina, donde se encuentra el peligro de cancer.

PRACTICA ESCRITA Y COMPOSICION

Describir y comentar

A. ¿Qué palabra no pertenece al grupo? ¿Por qué?

1. la toxicomanía / el comilón / la sobredosis / el calmante

   _____

   _____

2. el régimen / perjudicial / hacer ejercicio / saludable

   _____

   _____

3. el alcohol / borracho / el contrabando / tomar una copa

   _____

   _____

4. el televisor / la dependencia / el vicio / la borrachera

   _____

   _____

**B. Dé cinco términos del vocabulario de la lista de la página 229 asociados con cada una de las siguientes palabras.

1. el alcohol: _____

2. el cigarrillo: _____

C. Busque la palabra en la lista del vocabulario en la página 229 que corresponde a las siguientes definiciones.

1. aficionado a dulces, caramelos, pasteles: _____

2. actuar de ésta o de la otra manera, bien o mal: _____

3. ser malo para la salud: _____

Lengua

38. FUTURE AND CONDITIONAL

A. ¿Cuánto recuerda Ud.? Escriba la forma correcta del futuro y del condicional de los siguientes verbos en las personas indicadas.

		FUTURO	CONDICIONAL
1.	saber: Uds.	_____	_____
2.	fumar: yo	_____	_____
3.	salir: nosotros	_____	_____
4.	trabajar: tú	_____	_____
5.	venir: Marta	_____	_____
6.	ir: ellos	_____	_____
7.	emborracharse: tú y yo	_____	_____
8.	ponerse: ellos	_____	_____
9.	decir: Ud.	_____	_____
10.	dar: tú	_____	_____

B. Es el 31 de diciembre y todos están pensando en las resoluciones que deben tomar para el Año Nuevo. ¿Qué hará (o no hará) cada persona durante el próximo año?

1. Mario sabe que fuma demasiado. _____

2. Paulina sabe que necesita hacer más ejercicio. _____

   _____

3. Carlos cree que su vida es aburridísima. _____

   _____

4. Roberto y Susana creen que son adictos al trabajo. _____

   _____

5. Mi amigo Pedrito no aprueba sus clases. _____

   _____

C. ¿Cuáles son algunas de las resoluciones que tomaron las siguientes personas el año pasado? ¿Qué prometieron el Año Nuevo que harían o que no harían?

1. un hombre que pensaba que «el romance» desaparecía de su matrimonio: Prometió que _____

   _____

2. una mujer que quería mejorar su «nivel cultural»: _____

   _____

3. unos padres que querían tener mejores relaciones con sus hijos adolescentes: _____

   _____

4. un profesor que quería ayudar mucho a sus estudiantes con actividades extraescolares: _____

   _____

5. ¿Ud.?: _____

D. ¿Cómo será la vida en diez años? Conteste las siguientes preguntas usando el tiempo futuro. En diez años…

1. ¿Qué año será? _____

2. ¿Dónde vivirá Ud.? _____

3. ¿Estará casado/a? _____

4. ¿Tendrá hijos? _____

5. ¿Cómo se ganará la vida? _____

6. ¿En qué manera será diferente su apariencia física en comparación con la que tiene ahora? ___
   _____

7. ¿Qué hábito *no* tendrá que tiene ahora? ¿Qué hábito *sí* tendrá que no tiene ahora? _____
   _____

8. ¿Cuál será el problema más grave de la humanidad? _____
   _____

9. ¿Todavía habrá problemas de discriminación? _____
   _____

10. ¿Qué noticias buenas traerán los titulares (*headlines*) de los periódicos? _____
    _____

E. Mario es egoísta y antipático; hace todo lo contrario de lo que debería hacer según las normas sociales. ¿Qué hará él en las siguientes situaciones? ¿Y qué haría Ud. en su lugar? ¿Por qué?

1. Un anciano y Mario suben a un autobús al mismo tiempo. Sólo queda un asiento.

   Mario _____

   En su lugar, yo _____

2. A Mario y al novio (a la novia) de Ud. les gustan mucho las galletas. Un día Uds. van a almorzar a casa de Mario y sólo queda una galleta.

   Mario _____

   En su lugar, yo _____

3. Un amigo de Mario se compró un traje nuevo que en realidad le queda muy mal. Le pide a Mario su opinión.

   Mario _____

   En su lugar, yo _____

4. Un amigo que gana un sueldo moderado invita a Mario a cenar en un restaurante.

   Mario _____

   En su lugar, yo _____

5. La comida en el restaurante resulta mediocre, pero el servicio es excelente.

Mario _____

En su lugar, yo _____

6. Mario entra en un cuarto lleno de gente; hay varios letreros que dicen «NO FUMAR». A Mario le gusta fumar.

Mario _____

En su lugar, yo _____

**F. ¿Cómo piensa Ud. que será la vida de sus hijos, sobrinos o nietos? Escriba una oración sobre cada uno de los siguientes temas, usando el futuro para indicar probabilidad.

1. sus actividades cotidianas _____

2. sus pasatiempos _____

3. su ropa _____

**G. Ud. no conoce a las personas que aparecen en los siguientes dibujos pero, fijándose en los detalles de cada dibujo, puede especular sobre su personalidad, su estilo de vida, su pasado, sus intereses y/o preocupaciones, etcétera. Describa a los individuos y las escenas que se ven a continuación. Use el futuro o el condicional según el caso.

MODELO: Los niños tendrán 10 años. Esta será la primera vez que fuman. Una de las mujeres será la madre de los niños y la otra será la esposa de un clérigo. …

¿Qué más puede Ud. decir acerca del dibujo?

_____

_____

_____

_____

_____

_____

1.

_____

_____

_____

_____

_____

_____

_____

_____

_____

_____

2.

3.

4.

H. Exprese en español usando el futuro o el condicional según el caso.

1. You *will* eat all your meat. _____

2. He said he wouldn't smoke anymore. _____

3. Will you please give me some bread? _____

4. She wouldn't stop drinking. _____

5. Would you repeat that? _____

6. They said they would be home early. _____

39. *IF* CLAUSES WITH SIMPLE TENSES

A. Indique si las frases en letra cursiva describen una situación posible (**P**) o una situación falsa o improbable (**I**).

1. _____ *If I receive a D on the exam*, I will go to summer school.

2. _____ I would be furious *if he spoke to me that way*.

3. _____ *If he could speak Spanish*, they would pay him more.

4. _____ *If you get drunk*, don't drive!

5. _____ *If they were taking drugs*, I would know it.

6. _____ You would not have this problem *if you stopped smoking*.

B. Exprese las oraciones del ejercicio A en español, usando el subjuntivo o el indicativo en la cláusula con **si,** según sea apropiado.

1. _____

2. _____

3. _____

4. _____

5. _____

6. _____

C. Mire el anuncio de la página 243 y después complete las siguientes oraciones condicionales con la forma correcta del presente de indicativo o del imperfecto de subjuntivo según el contexto.

1. Algunas personas piensan que si (esconder: ellos) _____ la cabeza, el problema del abuso de drogas desaparecería.

2. Si más personas (ser) _____ conscientes del problema, podríamos encontrar una solución.

3. Es posible resolver el problema de las drogas si nosotros (conocerlo) _____ tal y cómo es.

4. Si todos (colaborar: nosotros) _____ en la lucha, podemos tener éxito en la prevención de sus consecuencias.

5. Si más personas (preguntarse: ellos) _____ «drogas —¿para qué?» creo que menos personas serían toxicómanas.

**D. Mire el dibujo de la página 244. Parece que las acciones que uno toma no siempre tienen el resultado deseado. En el dibujo uno de los señores imagina que su vida sería distinta si hubiera seguido fumando. En vez de esperar otros treinta años para examinar la calidad o falta de calidad de su vida y la del país en general, Ud. va a hacerlo ahora. Termine las siguientes oraciones con la información apropiada según su punto de vista personal. ¡Cuidado! No todas las oraciones requieren el subjuntivo.

1. Yo estaría en mejores condiciones físicas si _____
   _____

2. Si yo no comiera nunca azúcar _____

3. Si se prohibiera el alcohol de nuevo en este país _____
   _____

4. No tendríamos los problemas que tenemos ahora con las drogas si _____
   _____

PUES SI YO NO HUBIERA DEJADO DE FUMAR HACE TREINTA AÑOS, AHORA NO ESTARÍA AQUÍ

© Juan Ballesta/Quipos

5. Si yo no me gradúo en la universidad _____

_____

_____

6. La vida en este país sería mucho mejor si _____

_____

_____

7. Si mis amigos dejaran de _____

_____

_____

8. En el futuro estaré mucho más contento/a si

_____

_____

_____

**ESTRATEGIAS PARA LA COMUNICACION   Me gustaría… *Ways to make polite requests*

Su amigo Oliverio es muy maleducado y siempre ofende a los demás cuando quiere pedir algo. Ud. viaja con Oliverio y le ayuda a pedir lo que quiere de una forma más aceptable. Cambie las oraciones de Oliverio por una forma más cortés, usando una de las expresiones del libro de texto.

1. En un restaurante: ¡Quiero una cerveza!

_____

2. En una tienda de ropa: ¡Dame esa camisa!

_____

3. En casa de una amiga: Tengo calor. ¡Abre la ventana!

_____

4. En la calle, hablando con un desconocido: Oye viejo, ¿dónde está la casa de correos?

_____

40. COMPARISONS

A. Comente sobre la información dada en las oraciones a continuación mediante oraciones comparativas.

1. Juan fuma diez cigarrillos. Mario fuma dos. _____

   _____

2. Julia tiene 7 años. Su hermanito tiene 3. _____

   _____

3. Juan Luis pesa 80 kilos. Emilio también pesa 80 kilos. _____

   _____

4. Yo tengo tres hermanos. Tú también tienes tres. _____

   _____

5. Antes la gente fumaba mucho. Ahora mucha gente ha dejado de fumar. _____

   _____

**B. Lea la siguiente selección y luego escriba cinco oraciones comparativas basadas en la información de la selección.

A todos nos llegan momentos en la vida en que cedemos el control a las circunstancias, cuando no es la razón la que nos gobierna, sino la pasión. Una pasión incontrolable. Hay personas, por ejemplo, que se vuelven locas si descubren que no tienen cigarrillos en la casa. Saldrán a la calle a las dos de la madrugada para comprarlos. A mí no me importan los cigarrillos, ni el alcohol, ni la Coca-Cola, ni otras de estas sustancias plebeyas. Mi pasión es fina, distinguida. Mi pasión es el chocolate. Pero no vaya Ud. a pensar que yo no sé hacer distinciones importantes. Hay muchas clases de chocolate y no todas son iguales. El chocolate blanco, por ejemplo, es un desastre que ni merece el nombre de chocolate. El chocolate hecho con leche y el chocolate negro son fantásticos, en mi opinión. Y comer chocolate con nueces o almendras (prefiero Hershey's) es puro éxtasis.

Una noche descubrí que no tenía chocolates en la casa. Manejé mi auto a una tiendecita que frecuento mucho en estas situaciones, por estar cerca de mi casa y ofrecer una variedad admirable de chocolates. Esta noche, desgraciadamente, se le habían acabado las barras de 4 y de 8 onzas. Sólo quedaban las barras de 32 onzas. No traía suficiente dinero para comprar dos barras (una para comer inmediatamente y la otra para tener de reserva), pero no me desesperé. Era un inconveniente, pero había otras tiendas. Fui a otras tres. En una, sólo vendían Tobler's —una marca muy inferior a Hershey's. En otra, me compré tres barritas de 4 onzas (era todo lo que tenían) y en la tercera me compré tres barras de 8 onzas (porque en el camino ya me había comido dos de las tres pequeñas). Llegué a casa sin perder otra vez el control. Con todo, no lo había pasado muy mal. ¡A veces tengo que visitar cinco tiendas!

1. _____

2. _____

3. _____

4. _____

5. _____

**C. En otro papel, escriba una oración superlativa para cada una de las siguientes cosas o personas: (1) un miembro de su familia, (2) esta universidad, (3) su compañero/a de cuarto, (4) el presidente del país, (5) el estudiante que se sienta al lado suyo en la clase de español.

D. Exprese en español. Se incluyen comparativos y superlativos.

1. Answer these questions as quickly as you can. _____

   _____

2. She's the most interesting person I know. _____

   _____

3. John's the oldest and Martin's the youngest. _____

   _____

4. There's no one who has as many problems as you. _____

   _____

5. I think the book would be better if the plot (*el argumento*) were simpler. _____

   _____

Enlace

**EJERCICIO DE SÍNTESIS

En otro papel, conteste las siguientes preguntas o complete las oraciones.

1. De niño/a, ¿qué cosas hacía mucho que ahora echa de menos?
2. De todas sus experiencias en la universidad, ¿qué es lo que recordará más en el futuro? ¿Por qué?
3. Si yo pudiera leer los pensamientos de alguien, ...porque...
4. Escriba dos oraciones comparándose Ud. con una persona famosa.
5. Si Ud. tuviera un amigo adicto (una amiga adicta) a cierta sustancia o costumbre, ¿qué haría?

¡Ojo!

A. Elija la palabra que mejor complete la oración.

1. Victoria es una (gran / grande / largo) defensora de los gatos.
2. María nunca (dejaría / detendría / impediría) de estudiar español para ir a una discoteca.
3. Debemos comprar un pastel mucho más (grande / largo) para las 1.000 personas que vendrán a la fiesta.
4. El perro (dejó / detuvo / impidió) de ladrar cuando vio que el intruso era su dueño.
5. Ayer estuvimos en una plaza de toros muy (grande / larga).
6. Después de comer cuatro libras de chocolate me (duele / hace daño / lastima / ofende) el estómago.
7. Hemos caminado treinta kilómetros y me (duelen / lastiman / ofenden) los pies.

B. Dé la palabra española que mejor corresponda a las palabras en letra cursiva. Dé el infinitivo de los verbos y la forma masculina singular de los sustantivos y adjetivos. ¡Cuidado! Hay también palabras de los capítulos anteriores.

1. You can *save* _____ some *time* _____ if you *take*

   _____ the train instead of driving, and *take along* _____ some

   work to do on the trip.

2. They *moved* _____ to Florida *because of* _____ the climate. However, I don't think their strategy *worked* _____ very well and they will probably *return* _____ north next year.

3. I'm sure you *will succeed* _____; it's only a *question* _____ of patience and persistence. I have no doubt that you *will become* _____ famous.

4. He *hurt himself* _____ in that accident, and no longer *works* _____.

5. Louise was my *close* _____ friend, but I *stopped* _____ seeing her after she refused *to return* _____ my books. However, I *do miss* _____ her a lot.

REPASO: PARRAFO DE SINTESIS

Lea la siguiente selección, llenando los espacios en blanco con la forma correcta en español de las palabras entre paréntesis. Donde se dan dos palabras, indique la más apropiada según el contexto.

No sería aventurado afirmar que las bebidas que contienen alcohol se empezaron a fabricar antes que la tinta[a] con que se empezó a escribir la historia de la humanidad. En forma de vinos y cerveza estas bebidas (*made*) _____ [1] su aparición en el escenario mundial y (*they turned:* convertirse) _____ [2] en la gran variedad de bebidas que hoy (*are offered*) _____ [3] al paladar de los sedientos, es decir, los que tienen mucha sed.

Las primeras referencias al vino, su significado, su consumo y consecuencias (*are found:* hallar) _____ [4] en la mitología griega en la figura del dios Dionisio. En la mitología romana el dios del vino (*was called*) _____ [5] Baco. En la Biblia también (*are found:* encontrar) _____ [6] importantes referencias al vino. De estos pasajes mitológicos y religiosos, las bebidas alcohólicas (*have advanced:* avanzar) _____ [7] en peligrosa invasión. Hoy (representar) _____ [8] un objeto de preocupación (por / para)[9] los científicos, legisladores y gobernantes. Si (*were examined*) _____ [10] las estadísticas, (*would be discovered*) _____ [11] cifras impresionantes de alcohólicos y de consecuencias catastróficas en diferentes aspectos de la sociedad.

Según un estudio (*which*) _____ [12] (*was made*) _____ [13] por la comisión sobre alcoholismo y drogas del Congreso de los Estados Unidos, en 1976 en ese país un 79 por ciento de todos los habitantes (*were drinking*) _____ [14] bebidas

[a]*ink*

embriagantes, es decir, que emborrachan y (*there were*) _____[15] (*more than*)

_____[16] diez millones de alcohólicos. (*What*) _____[17] es

(*worse*) _____[18], según el mismo informe, en 1975 21.700 personas (*died*)

_____[19] en accidentes de tránsito que (*were caused:* provocar)

_____[20] por conductores borrachos. Se reportó que ese año el alcohol

(intervenir) _____[21] en el 64 por ciento de los asesinatos, en el 41 por ciento

de los asaltos y en el 29 por ciento de los crímenes sexuales que (*were committed*)

_____[22] en los Estados Unidos. Ahora, más de veinticinco años más tarde, las

cifras (*are probably*) _____[23] aún mas impresionantes.

Análisis y aplicación: Composición

COMPARACION Y CONTRASTE

Comparisons bring out similarities between two objects or ideas; contrasts signal how they are different. Although comparison and contrast are separate techniques, they are often used together in essays. The information in the essay can be organized in two ways. (1) All similarities can be discussed, then all differences, or (2) each paragraph can include both like and unlike aspects. If you are comparing one object to another that is very well known, you may not need to describe the familiar object in as much detail as the unfamiliar one.

Here is some useful vocabulary for comparing and contrasting in Spanish.

Vocabulario para hacer comparaciones		
al igual que	*just like*	La televisión, **al igual que** el alcohol, tiene un efecto narcotizante.
de la misma manera, del mismo modo	*in the same way*	Masticar la hoja de la coca afecta al indio **de la misma manera** que beber una taza de café afecta al hombre moderno.
parecerse a	*to resemble*	Mi hermanito **se parece a** mi padre.
ser similar, ser semejante	*to be similar*	Los efectos del vino **son semejantes** a los de la cerveza.
tan (*adjetivo*) como	*as (adjective) as*	La televisión es **tan narcotizante como** cualquier droga.
tanto X como Y	*X as well as Y; both X and Y*	**Tanto** la heroína **como** la cocaína son adictivas.

Vocabulario para hacer contrastes		
diferenciarse de	*to differ from*	El bebedor habitual **se diferencia** mucho **del** bebedor social.
en cambio, por otro lado	*on the other hand*	La heroína se consume mucho entre las clases bajas; **en cambio** la cocaína se consume más entre las clases altas.
en contraste con, a diferencia de	*in contrast to*	La marihuana, **en contraste con** la heroína, no se inyecta.
más/menos (*adjetivo/ sustantivo*) que	*more/less* (adjective /noun) *than*	La marihuana causa **menos** daño **que** el LSD.
sin embargo	*nevertheless*	La marihuana y el LSD son drogas; **sin embargo,** hay enormes diferencias entre ellas.

1. Las siguientes oraciones expresan comparaciones. Complételas con un término de la lista según el sentido de la oración. En muchos casos hay más de una respuesta.

   a. _____ la bicicleta, la motocicleta tiene dos ruedas.

   b. Los movimientos del patinador (*skater*) _____ los del bailarín.

   c. Muchas personas dicen que mi hermano _____ a Tom Sawyer porque es muy travieso.

   d. _____ el correr _____ la natación son deportes aeróbicos.

   e. La risa es una manera de aliviar la tensión mental; _____, el deporte alivia la tensión física.

2. Las siguientes oraciones expresan contrastes. Complete su sentido usando el término apropiado de la lista. En muchos casos hay más de una respuesta.

   a. _____ la manzana, el plátano es blando y amarillo.

   b. _____ los mamíferos, los reptiles tienen sangre fría.

   c. Las fábricas de hoy son _____ seguras que las de 1900; son

   _____ peligrosas.

   d. Los perros _____ los gatos.

   e. _____ los abogados, las secretarias ganan poquísimo dinero.

   f. Alaska es el estado más grande; _____, tiene una población relativa-

   mente pequeña.

**Tarea. You have been asked to write an essay exploring either (1) ways in which life will be different in the 21st century or, (2) ways in which life has changed in the last one hundred years. You have decided to organize your information using comparison and contrast. As you have done for previous essays, begin your writing task by conversing with a friend or classmate about one of the following topics (or another, if you prefer) in order to generate some general ideas. You may decide to explore a single topic or combine several.

1. the impact of technology
2. male (female) roles and role models
3. parents and children
4. fads
5. race relations
6. political and economic systems

What is your point of comparison? What similarities or differences can you identify? What is the general idea or thesis that your specific points develop? Using an outline similar to that in Chapter 6, decide what order appears the most logical for presenting your information. Be sure to write an introduction and a conclusion (see Chapter 8), and try to include at least two of the words or expressions from the vocabulary lists on pages 248–249.

After writing your composition, put it aside for a day or two. Then, read it again and edit it carefully to make sure you have one main idea and that all your specific points are relevant and well chosen. Check to be sure that your organization is clear and logical. Then proofread the grammar, correcting errors in agreement or in verb tenses. Rewrite your essay on another sheet of paper.

Pasaje cultural*

El problema de la obesidad infantil en Chile

«Niño gordito, niño sanito», es un refrán que ha demostrado la actitud tradicional hacia la alimentación de los niños en el mundo hispano. Como va a ver en este segmento, hace algunas décadas, esta filosofía no causaba tantos problemas. Pero hoy, debido a varios factores de la vida moderna, tal actitud puede ser bastante perjudicial para los niños de temprana edad.

ANTES DE VER

Conteste las siguientes preguntas.

1. No es gran novedad (*It's nothing new*) que la obesidad sea un problema en este país. ¿Cuáles son algunos de los factores que han contribuido a la extensión de este problema en nuestro país?

_____

_____

_____

*The viewing segments corresponding to the **Pasaje cultural** section can be found on the *Video to accompany ¡Avance!*

2. Pero, dirían algunos, por cada factor que contribuye al problema de la obesidad, hay otro que puede servir como un recurso para eliminarlo. ¿A qué recursos tenemos acceso en este país para eliminar este problema? Incluya en su respuesta cómo estos recursos pueden servir para enflaquecer (*to thin*) a la gente de este país y anular los efectos de esta epidemia nacional.

_____

_____

3. ¿Cuáles son algunas de las complicaciones médicas que pueden amenazar (*threaten*) a los que sufren de obesidad?

_____

_____

4. ¿Cree Ud. que éste es uno de los problemas que sí se resolverán en este país algún día? Explique su respuesta.

_____

_____

Ahora lea con cuidado la actividad en **Vamos a ver** antes de ver el vídeo por primera vez.

VAMOS A VER

¿Cierto (**C**) o falso (**F**)? Conteste según el vídeo. Corrija las oraciones falsas.

C   F

☐ ☐ 1. Según el Dr. Ricardo Uauy, el hecho de que la diarrea y otras infecciones sean menos frecuentes ahora que antes ha contribuido al aumento del índice de la obesidad.

☐ ☐ 2. Factores como la televisión y la comida chatarra (*junk food*) realmente no han fomentado el problema tanto como se podría pensar.

☐ ☐ 3. El índice de la obesidad en Chile se ha triplicado (*tripled*) y, sorprendentemente, hay niños de temprana edad que sufren de problemas con el colesterol.

☐ ☐ 4. Pero Chile no está acercándose al grado que este problema presenta para los Estados Unidos.

☐ ☐ 5. Una buena estrategia contra la obesidad debe incluir la prevención.

☐ ☐ 6. Desafortunadamente, organizaciones como la JUNJI (Junta Nacional de Jardines Infantiles) y la JUNAEB (Junta Nacional de Auxilio Escolar y Becas) no tienen los recursos económicos para hacer investigaciones y tratar de eliminar la epidemia.

☐ ☐ 7. Los de la JUNAEB no saben si sus esfuerzos están afectando el índice de obesidad al nivel preescolar o no.

☐ ☐ 8. No es necesario que las familias y los jardines infantiles (*kindergartens*) trabajen juntos para asegurar la buena alimentación de los niños.

☐ ☐ 9. Desafortunadamente, la actitud de «niño gordito, niño sanito» sigue siendo muy popular en las casas chilenas de hoy.

DESPUES DE VER

**A. ¿Qué impresión le da a Ud. el vídeo sobre el problema de la obesidad infantil en Chile? Haga una lista de los factores que han influenciado en el problema de la obesidad infantil en Chile. También haga una lista de algunas de las estrategias que la sociedad podría aprovechar en el futuro para eliminar el problema de la obesidad infantil y general en este país o al nivel mundial. ¿Cree Ud. que se adoptarán algunas de las estrategias de su lista en el futuro? Explique en una hoja de papel aparte.

**B. Busque en el Internet más información sobre el problema de la obesidad en el mundo hispano. Puede incluir información sobre organizaciones como las de Chile que se mencionaron en el vídeo: la JUNJI, la JUNAEB o el Instituto de Nutrición y Tecnología de los Alimentos (INTA). Pero también trate de encontrar detalles específicos sobre algunos de los remedios que se están realizando actualmente para eliminar esta epidemia mundial. Escriba un breve ensayo en una hoja de papel aparte. Comparta su información con sus compañeros de clase.

CAPITULO 11

La ley y la libertad individual

EXPRESION ORAL Y COMPRENSION

Describir y comentar

A. Escuche las siguientes palabras y repítalas en la pausa. Entonces escuche cada palabra otra vez, compare su pronunciación con la que oye en el programa auditivo y repita la palabra una vez más.

atrapar	el abogado defensor /	el/la juez
castigar	la abogada defensora	el jurado
cometer un crimen	el acusado / la acusada	la multa
(una infracción)	las autoridades	la pena de muerte
encarcelar	la cadena perpetua	la policía
hacer cumplir	la cárcel	el policía / la mujer
juzgar	el castigo	policía
poner una multa	el crimen	el/la testigo
prohibir	el/la criminal	la víctima
violar la ley	la delincuencia	la violencia
	el/la delincuente	
el abogado / la	el delito	prohibido/a
abogada	el/la fiscal	seguro/a

B. Mire la lista de vocabulario del ejercicio A mientras escucha las siguientes preguntas. Diga la palabra en la lista que mejor responda a cada pregunta. Repita la respuesta correcta después de oírla en el programa auditivo.

> MODELO: ¿Cómo se llama la persona que defiende o representa al acusado cuando presenta su caso ante el juez? → *el abogado defensor*

1. ... 2. ... 3. ... 4. ... 5. ...

C. Escuche las siguientes palabras y repítalas en la pausa. Entonces escuche cada palabra otra vez, compare su pronunciación con la que oye en el programa auditivo y repita la palabra una vez más.

Los delitos y los delincuentes		
asaltar	volar (ue)	la falsificación
asesinar		el ladrón / la ladrona
atracar	el asalto	el plagio
chantajear	el asesinato	el robo
espiar	el asesino / la	el secuestro
falsificar	asesina	el soborno
hacer trampa(s)	el atraco	el terrorismo
plagiar	el chantaje	el/la terrorista
robar	el/la espía	la trampa
secuestrar	el espionaje	el tramposo / la
sobornar	la estafa	tramposa
violar	el estafador / la estafadora	la violación

D. Mire la lista de vocabulario del ejercicio C mientras escucha las siguientes preguntas. Diga la palabra en la lista que mejor responda a cada pregunta. Repita la respuesta correcta después de oírla en el programa auditivo.

1. ...   2. ...   3. ...   4. ...   5. ...

E. Escuche el siguiente texto con atención y luego llene el cuadro con la información apropiada, determinando quién es el criminal en cada caso y qué crimen cometió. ¡Cuidado! El texto no menciona al criminal en todos los casos.

Epoca	Criminal(es)	Crimen (Crímenes)
1. la colonización del Oeste		
2. la prohibición		
3. hoy en día		

F. Escuche este texto breve sobre un acontecimiento cómico que ocurrió en Barcelona. Después oirá una serie de oraciones. Indique si las oraciones son ciertas (**C**) o falsas (**F**). Si el texto no tiene la información indicada, marque no dice (**ND**).

	C	F	ND		C	F	ND
1.	☐	☐	☐	4.	☐	☐	☐
2.	☐	☐	☐	5.	☐	☐	☐
3.	☐	☐	☐				

Lengua

41. OTHER FORMS OF THE PERFECT INDICATIVE

A. Andrés quiere ser distinto de los demás. Cuando los otros hacen algo, él dice claramente que él no habría hecho eso nunca. Ud. oirá una serie de preguntas. ¿Cómo las contestaría Andrés? Repita la respuesta correcta después de oírla en el programa auditivo.

MODELO: Fulano pidió un préstamo al banco y cuando no le dieron el dinero, robó el banco. ¿Lo harías tú? → *¡Dios mío! Yo nunca lo habría robado.*

1. ... 2. ... 3. ... 4. ... 5. ...

B. Parece que Luis siempre ha tenido «la manía de adelantarse» en todo. Cuando sus amigos le preguntan sobre cualquier actividad que debía haber ocurrido en un momento determinado en el pasado, descubren que Luis —claro— ya la había hecho antes. Oirá una serie de preguntas. ¿Cómo las contestaría Luis? Trate de usar pronombres de complemento directo e indirecto cuando sea posible. Repita la respuesta correcta después de oírla en el programa auditivo.

MODELO: Luis, ¿aprendiste las letras en la escuela primaria? → *No, ya las había aprendido antes.*

1. ... 2. ... 3. ... 4. ...

42. THE PERFECT SUBJUNCTIVE

A. Los siguientes dibujos indican lo que las personas opinan acerca de acciones que ya han ocurrido. Oirá una serie de preguntas. Contéstelas incorporando las palabras indicadas. Repita la respuesta correcta después de oírla en el programa auditivo.

MODELO:

dormirse en clase

¿Qué enoja al profesor? →
Le enoja que los estudiantes se hayan dormido en clase.

1.   cerrar los grifos

2.   traerle un cachorro

3. robarle un bistec

4. amigo / caerse

B. Vuelva a los dibujos y palabras indicadas en el ejercicio anterior. Esta vez oirá una serie de preguntas en el pasado. Contéstelas, usando los tiempos pasados. Repita la respuesta correcta después de oírla en el programa auditivo.

MODELO: ¿Qué enojaba al profesor? → *Le enojaba que los estudiantes se hubieran dormido en clase.*

1. …   2. …   3. …   4. …

C. Para cada uno de los siguientes dibujos, oirá una pregunta. Escúchela con cuidado y luego contéstela, usando la forma correcta del presente perfecto o el pluscuamperfecto de subjuntivo en la respuesta. Repita la respuesta correcta después de oírla en el programa auditivo.

1. el pájaro / despertarlo

2. su novio / olvidar la cita

3. no traer dinero

4. nadie / escribirle

D. Siga practicando con el presente perfecto y el pluscuamperfecto de subjuntivo. Para cada uno de los siguientes dibujos, oirá una pregunta. Escúchela con cuidado y luego contéstela, usando la forma correcta del subjuntivo en la respuesta. Repita la respuesta correcta después de oírla en el programa auditivo.

1. nevar

2. mandarle un suéter nuevo

3. comer tantos dulces

4. olvidársele el dinero

ESTRATEGIAS PARA LA COMUNICACION   **Que te diviertas...**   *How to express wishes in an abbreviated sentence*

Oirá una serie de oraciones. Identifique la respuesta más apropiada para cada situación, escribiendo la letra correspondiente en el espacio en blanco. ¡Cuidado! No se usan todas las letras. Se dirá cada oración dos veces.

1. _____

2. _____

3. _____

4. _____

a. ¡Que en paz descanse!
b. ¡Que vaya tu hermanita!
c. ¡Que te diviertas!
d. ¡Que descanses!
e. ¡Que te vaya bien!

43. MORE ON THE SEQUENCE OF TENSES

A. Oirá el comienzo de una oración. Complete la oración con la información que se da a continuación. Cuidado con la forma del verbo subordinado: puede estar en el presente, en el imperfecto, en el presente perfecto o en el pluscuamperfecto de subjuntivo, según el punto de referencia temporal. Repita la respuesta correcta después de oírla en el programa auditivo.

MODELO: ellos / hacer trampas (No me gusta...) → *No me gusta que ellos hagan trampas.*

1. ellos / ponerte una multa
2. tú / ya recibir una multa
3. ella / venir mañana
4. ella / ya llegar
5. yo / ir a la policía
6. yo / ya hablar con la policía

B. Oirá el comienzo de una oración. Complete la oración con la información que se da a continuación. Cuidado con la forma del verbo subordinado: puede estar en el presente, en el imperfecto, en el presente perfecto o en el pluscuamperfecto de subjuntivo, según el punto de referencia temporal. Repita la respuesta correcta después de oírla en el programa auditivo. Siga el modelo del ejercicio anterior.

1. el abogado / defenderlo bien
2. el juez / condenar a su cliente a cadena perpetua
3. el acusado / cometer otros delitos en el pasado
4. el acusado / no cometer otros delitos en el futuro
5. las autoridades / ya encarcelarlo varias veces
6. el acusado / ya atracar a varios viejecitos

C. Escuche la oración modelo y repítala. Luego oirá una palabra o frase. Incorpórela a la oración, reemplazando la parte en letra cursiva y haciendo los cambios necesarios en el verbo subordinado. Repita la respuesta correcta antes de escuchar la nueva palabra o frase.

MODELO: No creo que el abogado llegue *en este momento.*   (esta mañana) →
No creo que el abogado haya llegado esta mañana.

1. No creo que el abogado llegue *en este momento.*
2. *Me alegré* de que detuvieran al criminal.
3. *Lo conocí* antes de que fuera presidente.

Enlace

VOCES

Escuche con atención a Rosi, José Manuel y Carlos, tres hispanos que contestan la siguiente pregunta: ¿Ha sido alguna vez víctima de un acto delincuente?

José Manuel L.
Madrid, España

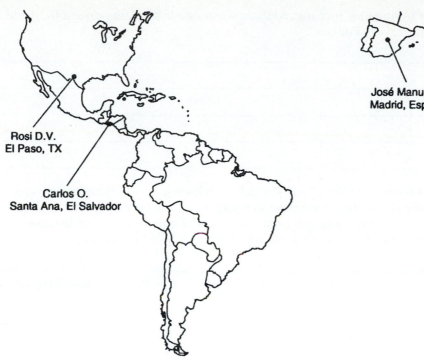

Rosi D.V.
El Paso, TX

Carlos O.
Santa Ana, El Salvador

A. Escuche sus testimonios mientras trate de completar la siguiente tabla con la información apropiada.

Rosi
el delito _____
el lugar del delito _____
la resolución del caso _____
posible manera de impedir el crimen _____
José Manuel
el delito _____
el lugar del delito _____
la resolución del caso _____
posible manera de impedir el crimen _____
Carlos
el delito _____
el lugar del delito _____
la resolución del caso _____
posible manera de impedir el crimen _____

**B. Ahora escuche los testimonios una segunda vez y conteste la siguiente pregunta. ¿Cuál de los crímenes le parece más grave? ¿Por qué?

_____

_____

_____

_____

C. Ahora oirá los testimonios de Rosi, José Manuel y Carlos sobre unas infracciones de sus garantías constitucionales. Estudie el cuadro a continuación y luego escuche los testimonios, tratando de captar la idea principal de cada comentario. Marque cada una de las categorías en el cuadro que se aplica al testimonio de cada persona. Puede marcar más de un número para cada persona.

	Rosi	José Manuel	Carlos
1. Discriminación racial			
2. Violación por un individuo			
3. Violación por el estado			
4. Suspensión de los derechos de propiedad privada			
5. Mejora de los derechos con respecto al pasado			
6. Pérdida de los derechos con respecto al pasado			

Pronunciación y ortografía*

PRONUNCIACION: EL ENLACE

In normal conversational speech, the sounds of one word join across word boundaries with those of the next word. Vowels link smoothly, with no pause between them, and identical unstressed vowels are usually pronounced as a single vowel sound in informal speech. Listen to these examples.

| La admiro. | [la̶d mí ro] | ¿Qué hora es? | [ke ó ra és] |
| ¿Qué estudia? | [kes tú d̶ya] | Odio a mi amo. | [ó d̶yo a myá mo] |

Consonants link with the following vowels, whether within a word or across word boundaries.

Los indios son artistas excelentes.   [lo sín dyo só nar tís ta sek se lén tes]
Los Andes están en esa región.   [lo sán de ses tá ne ne sa re xyón]

A. Escuche cada una de las siguientes oraciones y repítala en la pausa. Compare su pronunciación con la que oye en el programa auditivo y repita una vez más.

1. Los ciudadanos deben acatar las leyes aunque no estén de acuerdo con ellas.   [lo syu d̶a d̶á nos d̶é be na ka tár las lé ye sáwn ke no es tén de a kwér d̶o ko né yas]

2. ¿Piensan Uds. que existen crímenes sin víctima?   [pyén sa nus té d̶es kek sís ten krí me ne sim bík ti ma]

---

*Remember to use the separate Pronunciation Audio CD for the **Pronunciación y ortografía** sections.

3. Si encarcelan a los asesinos, ¿quién va a proteger a los otros encarcelados?

[syen kar sé la na lo sa se sí nos kyém ba pro te xé ra lo só tro sen kár se lá ᵭos]

4. En mi opinión es imposible cambiar un criminal empedernido.

[en myo pi nyó ne sím po sí ᵬle kam byá run kri mi ná lem pe ᵭer ní ᵭo]

B. Lea cada una de las siguientes oraciones en voz alta, grabando su pronunciación. Después de grabar cada oración, escuche la pronunciación que oye en el programa auditivo y repita una vez más.

1. Y Uds., ¿van a poder explicar la diferencia entre un robo y un atraco?
2. Recibimos buenas noticias de nuestros padres y todos nos alegramos mucho.
3. Ni el juez ni el abogado creían que el joven hubiera dicho la verdad.
4. ¿Qué factores determinan la clase de castigo que recibe un criminal?

C. Escuche la siguiente selección por completo. Luego se repetirá el texto más lentamente con pausas. En las pausas, escriba lo que oyó. Al final, toda la selección se repetirá una vez más.

_____
_____
_____
_____
_____
_____
_____
_____
_____
_____
_____
_____
_____

PRACTICA ESCRITA Y COMPOSICION

Describir y comentar

A. Dé la palabra de las listas del vocabulario en las páginas 253–254 que corresponde a cada definición.

1. _____ fuera de peligro

2. _____ el acto de poner a alguien en la cárcel

3. _____ un acto criminal

4. _____ un ataque físico a una persona

5. _____ una cantidad de dinero que se debe pagar como castigo

B. Busque sinónimos en las listas del vocabulario de las páginas 253–254.

1. matar _____   3. el criminal _____

2. cometer un crimen _____   4. el juez, la policía _____

C. Escriba una definición con sus propias palabras en español de las siguientes palabras.

1. el asesinato _____

   _____

2. el abogado _____

   _____

3. el crimen _____

   _____

4. la cárcel _____

   _____

5. robar _____

   _____

6. poner una multa _____

   _____

**D. Explique la diferencia entre cada par de palabras.

1. asaltar / violar _____

   _____

2. el policía / la policía _____

   _____

3. el chantaje / la estafa _____

   _____

4. el estafador / el asesino _____

_____

5. la pena de muerte / la cadena perpetua _____

_____

Lengua

41. OTHER FORMS OF THE PERFECT INDICATIVE

A. Exprese en español las palabras indicadas entre paréntesis.

1. Ellos no (*have attended*) _____ porque no (*have had*) _____ tiempo.

2. ¿Qué (*has said*) _____ el presidente con respecto a esto?

3. Antes de venir a Michigan ellos nunca (*had seen*) _____ la nieve.

4. Este año mis amigos y yo (*have read*) _____ artículos en español para otras clases.

5. Ellos querían ir, pero (*they had awakened*) _____ demasiado tarde.

6. Mi abuelo (*died*) _____ el año pasado y desde entonces mi abuela no (*has worn*) _____ otro color que el negro.

B. Termine las siguientes oraciones con la forma correcta del verbo **haber** según el contexto.

1. Nosotros no pensamos comer ahora porque ya _____ comido.

2. El me dijo que, antes de venir a la universidad, no _____ vivido lejos de su familia.

3. Cuando llegué a casa anoche, vi que mis compañeros ya se _____ acostado.

4. Ellos lo iban a despertar pero ya se _____ levantado.

42. THE PERFECT SUBJUNCTIVE

A. ¿Cuánto recuerda Ud.? Complete el siguiente cuadro con las formas apropiadas del verbo **haber**. Cuidado con los acentos.

	Presente	Pluscuam-perfecto	Presente de subj.	Pasado de subj.
1. yo	he			hubiera
2. tú		habías	hayas	

	Presente	Pluscuam-perfecto	Presente de subj.	Pasado de subj.
3. él				
4. nosotros				
5. vosotros		habíais	hayáis	
6. ellas	han			hubieran

B. Exprese en español las palabras indicadas entre paréntesis.

1. Es posible que Juan (*has left*) _____ ya, pero no estoy seguro.

2. Fue una lástima que los emigrantes no (*had received*) _____ un trato más comprensivo.

3. Sus padres se alegraron mucho de que sus hijos (*had not forgotten*)

   _____ de sus antiguas costumbres.

4. ¡Ojalá que (*we had won*) _____ la lotería!

5. Es dudoso que Uds. (*have understood*) _____ algo de lo que (*you*

   have seen) _____.

6. Nosotros ya habíamos llamado al policía antes de que el asesino (*had entered*)

   _____ por la ventana.

**C. Junte una frase de la primera columna con otra de la segunda para hacer oraciones completas con el sujeto indicado.

1. Es una lástima   no verlo ayer.
   Era increíble   que el juez   no darle una multa.
   Es muy posible   condenarlo a cadena perpetua.

   _____

   _____

   _____

2. Me alegro mucho   llegar a tiempo.
   Sería inconcebible   que el policía   no verlo.
   Temía   matarlo.

   _____

   _____

   _____

43. MORE ON THE SEQUENCE OF TENSES

A. Complete el siguiente párrafo usando el indicativo o el subjuntivo de los verbos entre paréntesis en los tiempos que mejor correspondan al contexto.

Quizás uno de los casos criminales más famosos del siglo XX (haber) _____[1]

sido el asesinato del Presidente Kennedy en 1963. En noviembre de ese año Kennedy (haber)

_____[2] aceptado una invitación para visitar la ciudad de Dallas. Antes que él

(llegar) _____[3] a Dallas, un joven con vínculos comunistas misteriosos ya

(haber) _____[4] planeado su asesinato. Mientras los coches del desfile presi-

dencial (pasar) _____[5] por el centro de la ciudad, Lee Harvey Oswald, quien se

(haber) _____[6] escondido en el piso superior de un edificio cercano, esperaba

su oportunidad. Desgraciadamente, nunca se (poder) _____[7] interrogar a

Oswald. Mientras la policía (trasladarlo) _____[8] a la cárcel, y ante los ojos

horrorizados de millones de televidentes, un tal Jack Ruby (asesinarlo) _____[9].

Según ciertos indicios, Ruby (haber) _____[10] tenido contactos con la comunidad

cubana en los Estados Unidos. Muchos creían que los cubanos primero mandaron a Oswald a que

(asesinar) _____[11] a Kennedy, y que luego estos mismos cubanos le (pagar)

_____[12] a Ruby para que a su vez (asesinar) _____[13] a

Oswald antes de que éste (poder) _____[14] ser interrogado.

Hay «expertos» en el caso que (haber) _____[15] teorizado que los cubanos

que se (haber) _____[16] puesto en contacto con Ruby eran verdaderamente

agentes comunistas que no querían que el público norteamericano (saber)

_____[17] de la conexión entre Oswald y la Unión Soviética. Desde 1963 (haber)

_____[18] aparecido muchos libros, artículos, incluso una película sobre el asunto,

sin que ninguno (probar) _____[19] definitivamente ni una ni otra teoría.

Lo que sí se sabe es que, desde entonces, el número de atentados contra figuras públicas

(haber) _____[20] aumentado considerablemente. En consecuencia, no hay nin-

gún candidato político que no (haber) _____[21] pensado en la posibilidad de ser

víctima de un atentado. Seguramente muchos de los que (tener) _____[22] la

intención de dedicarse a la política (haber) _____[23] decidido que no vale la

pena presentarse como candidato.

B. Historia de un crimen. Mire el anuncio de la RENFE (la compañía española de trenes) a continuación. Imagínese que el dibujo es el escenario de un crimen. Uno de los personajes es el criminal y el
otro es la víctima. Narre la historia, considerando los siguientes factores.

- ¿A qué lugar van y de dónde vienen los dos personajes?
- ¿Cómo ha sido la vida de los dos?
- ¿Se conocían antes de subir al tren? ¿Sabía uno del otro?
- ¿Qué clase de crimen se va a cometer?
- ¿Cuál es el motivo del crimen?
- ¿Qué ocurre después? ¿Se escapa el criminal o no?

SOLO PARA TUS OJOS

Oye, mira...
Date el gusto.
Viaja en tren con los cinco sentidos.
Descubrirás detalles, paisajes, gestos, que sólo entenderán tus ojos.
No dejes que se te escapen. Son tus recuerdos de viaje.
Descubrirás también que el tren está cambiando. Que ha cambiado ya.
Mira, fíjate bien.
El tren es el mirador perfecto para echarle un vistazo al mundo.

RENFE
MEJORA TU TREN DE VIDA.

_____

_____

_____

_____

C. Complete las oraciones que se dan a continuación para narrar la historia de la tira cómica de la página 268. Escoja la forma verbal correcta de las opciones que se dan entre paréntesis. Cuidado con la secuencia de los tiempos.

El fiscal presenta su caso. El acusado robó un banco. No hay duda de que lo (ha hecho / hace / haga / haya hecho)[1] porque la policía lo (detenía / detiene / detuviera / detuvo)[2] en el acto. El abogado defensor confiesa que su cliente (es / fuera / sea)[3] culpable. Pero defiende sus acciones, explicando al juez que el presunto ladrón (fue / fuera / haya sido)[4] defraudado por el banco durante el escándolo de los *Savings and Loans*. Su esposa está gravemente enferma y para comprarle los medicamentos necesarios para que (se cura / se cure / se haya curado)[5], decidió asaltar el banco.

    El juez está muy confundido y entra en su cámara para (tomar / tomara / tome)[6] una decisión. Medita mucho sin que (se le hubiera ocurrido / se le ocurra / se le ocurre)[7] ninguna solución. Por fin, recuerda el consejo que alguien le (diera / dio / haya dado)[8] cuando fue recién nombrado juez. Le habían dicho que en los casos difíciles (llama / llamara / llame)[9] a la Justicia. Marca el número y espera algunos segundos hasta que la Justicia (le contesta / le conteste)[10]. Le explica todo lo que (ha pasado / haya pasado / hubiera pasado)[11] y le pide que lo (ayuda / ayudara / ayude)[12].

La Justicia encuentra que (es / fuera / sea)[13] un caso difícil. Recuerda otros que (fueron / hayan sido / hubieran sido)[14] difíciles pero éste le (ha parecido / haya parecido / parece)[15] todavía más imposible.

¿Cómo va a decidir? A base de la moneda que echa —cara si (es / haya sido / sea)[16] culpable y cruz si (es / haya sido / sea)[17] inocente. ¿Qué cree Ud. que (decide / haya decidido)[18]?

© Quino/Quipos

Enlace

¡Ojo!

A. Indique la palabra que mejor complete la oración.

1. Pedrita es muy simpática (no sólo / pero / sino / sino que) tiene pocos amigos.
2. No pude comprar el coche que yo quería (no sólo / pero / sino / sino que) el que costaba $850.
3. Juan no quería que su hijo ganara el primer premio (no sólo / pero / sino / sino que) participara.
4. Roberta tiene 100 años (no sólo / pero / sino / sino que) se siente muy joven.
5. (No sólo / Pero / Sino / Sino que) fueron a la fiesta sin ser invitados, (no sólo / pero / sino / sino que) también llevaron a toda la familia.

B. Exprese en español las palabras o expresiones entre paréntesis. ¡Cuidado! Hay también palabras de los capítulos anteriores.

1. ¿Cómo (*did you feel*) _____ cuando su hija (*became*)

   _____ médica?

2. Yo (*would miss*) _____ mucho a mis amigos si (*I moved*)

   _____ a otro estado.

3. Anoche, antes de ir a la conferencia, nosotros (*had become*)

   _____ muy nerviosos (*since*)

   _____ (*we had realized*) _____ que el

   presidente (*was attending*) _____ esa noche.

4. Le pedí a ella que (*pay attention*) _____ (*but*)

   _____ (*it's a fact*) _____ que no

   lo hizo.

5. Nosotros vamos a (*to succeed*) _____ sin que Uds. (*support us*)

   _____.

6. Si los pies te (*were hurting you*) _____, ¿(*would you ask for*)

   _____ alguna medicina al médico?

REPASO: PARRAFO DE SINTESIS

Lea la siguiente selección —un cuento del escritor argentino Enrique Anderson Imbert— llenando los espacios en blanco con la forma correcta en español de las palabras entre paréntesis. Donde se dan dos palabras, indique la más apropiada según el contexto.

El crimen perfecto

Creí haber cometido el crimen perfecto. Perfecto el plan, perfecta su ejecución. Y para que nunca se encontrara el cadáver, lo escondí donde a nadie se le ocurriera buscarlo: en un cementerio. Yo (conocía / sabía)[1] que el convento de Santa Eulalia (era / estaba)[2] desierto[a] desde hacía años y que ya no (haber)

_____[3] monjitas que enterraran a monjitas en su cementerio. Cementerio blanco, bonito, hasta alegre con sus cipreses y paraísos a orillas[b] del río. Las lápidas,[c] todas iguales y ordenadas como canteros[d] de jardín alrededor de una hermosa imagen de Jesucristo, (lucir[e])

_____[4] como si las mismas muertas (encargarse)

_____[5] de mantenerlas limpias. Mi error: (olvidar: yo)

_____[6] que mi víctima (had been) _____[7] un furibundo[f] ateo.

Horrorizadas (because of the) _____[8] compañero de sepulcro (that)

_____[9] les acosté al lado, (that) _____[10] noche las muertas

(decided) _____[11] (moverse / mudarse)[12]: cruzaron a nado[g] el río llevando consigo las lápidas y (arranged) _____[13] el cementerio en la otra orilla, con Jesucristo y todo.

Al día siguiente, los viajeros (who) _____[14] iban (por / para)[15] lancha[h] al pueblo de

Fray Bizco (ver) _____[16] a su derecha el cementerio que siempre (they had seen)

_____[17] a su izquierda. (Por / Para)[18] un instante se les confundieron las

[a]sin vida [b]a... _on the banks_ [c]_tombstones_ [d]_flowerbeds_ [e]_parecer_ [f]_raging_ [g]a... nadando [h]_small boat_

manos y creyeron que (*they were sailing*: navegar) _____[19] en dirección contraria, como si (volver; ellos) _____[20] de Fray Bizco, (pero / sino)[21] en seguida (*they understood*: advertir [ie, i]) _____[22] que se trataba de una mudanza y (*they notified*: dar parte) _____[23] a las autoridades. (Unas / Unos)[24] policías (ir) _____[25] a inspeccionar el sitio que antes ocupaba el cementerio, (*they began to dig*: cavar) _____[26] donde la tierra (buscaba / miraba / parecía)[27] recién movida,[i] (sacar) _____[28] el cadáver (por eso, a la noche, las almas en pena[j] de las monjitas [volver] _____[29] muy aliviadas,[k] con el cementerio a cuestas[l]) y de investigación en investigación ... : ¡bueno! el resto ya lo (conoce / sabe)[30] usted, señor juez.

[i]*disturbed*   [j]almas... *suffering souls*   [k]*relieved*   [l]a... *on their backs*

Análisis y aplicación: Composición

**MAS PRACTICA CON EDITAR Y CORREGIR

A continuación hay una composición estudiantil que contiene algunos errores. Antes de corregirla, hágase las siguientes preguntas.

1. Estructura y contenido

   ¿Se puede identificar la tesis sin dificultad?
   ¿En qué forma se ha organizado la información? ¿Comparación y contraste? ¿Causa y efecto? ¿Análisis? ¿Cree Ud. que podría haber otra forma mejor de organizarla? ¿En qué forma? ¿Por qué?
   ¿Toda la composición presenta datos para explicar o desarrollar la tesis?
   ¿Se debe quitar alguna información por no venir al caso? ¿Se debe añadir otros datos o más información para hacer que la presentación tenga más impacto?
   ¿Tiene una introducción y una conclusión? ¿Le ayudan al lector a seguir el argumento? ¿Añaden interés?

2. Aspectos gramaticales

   ¿Hay errores de concordancia entre el sujeto y el verbo? ¿Entre los sustantivos y los adjetivos?
   ¿Hay errores en el uso de los tiempos pasados (pretérito e imperfecto)?
   ¿Hay errores en el uso del subjuntivo?
   ¿Hay errores en el uso de los artículos definidos e indefinidos? ¿Se han omitido algunos?

3. Aspectos tipográficos

   ¿Hay errores de deletreo?
   ¿Hay errores de acentuación?

Lea la composición varias veces y luego, trabajando solo/a o con un compañero de clase, sugiera cambios y correcciones.

Un mito es un cuento tradicional que está pasado de una generacion a una otra. Los mitos son universales; uno puede verlos en cada cultura y en cada civilizacion. Ellos reflejan los aspectos distintos de las culturas: por ejemplo, los mitos justifican algo, o discuten algo de la historia de un grupo, y a veces explican cosas naturales.

Muchos grupos ha usado los mitos para justificar su superioridad sobre otros grupos. Por ejemplo, la ciudad de Babilonia justificaba su posicion politica (su poder sobre las otras ciudades) con un mito que demostraba la superioridad de su dios patron. Y los aztecas justificaban los sacrificios de la gente con un mito que describió el origen del sol y la necesidad de los sacrificios para el movimiento del sol.

Muchos tiempos los mitos incluyen algo de la historia de una cultura y también explican los fenomenos de la naturaleza. Los griegos clásicos tenían muchos mitos que ya son muy famosos. Estos mitos que están preservados frecuentemente discuten un tema historica como la Guerra de Troya. El mito nos da una descripción historica (más o menos) de la guerra, de los héroes y tambien de la tierra alrededor de Troya. Pero, mas importante, el mito identifica quién tiene el poder —el dominio— sobre todos: los dioses.

Los griegos, los aztecas, todas las civilizaciones tienen o tenían los mitos. Algunos mitos, como el de Babilonia, justifican cosas religiosas o políticas. Otros explican los aspectos del ambiente y muchos mitos son historicos con descripciones de las guerras o la politica actual de una epoca.

Pasaje cultural*

De la calle al trabajo: El caso de Bogotá, Colombia

La vida de muchos niños latinoamericanos es poco ideal. Viven en la calle, no tienen para comer a menos de que roben y una gran mayoría ha usado drogas.

DESPUES DE VER

**A. Después de ver este vídeo, ¿qué le parece a Ud. el programa para los gamines de Bogotá? En su opinión, ¿es un programa beneficioso? Basándose en el vídeo, escriba por lo menos uno de los beneficios y uno de los posibles resultados negativo de este programa.

Beneficio _____

_____

Posible resultado negativo _____

_____

---

*The viewing segments corresponding to the **Pasaje cultural** section can be found on the *Video to accompany ¡Avance!*

**B. Busque información en el Internet sobre el crimen y las leyes de algún país hispano respecto al crimen. ¿Cuáles son los delitos más comunes? ¿Cómo son los castigos? ¿Cree Ud. que los castigos son justos? Escoja por lo menos tres ejemplos específicos y, en una hoja de papel aparte, compárelos con ejemplos de su propia comunidad. ¿Qué reformas recomendaría para el país que escogió? ¿Para la comunidad donde Ud. vive?

CAPITULO

12

El trabajo y el ocio

EXPRESION ORAL Y COMPRENSION

Describir y comentar

A. Escuche las siguientes palabras y repítalas en la pausa. Entonces escuche cada palabra otra vez, compare su pronunciación con la que oye en el programa auditivo y repita la palabra una vez más.

convenir (like **venir**)	relajarse	la entrevista
ejercer una profesión	tomar vacaciones	la especialización
entrevistar	valorar	el ocio
entrevistarse en		el pasatiempo
escoger	el aprendizaje	la preparación
especializarse en	el descanso	el prestigio
estar de vacaciones	las diversiones	el tiempo libre
ir de vacaciones	el entrenamiento	las vacaciones
jubilarse	el entretenimiento	

B. Mire la lista de vocabulario del ejercicio A mientras escucha las siguientes definiciones y preguntas. Diga la palabra de la lista que mejor corresponda a cada contexto. Repita la respuesta correcta después de oírla en el programa auditivo.

    1. ...   2. ...   3. ...   4. ...

C. Escuche las siguientes palabras y repítalas en la pausa. Entonces escuche cada palabra otra vez, compare su pronunciación con la que oye en el programa auditivo y repita la palabra una vez más.

Profesiones y oficios		
el/la artista	el enfermero / la enfermera	el reportero / la reportera
el bailarín / la bailarina	el maestro / la maestra	el torero / la torera
el basurero / la basurera	el/la músico	el vaquero / la vaquera
el/la beisbolista	el/la oficinista	el vendedor / la vendedora
el bombero / la mujer bombero	el/la periodista	

D. Mire la lista de vocabulario del ejercicio C mientras escucha una serie de palabras o expresiones. Diga la palabra que más se asocia con cada serie. Oirá cada serie dos veces. Repita la respuesta correcta después de oírla en el programa auditivo.

> MODELO: la pintura, el cuadro, la escultura → *el artista*

1. ... 2. ... 3. ... 4. ... 5. ...

E. Según Ud., ¿qué es lo más importante para ser feliz? ¿el amor? ¿el dinero? ¿otra cosa? Escuche el siguiente texto para saber lo que dijeron unas personas encuestadas (*individuals who were polled*) al respecto. Busque información para completar la siguiente tabla.

1. Resumen de los datos básicos de la encuesta:

	Factores que contribuyen a la felicidad	
	GRUPO:	GRUPO:
más importante ↑ ↓ menos importante		

2. Resuma brevemente lo que la encuesta reveló acerca del trabajo: ¿cuál resultó ser la actitud más frecuente respecto al trabajo?

   ☐ una forma de realización personal

   ☐ una manera de ganarse la vida

   ☐ una tortura

F. Escuche este texto breve sobre una actividad que se da en muchas partes del mundo. ¿Puede adivinar cuál es?

1. Escuche el texto por primera vez para identificar los siguientes datos.

   a. ¿Quién (o qué) es «la reina»? (¡Sea específico!) Y ¿para qué sirve? _____

   _____

   b. ¿Cuáles son *dos* de las razones que motivan su uso? _____

   _____

   c. ¿Cuáles son los dos lugares del mundo donde se utiliza más? _____

   _____

2. Ahora escuche una segunda vez para encontrar información acerca de la importancia *social* de «la reina».

   a. ¿Qué revela acerca de las relaciones entre enamorados en China?

   _____

   _____

b. ¿Qué aspecto de «la reina» les gusta más a los franceses?

_____

_____

Lengua

44. REVIEW OF VERB FORMS

A. Ud. oirá una serie de oraciones. Complételas con la forma correcta del *pretérito*. Trate de usar pronombres de complemento directo e indirecto cuando sea posible. Repita la respuesta correcta después de oírla en el programa auditivo.

> MODELO: Hoy estudias los verbos y ayer también… → *los estudiaste.*

1. … 2. … 3. … 4. … 5. … 6. …

B. Ud. oirá una serie de oraciones. Complételas con la forma correcta del *futuro*. Trate de usar pronombres de complemento directo e indirecto cuando sea posible. Repita la respuesta correcta después de oírla en el programa auditivo.

> MODELO: Ayer estudiaste los verbos y mañana también… → *los estudiarás.*

1. … 2. … 3. … 4. … 5. … 6. …

C. Ud. oirá una serie de oraciones. Complételas con la forma correcta del *presente perfecto*. Trate de usar pronombres de complemento directo e indirecto cuando sea posible. Repita la respuesta correcta después de oírla en el programa auditivo.

> MODELO: No vas a estudiar los verbos porque ya… → *los has estudiado.*

1. … 2. … 3. … 4. … 5. … 6. …

D. Ud. oirá una serie de oraciones. Complételas con la forma correcta del *presente de subjuntivo*. Trate de usar pronombres de complemento directo e indirecto cuando sea posible. Repita la respuesta correcta después de oírla en el programa auditivo.

> MODELO: Estudias los verbos porque tus padres quieren… → *que los estudies.*

1. … 2. … 3. … 4. … 5. … 6. … 7. …

E. Escuche la oración modelo y repítala. Luego oirá una frase que indica tiempo. Cambie la oración al tiempo sugerido por cada frase. Repita la respuesta correcta después de oírla en el programa auditivo.

> MODELO: María estudia mucho. (De niña) → *De niña estudiaba mucho.*

1. … 2. … 3. …

F. Ud. oirá una serie de preguntas en español. Contéstelas en forma negativa; use en su respuesta el mismo tiempo verbal usado en la pregunta. Trate de usar pronombres de complemento directo e indirecto cuando sea posible. Repita la respuesta correcta después de oírla en el programa auditivo.

> MODELO: ¿Estudió Ud. los verbos ayer? → *No, no los estudié.*

1. … 2. … 3. … 4. … 5. … 6. … 7. …

G. Para cada dibujo, Ud. oirá una serie de preguntas. Escúchelas con cuidado y luego contéstelas con una oración completa, usando los verbos indicados para cada pregunta. Repita la respuesta correcta después de oírla en el programa auditivo.

1.

   a. leer el periódico / fumar su pipa

   b. levantarse / ir con ella

   c. haber subir al árbol / no poder bajar

   d. bajar al gato

2.

   a. haber oír un ruido / haber despertarse

   b. haber entrar un ladrón

   c. despertarse

   d. ir a investigar lo que pasar

45. PROGRESSIVE FORMS

A. Ud. oirá una serie de verbos. Dé el gerundio de cada uno. Repita la respuesta correcta después de oírla en el programa auditivo.

    MODELO: escuchar → *escuchando*

    1. ... 2. ... 3. ... 4. ... 5. ... 6. ... 7. ... 8. ... 9. ... 10. ... 11. ... 12. ...

B. Las siguientes personas decidieron cambiar su vida según ciertas resoluciones que hicieron en enero. Ud. oirá lo que cada uno solía hacer en el pasado. Usando el presente progresivo, explique lo que están haciendo este año. Repita la respuesta correcta después de oírla en el programa auditivo.

    MODELO: Paco generalmente comía mucho. Este año... → *está comiendo menos.*

    1. ... 2. ... 3. ... 4. ... 5. ... 6. ...

C. ¿Qué estaban haciendo las siguientes personas cuando... ? Para los siguientes dibujos, Ud. oirá una serie de preguntas. Contéstelas para describir las acciones que se ven en los dibujos. Use el vocabulario indicado bajo cada dibujo. Repita la respuesta correcta después de oírla en el programa auditivo.

MODELO:

¿Qué estaban haciendo los niños cuando las mujeres los vieron? → *Estaban fumando.*

fumar

1.

dormir

2.

pelearse

3.

jugar al béisbol

4.

tocar la porcelana

D. Ud. oirá una serie de oraciones incompletas. Complételas con la forma apropiada del *presente progresivo de subjuntivo.* Trate de usar pronombres de complemento directo e indirecto cuando sea posible. Repita la respuesta correcta después de oírla en el programa auditivo.

MODELO: Juan estudió los verbos anoche, pero dudo que ahora... → *los esté estudiando.*

1. ... 2. ... 3. ... 4. ... 5. ...

E. Ud. oirá una serie de preguntas y expresiones. Contéstelas usando la expresión indicada y la forma apropiada del *pasado progresivo de subjuntivo.* Trate de usar pronombres de complemento directo e indirecto cuando sea posible. Repita la respuesta correcta después de oírla en el programa auditivo.

MODELO: ¿Lo estaba haciendo? (era imposible) → *Era imposible que lo estuviera haciendo.*

1. ... 2. ... 3. ... 4. ... 5. ...

ESTRATEGIAS PARA LA COMUNICACION   **¿Cuánto cuesta?** *How to deal with numbers*

A. Ud. oirá descripciones de algunas situaciones típicas en las que se pueden encontrar los turistas. Escúchelas con cuidado y luego indique la pregunta más apropiada en cada situación.

1. a. _____ ¿Cuánto valen?

    b. _____ ¿No los tendría de color verde?

    c. _____ ¿Qué número son?

2. a. _____ ¿A cuánto están los melones?

    b. _____ ¿Cuántos melones hay?

    c. _____ ¿Cómo son los melones?

3. a. _____ ¿A cuánto está este vestido?

    b. _____ ¿Qué talla es este vestido?

    c. _____ ¿Cómo son los melones?

    c. _____ ¿Cómo son los melones?

B. Lea brevemente el siguiente texto. Luego, Ud. oirá una serie de preguntas. Contéstelas con la información apropiada. Repita la respuesta correcta después de oírla en el programa auditivo.

> María Rodríguez Garreta
> Fernando el Católico, 23-3°, 3ª
> 28015 Madrid, España
> (91) 247 65 89

1. ...   2. ...   3. ...   4. ...   5. ...

Enlace

VOCES

Escuche con atención a William, Daniel, Vikki y Francisco, cuatro hispanos que nos hablan de sus profesiones.

A. Examine el siguiente cuadro (de la página 281) con atención. Escuche los testimonios por primera vez para tratar de contestar la pregunta: ¿Qué profesión tienen y por qué han elegido esa profesión? Identifique las características que mejor describan el trabajo que hace cada uno. Complete el cuadro con la información apropiada.

1. ¿Que profesión tiene y por qué ha elegido esa profesión?

Profesiones	William	Daniel	Vikki	Francisco
manual				
en una oficina				
científico				
del mundo de la naturaleza				
del mundo de los negocios				
del mundo de la medicina				
del mundo de la educación				
Rasgos				
artístico				
intelectual				
social				
espiritual				

2. Ahora escuche el testimonio de William, Daniel, Vikki y Francisco una segunda vez, buscando información que explique por qué cada uno decidió hacer lo que hace. De los cuatro, ¿quién ha tomado su decisión más por comodidad (*convenience*) que por vocación?

Persona	Razón
William	
Daniel	
Vikki	
Francisco	

Decisión más por comodidad: _____

B. Escuche con atención a William, Daniel, Vikki y Francisco mientras hablan del trabajo que harían si pudieran hacer otra cosa.

1. Escuche sus testimonios para decidir en cada caso si la persona escogería un trabajo muy diferente de lo que hace actualmente o si escogería un trabajo bastante similar. ¿Dónde en la línea a continuación colocaría a cada individuo?

<-->

muy diferente   algo diferente   muy similar

**2. Ahora explique brevemente por qué Ud. los ha colocado en la línea de esta manera. ¿En qué son diferentes y en qué son similares los trabajos que describen? Si quiere, escuche los testimonios una vez más.

_____

_____

_____

_____

_____

_____

_____

_____

_____

C. Conteste las siguientes preguntas brevemente por escrito. ¿Trabaja Ud. actualmente? ¿Qué hace y cómo lo consiguió?

_____

_____

_____

_____

¿Es similar o muy diferente este trabajo a su trabajo ideal? Describa brevemente su trabajo ideal.

_____

_____

_____

_____

_____

Pronunciación y ortografía*

PRONUNCIACION: REPASO GENERAL

A. Lea cada una de las siguientes oraciones en voz alta, cambiando al plural las palabras subrayadas. Compare su pronunciación con la que oye en el programa auditivo y repita una vez más.

1. El vaquero del sudoeste de los Estados Unidos es semejante al gaucho de la pampa argentina.
2. El viajero europeo encontró muy poco que elogiar en el gaucho. Lo encontró borracho, camorrista (_rowdy_) y falto de (_lacking in_) moral.

_____

*Remember to use the separate Pronunciation Audio CD for the **Pronunciación y ortografía** sections.

3. <u>Al jinete español</u> de la Edad Media <u>le</u> habría sido muy fácil reconocer <u>al vaquero estadouni-<u>dense</u></u> por su equipo y vocabulario. <u>Habría</u> reconocido sus *chaps* (las chaparreras), su *lariat* (la reata) y otros términos prestados directamente del español o modificados.

B. Escuche la siguiente selección. Luego léala en voz alta, grabando su pronunciación. Cuidado con el ritmo de su lectura, al igual que con la pronunciación de las vocales y consonantes. Después de leer cada oración, compare su pronunciación con la que oye en el programa auditivo y continúe con la próxima oración.

No hay grupos cuyos miembros se parezcan más entre sí que los jinetes del Nuevo Mundo. Los huasos de Chile, los gauchos de la Argentina y del Brasil, los vaqueros de México, los llaneros de Venezuela y Colombia y los vaqueros de los Estados Unidos parecen hermanos.

C. Escuche la siguiente selección por completo. Luego se repetirá el texto más lentamente con pausas. En las pausas, escriba lo que oyó. Al final, toda la selección se repetirá una vez más.

_____

_____

_____

_____

_____

_____

_____

_____

_____

_____

_____

_____

_____

PRACTICA ESCRITA Y COMPOSICION

Describir y comentar

A. ¿Qué palabra no pertenece al grupo? ¿Por qué?

1. el vaquero / el bombero / el oficinista / el torero

_____

2. el artista / el músico / el bailarín / el enfermero

_____

3. el prestigio / relajarse / tomar vacaciones / el tiempo libre

_____

4. la entrevista / el beisbolista / el maestro / el vendedor

_____

B. ¿Con qué palabra de la lista B se asocia cada profesión o verbo de la lista A? Explique el porqué de su asociación.

A

1. _____ valorar

2. _____ un maestro

3. _____ el pasatiempo

4. _____ un bombero

5. _____ un artista

B

a. un diploma
b. la disciplina
c. la inspiración
d. apreciar
e. una aspirina
f. el ocio
g. el edificio

C. ¿Qué palabras del vocabulario de la lista de la página 275 asocia Ud. con los siguientes términos?

1. el descanso _____

2. las diversiones _____

3. el estudiante _____

4. el prestigio _____

5. el aprendizaje _____

**D. Defina cada palabra brevemente en español.

1. el tiempo libre _____

2. el entrenamiento _____

3. el periodista _____

4. el enfermero _____

5. el aprendizaje _____

**E. Escriba una oración en español con cada una de las siguientes palabras y frases.

1. jubilarse _____

2. ejercer una profesión _____

3. especializarse _____

4. el pasatiempo _____

Lengua

44. REVIEW OF VERB FORMS

A. ¿Cuánto recuerda Ud.? Complete el cuadro a continuación con las formas verbales apropiadas. Cuidado con los acentos.

	PRESENTE	PRETERITO	PRESENTE PERFECTO	FUTURO	PRESENTE DE SUBJ.	IMPERFECTO DE SUBJ.
1. pagar: yo						
2. salir: yo						
3. escribir: tú						
4. señalar: tú						
5. poder: Ud.						
6. sacar: ella						
7. traer: nosotros						
8. dar: nosotros						
9. dormir: Uds.						
10. empezar: ellas						

B. Cambie los verbos en letra cursiva por un tiempo *pasado,* haciendo a la vez todos los cambios que sean necesarios en el resto de la oración. A veces hay más de una manera de cambiar la oración. ¡Cuidado! Es necesario leer la oración con cuidado antes de hacer los cambios.

1. *Dicen* que no sabe nada. _____

2. *Van* a venir si es posible. _____

3. *Salen* tan pronto como pueden. _____

4. No lo *piensan* leer porque ya lo han leído. _____

5. Nos *alegra* mucho que se haga música. _____

6. Lo *escogerán* con tal de que esté en buenas condiciones. _____

_____

C. Cambie los verbos en letra cursiva al tiempo *futuro,* haciendo a la vez todos los cambios que sean necesarios en el resto de la oración. A veces hay más de una manera de cambiar la oración. ¡Cuidado! Es necesario leer la oración con cuidado antes de hacer los cambios.

1. Nos *especializamos* en física nuclear en cuanto llegamos. _____

_____

2. Se lo *compraron* para que lo tuviera más rápido. _____

_____

3. ¿Lo *ha* señalado ya? _____

4. Me *caso* con un hombre que me quiere. _____

_____

5. *Tuvo* el poder hasta que volvió el capitán. _____

_____

6. *Esperabas* que fuera banquero. _____

**D. Complete las siguientes oraciones de una manera lógica.

1. Para mí, lo más importante de la experiencia universitaria es _____

_____ porque

_____

2. Si me fuera posible hacerme famoso/a por algo, me gustaría ser conocido/a como «la persona

que _____».

3. Yo una vez _____ y

todavía lo considero el episodio más _____ de mi vida.

(adjetivo)

4. De las profesiones y oficios, el que no me parece nada interesante es _____

ya que _____

5. En mi opinión el hombre inventó el trabajo (para que / porque) _____

_____

6. Decidí especializarme en _____ porque _____

_____

**E. Imagínese que Ud. es consejero/a en la universidad y que los siguientes estudiantes lo/la visitan para que los aconseje sobre las clases que deben tomar. Dados los planes que tienen ellos para el futuro, ¿qué clases les recomienda Ud.?

MODELO: Carmen quiere hacerse periodista. →
Sería conveniente que estudiara inglés y ciencias políticas. También le convendría que tomara algunas clases de oratoria (public speaking).

1. Laura quiere hacerse médica. _____

_____

2. Roberto quiere hacerse diplomático. _____

_____

3. Julio quiere hacerse hombre de negocios. _____

_____

4. Mercedes quiere hacerse abogada. _____

_____

5. Francisco quiere hacerse psicólogo. _____

_____

6. Pedro quiere ser torero. _____

_____

F. Complete el párrafo con la forma correcta del verbo indicado entre paréntesis.

Hace unos años, cuando yo (tener) _____[1] 17 años, mis padres (insistir)

_____[2] en que yo (solicitar) _____[3] entrada en la universi-

dad. Al principio, yo no (querer) _____[4] hacerlo. No me (interesar)

_____[5] los estudios universitarios en esa época. Cuando ellos me (preguntar)

_____[6] qué (hacer) _____[7] después de graduarme en la

escuela secundaria, no (tener) _____[8] la menor idea. Por fin, (escribir)

_____[9] a varias universidades y me (aceptar) _____[10] en

ésta donde (haber) _____[11] pasado los últimos años. Ahora (estar)

_____[12] listo/a[a] para sacar mi licenciatura.

Si mis padres me (haber) _____[13] dicho hace unos años que este año me

(estar) _____[14] graduando en la universidad, no lo (haber)

_____[15] creído. Durante los años pasados, mi vida (haber)

_____[16] cambiado bastante y (haber: yo) _____[17] aprendido

mucho. De mi experiencia en esta universidad siempre (recordar) _____[18]...

(Complete el párrafo en una forma personal.) _____

_____

_____

_____

_____

Pero todavía me (preguntar) _____[19]: ¿Qué (ir) _____[20]

a (hacer) _____[21] después de graduarme? Por eso, (haber)

[a]*ready*

_____[22] decidido hacer estudios de posgrado. De esta forma, (poder)

_____[23] seguir imaginándome cómo (ser: yo) _____[24]

dentro de unos años más. Creo que… (Complete el párrafo en una forma personal.) _____

_____

_____

_____

_____

    A veces pienso cómo habría sido mi vida si nunca (haber)[25] _____ asistido a

la universidad. Creo que… (Complete el párrafo en una forma personal.) _____

_____

_____

_____

_____

45. PROGRESSIVE FORMS

A. Dé la forma correcta del gerundio de los siguientes verbos.

1. servir _____
2. ayudar _____
3. comenzar _____
4. hacer _____
5. decir _____
6. oír _____

7. romper _____
8. leer _____
9. escribir _____
10. ser _____
11. pedir _____
12. robar _____

B. Cambie las siguientes formas simples por la forma progresiva correspondiente, usando como auxiliar el verbo **estar.**

    MODELO: pagaron → *estuvieron pagando*

1. salían _____
2. beberás _____
3. trabajo _____
4. pusiste _____

5. caigo _____
6. hablaría _____
7. creían _____
8. volverán _____

C. Decida si se debe usar un tiempo simple o una forma progresiva para expresar los verbos en letra cursiva. Luego dé la forma apropiada.

1. When *are they coming*? _____

2. Are you crazy? Do you know what *you are saying*? _____

3. *We were eating* when the phone rang. _____

4. Do you remember what the thief *was wearing*? _____

5. Why *are you studying* Spanish this term? _____

6. *They are going* home right now. _____

7. *We* generally *ask questions* at the end. _____

8. The old man knew *he was dying*. _____

**D. ¿En qué se diferencia su generación de la anterior (o de la de sus padres)? En otro papel escriba cinco oraciones usando el presente progresivo para indicar lo que Uds. están haciendo igual que sus padres y lo que están haciendo diferente de lo que hacían sus padres, y por qué.

E. Decida si se debe usar el indicativo o el subjuntivo del verbo auxiliar en los siguientes casos y escriba la forma apropiada en el espacio.

1. Me parece que los estudiantes (estar) _____ bailando más hoy en día.

2. A mis abuelos les sorprendió que mi padre (estar) _____ ganando $60.000 al año.

3. Le pedí que no (seguir) _____ molestándonos.

4. El presidente no sabía que nosotros (estar) _____ criticándolo tanto.

5. No hay duda que (seguir: ellos) _____ pensando ir a la luna.

6. Quiero que tú (ir) _____ preparándote para el examen de japonés. No esperes hasta última hora.

7. No había nadie que (estar) _____ ayudando a los estudiantes más que el señor León.

8. ¡Qué raro que ya no (estar: ellos) _____ sirviendo pescado los viernes!

9. Ya que el sol (estar) _____ saliendo, debemos levantarnos para ir a clase.

10. El gato maullaba (*howled*) de hambre como si (estar) _____ muriéndose.

**F. Complete las siguientes oraciones con la forma correcta del progresivo de subjuntivo.

1. Las telenovelas (*soap operas*) son muy populares hoy en día entre los estudiantes. Si tú visitas mi

   residencia, por ejemplo, a las _____ de la tarde, es probable que todo el mundo
                                    (hora)

   _____

2. Dos amigos de la escuela secundaria me visitaron en la universidad recientemente; no pudieron

   creer que yo _____

3. Soy optimista / pesimista con respecto al futuro porque me parece que últimamente _____

   _____

4. La última vez que hablé con mis padres, a ellos les alegró / enojó mucho que yo _____

   _____

5. Le grité a mi mejor amigo/a recientemente porque me molestó mucho que _____

_____

46. RESTRICTIONS ON THE USE OF THE **-NDO** FORM

A. Indique la palabra o frase que mejor complete cada oración.

1. La carta (explicando / que explicaba) el asunto llegó ayer.
2. Después de (trabajando / trabajar), nos gusta ir al gimnasio.
3. (Escribiendo / Escribir) composiciones de español es buena práctica para aprender la lengua.
4. ¿Oíste a papá (cantando / que canta) en la ducha?
5. Mi pasatiempo favorito es (leyendo / leer) novelas policíacas.
6. El pájaro (volando / que volaba) dejó caer el gusano (*worm*).

B. Exprese en español las palabras entre paréntesis.

1. Dé la respuesta correcta, (*explaining*) _____ sus razones brevemente.

2. El hombre (*entering*) _____ por la puerta de atrás es un abogado famoso.

3. Es posible efectuar cambios en el sistema sin (*stirring up:* fomentar) _____

   una revolución.

4. La única solución al problema es (*prohibitting*) _____ la posesión de drogas.

5. Resolvieron el problema (*by prohibitting*) _____ la posesión de drogas.

6. (*Giving:* Poner) _____ una multa al criminal no es un castigo suficiente-

   mente fuerte.

7. Las personas (*having*) _____ preguntas deben esperar hasta el final.

8. Antes de (*giving*) _____ sus razones, el abogado miró al cielo.

9. El abogado pudo convencerlos a todos (*by giving*) _____ razones lógicas y

   convincentes.

C. Complete el siguiente párrafo con las formas correctas en español de las palabras inglesas o españolas que se dan entre paréntesis. Base sus respuestas en la información comunicada en el anuncio de la
página 292.

Según el anuncio, si Ud. (*need*) _____[1] hacer un viaje, es mejor que (*you do it*)

_____[2] en tren que en coche. (*By traveling*) _____[3] en tren,

Ud. puede aprovecharse de las muchas ventajas (*offered:* ofrecer) _____[4] (por /

para)[5] este medio de comunicación moderno. Primero, Ud. (*will have*) _____[6]

las manos libres y por eso (*will be able*) _____[7] leer o escribir si lo desea.

Segundo, y quizás más importante, Ud. (*will arrive*) _____[8] a su destino sin

(*worrying*) _____[9] de ser víctima de un accidente automovilístico. Así que,

(por / para)[10] su próximo viaje, ¡(*go*) _____[11] en tren!

DEJESE DE SUSTOS Y VAYA DE MIEDO.

Cuando se va a viajar hay que ir a lo seguro: El tren. Un medio de comunicación moderno, confortable, que nos deja las manos libres para ocuparnos de nuestros asuntos, de nuestros libros.
Cuando se viaja, es preferible hacerlo intentando descubrir al asesino de la novela, que preocupándose de no ser la víctima de la carretera.

RENFE
MEJORA TU TREN DE VIDA.

Enlace

**LAS PARAFRASIS

Ud. tiene que transmitir la información de las siguientes conversaciones a otra persona. En otro papel, haga una paráfrasis de lo que dice cada persona. Tenga cuidado con los cambios necesarios en las formas verbales (tiempo y modo) y también con los pronombres.

1. REPORTERO: Señor Presidente, ¿por qué no sube Ud. los impuestos? La tasa (*rate*) de desempleo sube cada día y esto crearía más trabajos disponibles.

   PRESIDENTE: Aunque el desempleo está en aumento, no quiero subir los impuestos para que el gobierno gaste más dinero. Eso resultaría en inflación.

   REPORTERO: Pero, ¿hasta cuándo será necesario esperar una mejora en la economía?

   PRESIDENTE: Oiga, no soy adivino. Pero mis consejeros me dicen que el restablecimiento de la economía ya llega.

2. MARIA: ¿Qué hiciste ayer, Luisa?

   LUISA: Fui de compras porque mi abuela me pidió que le buscara un nuevo chal. Ya empieza a hacer frío y ella lo va a necesitar pronto.

   MARIA: ¿Encontraste algo?

   LUISA: Sí, pero no lo compré porque costaba más de lo que quería gastar. Por eso voy al centro hoy para ver si puedo encontrar otro que sea más barato.

3. JAIME: Guille, tráeme la escoba. Se me rompió un plato y necesito recoger los pedacitos antes que alguien los pise.

   GUILLE: Déjame ver. Mira, los pedazos son pocos. ¿Quieres que trate de arreglar el plato?

   JAIME: Bueno, si crees que es posible. Necesitarás un pegamento (*glue*) que sea muy fuerte, ¿verdad?

   GUILLE: No, alcánzame el «Elmer's». Con eso podré hacerlo.

**LAS FORMAS VERBALES

A. En otro papel describa con todos los detalles posibles lo que le pasó ayer a la familia Gambas.

¿Cuántas de las siguientes estructuras verbales puede incluir en su relato?

☐ el imperfecto   ☐ el imperfecto progresivo

☐ el pretérito   ☐ el gerundio

☐ el mandato   ☐ el **se** reflexivo

☐ el imperfecto de subjuntivo ☐ el **se** recíproco

☐ el condicional   ☐ el **se** «inocente»

☐ el pluscuamperfecto

B. En otro papel, describa lo que le pasó al señor Rayado y su perrito Albóndigas el fin de semana pasado. Incorpore todos los detalles posibles, y utilice tantas de las estructuras enumeradas para el ejercicio A como sea posible.

© Quinos/Quipos

¡OJO!

A. Indique la palabra que mejor complete cada oración.

1. Tenemos que subir (a / en) pie; el ascensor no (funciona / trabaja).
2. (Como / Porque) sus padres (devuelven / regresan) mañana, los niños (se hicieron / se pusieron) muy contentos.
3. Es triste, (pero / sino / sino que) el niño nunca (logra / sucede / tiene éxito) agradar a su madre.
4. (Porque / Ya que) nació mi hijo, no he podido (dejar / salir) con mi mujer al cine.
5. No le (cuida / importa) nada nuestra opinión; sólo piensa (de / en / —) el dinero. ¡Qué egoísta!
6. No sé si ellos realmente (realizan / se dan cuenta de) la gravedad de esta (cuestión / pregunta) —(miran / parecen) totalmente indiferentes.
7. Te he dicho mil (ratos / tiempos / veces): No (te mudes / te muevas) hasta que saque la foto.
8. (Lleva / Toma) esa taza de té a tu abuelito; no (se siente / siente) bien después de la derrota de su equipo de fútbol.
9. Yo le pedí que me (guardara / salvara) un trozo de pastel, pero se le olvidó y se lo comió todo él.
10. Después de graduarse, (ahorró / salvó) suficiente dinero y (se hizo / se puso) médico.

B. Complete la traducción con la expresión en español que convenga, según el contexto.

1. *When he tried to cross the bridge, he fell and hurt himself.*

   Cuando _____ atravesar el puente, se cayó y _____.

2. *They took a long time to read the story.*

   _____ mucho tiempo en leer _____.

3. *I've been thinking of my grandmother a lot. I really do miss her.*

   _____ mi abuelita mucho. La _____ muchísimo.

4. *Ruby had only two dates with Earl, fell in love with him, and married him after two months.*

   Ruby tuvo sólo dos _____ con Earl, _____ y

   _____ después de dos meses.

5. *Because my car broke down, I missed the beginning.*

   _____ se me descompuso el carro, _____ el comienzo.

6. *You have to look at the facts carefully to see if they support your allegations.*

   Tienes que _____ con cuidado para ver si _____ tus

   acusaciones.

7. *He looked unhappy because of the news.*

   _____ triste _____ las noticias.

8. *Don't leave those skates here! It's time to return them.*

   ¡ _____ aquí esos patines! _____ de

   _____.

9. *He saved my life.*

   Me _____ la vida.

10. *The woman paid the bill and then left her package on the counter.*

   La mujer pagó _____ y luego _____ su paquete en el mostrador.

REPASO: PARRAFO DE SINTESIS

Lea la siguiente selección, llenando los espacios en blanco con la forma correcta en español de las palabras entre paréntesis. Donde se dan dos palabras, indique la más apropiada según el contexto.

Planes para el verano

Era la semana de los exámenes finales y a Susanita (le / se)[1] preocupaba mucho su clase de

informática. (Tenía / Tuvo)[2] un proyecto que terminar para el viernes. (*Going:* Pasar)

_____[3] por el centro de computadoras, ella descubrió que no era la única persona

con ese problema: el centro (ser / estar) _____[4] lleno de estudiantes. No había

ninguna terminal que (estar) _____[5] libre. Ya que todavía no (*had eaten*)

_____[6], ella (decidir) _____[7] ir a Burger King. (Pedir)

_____[8] una hamburguesa y caminaba a una mesa cuando (ver)

_____[9] a su amigo Diego, sentado en otra mesa.

DIEGO: Susana, (venir: tú) _____[10] aquí y (sentarse) _____[11]

conmigo.

SUSANA: Hola, Diego. ¿Qué tal? No (estuviste / fuiste)[12] a la clase de literatura ayer. ¿Qué te pasó?

¿(Estuviste / Fuiste)[13] enfermo?

DIEGO: No, es que no me gusta (*wasting:* perder) _____[14] el tiempo. Esa clase

(es / está)[15] un desastre. Es tan aburrida que casi todo el mundo (duerme / se duerme)[16]

después de diez minutos.

SUSANA: Ya lo sé. Y además, parece que el profesor Pérez (se hace / se pone)[17] cada vez más distraído.

¡Ayer dio la misma conferencia que (*he gave two weeks ago*) _____[18]!

DIEGO: Es por eso que no (me siento / siento)[19] mal cuando no (asistir / atender)

_____[20] a clase. Además, era necesario que (terminar)

_____[21] mi programa para la clase de informática. Como tú sabes, a

menos que uno (llegar) _____[22] tempranísimo al centro, es imposible

(conseguir) _____[23] una terminal. ¿Sabes qué? El viernes me (mudo /

muevo)[24] de la residencia a un apartamento que está en la calle State.

SUSANA: ¿Sí? No creía que tú (quedarse) _____[25] aquí este verano. Pensaba que (living) _____[26] en un pequeño pueblo como éste no (would be) _____[27] interesante para ti.

DIEGO: Era (cuestión / pregunta)[28] de prioridades. Yo le dije a mi consejero que (querer: yo) _____[29] graduarme en diciembre y él me recomendó que (tomar) _____[30] por lo menos tres cursos este verano para que no (tener) _____[31] que tomar dieciocho créditos en el otoño. ([By] Studying) _____[32] como loco este verano, (I will graduate) _____[33] a tiempo.

SUSANA: ¡Anda! ¿Y vas a vivir solo en tu apartamento?

DIEGO: No. Aun en verano, los apartamentos aquí siguen siendo caros. Si (I lived) _____[34] solo, (I would have) _____[35] que pagar un dineral.[a] Voy a compartirlo con mi primo Robi. Nos alegramos mucho de que sólo (pagar: nosotros) _____[36] $350 al mes cada uno. ¿Y tú? ¿Qué planes tienes?

SUSANA: Mis padres (have told me) _____[37] que vuelva a Nueva York para el verano. (I will look for) _____[38] trabajo allí. Y ahora, a buscar una terminal. Espero que alguna gente ya (haber) _____[39] (dejado / salido)[40]. ¿Me acompañas?

[a]fortuna

Análisis y aplicación: Composición

LA ARGUMENTACION

**You have practiced three basic types of writing in *Pasajes*: description, narration, and exposition. Each of these is characterized by a specific purpose and a typical structure or organization. Can you briefly summarize what these are?

	Purpose	Structure
Description		
Narration		
Exposition		

A fourth type of writing is the *argumentative essay*. This type of essay uses the same basic structure as the exposition, and it can be developed using the same methods of organization (comparison/contrast, analysis/classification, cause/effect). The difference between the two lies in their respective purposes. Exposition seeks to *inform* the reader about a certain topic. Argumentation is an attempt to change the reader's mind, to *persuade* him or her toward the author's point of view, to convince him or her to take a certain course of action. This difference in purpose is first evident in the *thesis,* or main idea, of each. The thesis is normally stated in the introductory paragraph. But the difference between exposition and argumentation is also evident in the *language* that is used in each.

1. Read each of the following thesis statements and identify those that are for expository essays (**E**) and those that are for argumentative essays (**A**).

   a. _____ El requisito de aprender otras lenguas es anacrónico, imbécil e inútil.

   b. _____ Además de ser los animales más grandes de la tierra, las ballenas (*whales*) son unos de los animales más interesantes.

   c. _____ El cuerpo humano se puede comparar con una máquina maravillosa.

   d. _____ A pesar de lo que digan los feministas y los liberales, la mayoría de las diferencias entre los sexos tiene una base biológica.

   e. _____ El consumo de drogas produce muchos efectos negativos en el cuerpo.

   f. _____ El código criminal norteamericano necesita revisiones radicales e inmediatas.

**2. On another sheet of paper, change the following expository thesis statements to argumentative statements. Each statement may be changed in a variety of different ways.

   a. El sistema educativo de los Estados Unidos está en constante evolución.
   b. El capitalismo es un sistema económico que pone énfasis en el libre comercio (*free enterprise*) y en la ley de oferta y demanda.
   c. La situación de la mujer en la sociedad norteamericana actual es muy diferente de lo que era durante el siglo pasado.
   d. La contaminación del ambiente es resultado de muchos aspectos de la vida moderna.

Besides the thesis statement, the argumentative essay also differs from an expository essay in terms of language. Although a prerequisite for successful writing of any type is to know your audience, this is particularly important for argumentation. Before you can decide what kinds of reasons and information to use, you must know for whom you are writing. How much information do your readers already have about the topic? Are they likely to have formed an opinion already? What prejudices or expectations might they have? What is their "stake" in the topic? For example, if you wished to argue for more pollution controls on automobiles, the types of reasons you would include for an audience of consumer advocates would be very different from those you would use to try to convince a group of Ford executives.

Once you have decided who your reader is, you must consistently address him or her on the same level throughout the essay. If the reader is a specialist, the introduction should not include information needed by the nonspecialist, and vice versa.

The writer must establish a relationship of trust with the reader, who must feel that the writer is qualified to speak on a given topic and is rational and well informed. For this reason, it is a good idea to mention what "the other side" thinks about the same topic and to explain why you are not convinced and why your reader should not be.

**3. Study the following sentences that might be included in an essay on "The Quality of Education at the University of Mystate." For what type of reader would each be appropriate (expert, nonexpert, friend, antagonist, etc.)? Which sentences would help to build up the reader's trust? Are there sentences that might alienate the reader?

   a. As a graduating senior, I feel I now have the perspective to comment on the quality of education at the U. of Mystate.
   b. As a straight-A student, I feel I am in an excellent position to evaluate the quality of education at the U. of Mystate.

c. The change in requirements in 1997 forced students to declare a major early and then concentrate almost entirely in that area, often to the detriment of exploring other, equally valid interests.

d. Chemistry majors must pass Chem 124, 125, 126, 225, 226, and 227 prior to declaring a concentration; such demanding prerequisites seem unnecessary.

e. Even those who feel a "liberal education" is not appropriate in today's specialized economy agree that there must be some exploration of diverse fields in the early period of university coursework.

f. Many of my friends discovered that they were not happy with their first choices of major, but that if they had changed, they would have been forced to postpone graduation for one or two years.

4. Think about how your arguments would be different (or similar) if you were writing an argumentative essay directed at the indicated audiences.

a. TEMA: **El control de las armas nucleares**
Lector 1: un general del ejército
Lector 2: el padre (la madre) de Ud.

b. TEMA: **El requisito de aprender otras lenguas (u otra materia)**
Lector 1: un estudiante nuevo
Lector 2: un profesor de lenguas (o de otra materia)

**Tarea. Your campus newspaper has a column entitled "My Turn" in which students may publish their opinions on a variety of issues. Identify a particular issue about which you feel strongly and plan an argumentative essay for the "My Turn" column. The issue could be one that is currently important on campus or one that has been in the local or national news. It should be at least slightly controversial, that is, have more than one side, and you expect that not everyone will share your particular opinion.

As you plan your essay, first clarify your position on the issue and why you hold it. What information did you have? What other points of view did you examine and reject? What evidence convinced you? Are you trying to convince mostly students or administrators or a combination of both? Will the same evidence convince them? What other information could you include? As before, you may find it helpful to brainstorm with a classmate to get some preliminary feedback to help you generate ideas.

Decide which of the patterns of expository development (cause/effect, comparison/contrast, analysis/classification) presented in *Pasajes* seems most appropriate for developing your essay. Organize your information appropriately. Develop your ideas into a two-page essay. Don't forget to include an introduction and a conclusion. As before, try to leave your essay for at least a day before you come back to edit and proofread.

Pasaje cultural*

_____

*The viewing segments corresponding to the **Pasaje cultural** section can be found on the *Video to accompany ¡Avance!*

En kayac* por Chiloé y carros de viento en Llay Llay, Chile

«El trabajo sin reposo, convierte al hombre en un soso».† Este refrán tradicional subraya (*underscores*) la importancia del ocio para el ser humano. No se puede llevar una vida feliz sin divertirse, sin tener tiempo libre. La definición de «ocio» varía de persona a persona, pero el significado común es descanso del trabajo y de las obligaciones diarias.

**ANTES DE VER

Conteste las siguientes preguntas.

1. ¿Cómo se divierte Ud.? ¿Cómo pasa su tiempo libre? ¿Prefiere las actividades emocionantes o peligrosas, o prefiere las actividades más tranquilas?

   _____

   _____

2. Tomando en cuenta sus respuestas a las preguntas anteriores, ¿cree Ud. que la personalidad determina qué actividades le gustan más a una persona? Explique.

   _____

   _____

3. ¿Por qué cree Ud. que actividades como el *camping*, el montañismo (*mountaineering*) y el buceo son populares hoy en día? ¿Qué tienen en común? Explique sus respuestas.

   _____

   _____

**VAMOS A VER

¿Cierto (**C**) o falso (**F**)? Conteste según el vídeo. Corrija las oraciones falsas.

	C	F	
1.	☐	☐	Para ir a Chiloé, se recomienda viajar en autobús.
2.	☐	☐	Chiloé es una península.
3.	☐	☐	Una buena manera de conocer Chiloé es en kayac.
4.	☐	☐	Los carros de viento navegan por las calles de Llay Llay.
5.	☐	☐	Los carros de viento se controlan con cuerdas y con el peso del cuerpo del tripulante (*rider*).
6.	☐	☐	No hay peligro de accidentes en los carros de viento.

**DESPUES DE VER

A. Conteste las siguientes preguntas.

1. ¿Cuál de las dos actividades —pasear en kayac o navegar en carro de viento— le interesa más? ¿Por qué?

---

*Since **kayac** is not a Spanish word, you will see some variation in its rendering in Spanish. Many Spanish-speakers spell it **kayak**.

†Literally, "Work without rest turns a man into a dull person." The English equivalent of this saying is, "All work and no play makes Jack a dull boy."

2. Haga una lista de varios pasatiempos y actividades para los ratos de ocio que le interesan. Explique brevemente en uno o dos párrafos por qué le parece interesante o divertido cada actividad o pasatiempo.

B. Busque información en el Internet sobre la actividad o el pasatiempo que más le interesa a Ud. Esto puede incluir información sobre organizaciones dedicadas a esa actividad o pasatiempo, lugares donde se practica, el equipo (*equipment*) que se necesita y cualquier otro tipo de información. Escriba un breve ensayo en una hoja de papel aparte. Comparta su información con sus compañeros de clase.

Answers to Exercises

Expresión oral y comprensión

ENLACE
Voces

A. 1. Alemania, Argentina, Colombia, España, Francia, Inglaterra, and Japón are mentioned; Bolivia, los Estados Unidos, and México are not. 2. *Alemania:* cerveza, guerras mundiales, eficiencia; *Argentina:* gente educada y simpática, el cuero, la pampa, los gauchos, el tango, los desaparecidos, gente presuntuosa; *Colombia:* narcotráfico, guerrillas, café; *España:* «marcha» nocturna, diversión, restos históricos, pueblos andaluces, gallegos, emigrantes, paella, sangría, flamenco, Hernán Cortés, don Quijote, Goya; *Francia:* belleza arquitectónica, vida bohemia, arte, poesía, cafetines, artistas pobres, narcisismo, egocentrismo; *Inglaterra:* sistema político rígido, música contemporánea; *Japón:* tecnología y 3. *Responses will vary.* **C.** 1. estereotipo 2. tenemos 3. cultura 4. toros 5. nuestro 6. trabajador 7. catalana 8. hablamos 9. españoles 10. contrario 11. suelen 12. gente 13. divertida 14. extrovertida

Práctica escrita y composición

DESCRIBIR Y COMENTAR

A. 1. estereotipos, imágenes 2. atletas 3. trabajador 4. típicos 5. estudioso/a 6. perezoso 7. deportista 8. coquetón 9. costumbres

LENGUA

1 1. la 2. el 3. las 4. la 5. los 6. el 7. el 8. las 9. la 10. el 11. el 12. los 13. la 14. las 15. la

2 **A.** 1. españoles 2. hispanoamericanos 3. la 4. norteamericana 5. la 6. los 7. la 8. la 9. los 10. Unidos 11. las 12. otros 13. todos 14. los 15. la 16. favorita 17. todos 18. los 19. las 20. los 21. Unidos 22. muchos 23. profesionales 24. la 25. todos 26. los 27. antiguos 28. cómodas 29. grandes 30. el 31. demasiado 32. caro 33. los 34. una 35. peligrosa 36. todos 37. los 38. rodeados 39. terribles 40. llenos 41. del 42. varias 43. la 44. norteamericana 45. algunas **B.** Margarita acaba de entrar en la universidad y necesita escribir un pequeño autorretrato para su clase de redacción. Ella escribe el siguiente párrafo: Yo soy Margarita Montero. Tengo dieciocho años y soy la última de cuatro hijos. Yo soy distinta de todos los otros miembros de mi familia. Todos ellos son rubios pero yo soy morena; yo soy más bien baja y ellos son altos. Ellos son artistas pero yo no tengo interés en el arte. Prefiero las ciencias y asisto a esta universidad porque quiero estudiar biología. Mi novio también asiste a esta universidad y él piensa estudiar ingeniería. Espero que algún día yo sea una médica famosa y él un ingeniero importante.

3 **A.** 1. son 2. es 3. está 4. hay 5. están, son 6. Hay 7. es, son 8. están, están 9. Hay 10. es, están 11. hay 12. soy, está 13. es, son 14. están 15. hay, Hay **B.** 1. ¡Hola! ¿Cómo estás? 2. Este regalo es para ti. 3. Estás muy guapo/a esta noche. 4. Estoy un poco nervioso/a. 5. Este restaurante no es caro. 6. ¡Este postre está delicioso! 7. ¿Estás aburrido/a? 8. El concierto es a las ocho y media. 9. Son las doce. ¿Estás cansado/a? **D.** 1. puesto 2. visto 3. vivido 4. traído 5. vuelto 6. empezado 7. tenido 8. dicho 9. roto 10. muerto **E.** 1. está rota 2. están abiertas 3. está encendida 4. está hecha 5. está cortado 6. están tirados 7. están pintadas 8. está muerto

4 **A.** 1. visita 2. debe 3. hablan 4. son 5. comprenden 6. saben 7. causan 8. aprenden 9. es 10. habla 11. generalizamos 12. hablamos 13. describimos 14. comprendo 15. tiene 16. juzgo 17. observo 18. expreso 19. acaba 20. está 21. necesito 22. son **B.** 1. Llevamos 2. consideran 3. dice 4. son 5. sabemos 6. hablan 7. tiene 8. es 9. dice 10. pone 11. apoya 12. duerme 13. sirven 14. encierran 15. cierran **C.** 1. es 2. prefiere 3. tiene 4. revela 5. buscan 6. es 7. Sigue 8. es 9. es 10. recuerda 11. tiene 12. trae 13. sabe 14. tiene **E.** 1. son 2. conoce 3. comparten, es 4. son 5. vienen *True sentences:* 2, 4, 5

5 **A.** 1. lo oigo 2. voy a aceptarlos (los voy a aceptar) 3. no los odio 4. acabo de visitarla (la acabo de visitar) 5. lo escuchan 6. puedo hacerlo (lo puedo hacer) 7. Los escribo antes.

Ortografía: El silabeo

1. pre-o-cu-pa-do 2. pa-dre 3. ca-rro 4. em-pe-zar 5. tí-o 6. si-glo 7. com-bi-na-ción 8. es-te-re-o-ti-po
9. a-pro-pia-do 10. ca-rac-te-rís-ti-ca 11. cu-chi-llo 12. ni-ña 13. en-tien-de 14. e-le-fan-te
15. ver-da-de-ro 16. ma-cho 17. ne-ce-sa-rio 18. si-la-be-o 19. a-vión 20. ab-so-lu-to 21. ac-ción
22. vuel-ve 23. ac-ti-tud 24. piel

¡Ojo!

A. 1. trabajar 2. bajos 3. funciona 4. breve 5. bajo 6. mira 7. parece, funciona 8. buscamos

B. 1. no funciona, breve, buscar 2. parece, trabajar 3. bajos, baja 4. miras, breve 5. buscan, trabajan, más corta 6. miro 7. funciona, mira, parece

Repaso: Párrafo de síntesis

1. hay 2. brillan 3. habla 4. parece 5. es 6. está 7. es 8. mira 9. guiña 10. es 11. es 12. viven 13. pasan
14. comentan 15. cantan 16. beben 17. bailan 18. noto 19. está 20. comprendo 21. está 22. está
23. espero 24. abandona 25. hablamos 26. describe 27. son 28. vuelven 29. está 30. deseo 31. llego
32. espero

CAPITULO 2

Expresión oral y comprensión

LENGUA

10 B. 1. Generalmente Susana se levanta de la cama media hora después. 2. Casi todos los días se ducha y se lava el pelo. 3. Pero los fines de semana se baña. 4. Después se viste con ropa cómoda. 5. Cuando vuelve a casa por la noche se sienta a ver la televisión. 6. Más tarde se quita la ropa y se pone el pijama. 7. Usualmente se acuesta a las 10:00 de la noche. 8. Le gusta leer en la cama; por eso no se duerme hasta la media noche.

ENLACE
Voces

B. *procedencia:* Marruecos (*Morroco*), Africa; *características:* pobres, sin cualificación, costumbres y culturas diferentes, no hablan español, ilegales, refugiados políticos, es difícil encontrar trabajo y adaptarse **C.** 30 por ciento: población negra; 10 por ciento: diferentes grupos de indígenas

PRONUNCIACION Y ORTOGRAFIA
Pronunciación: Los diptongos

E. 1. propio 2. planear 3. supuestos 4. trineo 5. mueca 6. puntualizado 7. cliente 8. parciales
9. boicotear 10. teatro

F. En la sociedad latinoamericana moderna, las ropas occidentales representan el medio ideal para la asimilación de los indios. Una vez que el indígena adopta el vestido occidental, ya no puede ser identificado como indio. Es por este profundo cambio en el estilo de vestir que los indios de los Andes literalmente están desapareciendo de nuestra vista.

Práctica escrita y composición

DESCRIBIR Y COMENTAR

A. 1. discriminar 2. indígenas 3. mezcla 4. población 5. Con respecto a 6. indios 7. raza
8. compartir **B.** 1. el descendiente 2. el desprecio **C.** 1. apreciar 2. llevarse bien

LENGUA

6 A. 1. Se dice que hay muchos indígenas norteamericanos en el Oeste. 2. Se insiste en comprar coches grandes. 3. En las reservas se intenta mantener las tradiciones. 4. En muchas partes del mundo se cree que todos los estadounidenses son ricos. 5. En este país se aprecian mucho los valores humanos.

7 A. 1. les escribo 2. le contestamos 3. Pienso comprarle (Le pienso comprar) 4. Debo decirle (Le debo decir) 5. no les deben gritar (no deben gritarles)

8 A. 1. Voy a dársela (Se la voy a dar) a mi hermana. 2. Te lo voy a devolver (Voy a devolvértelo) mañana. 3. Voy a dárselo (Se lo voy a dar) a mi mejor amigo. 4. La biblioteca me los presta. 5. Nuestros padres nos la pagan.

9 A. 1. la bebía 2. me la compraba 3. íbamos (allí) 4. los hacía 5. jugaba con ellas 6. los preferían 7. podía 8. dormían mucho 9. las pedía 10. eras, los decías **B.** 1. comprendía 2. se relacionaba 3. se desarrollaba 4. aparecía 5. era 6. estaban 7. se debía 8. era 9. representaba 10. se lograba 11. cultivaban 12. cazaban 13. pescaban 14. se organizaban 15. dividían 16. se encontraban 17. vivían 18. estaban 19. desaparecían

10 A. 1. Se, se 2. se 3. se, X 4. X 5. X 6. X 7. X 8. se 9. se 10. se **C.** 1. Aquí los estudiantes y profesores se respetan. 2. Mi perro y mi gato no se llevan bien 3. Algunos grupos étnicos se odian. 4. Los dos grupos se desprecian. 5. El novio y la novia se dan anillos.

ENLACE
Ortografía: Repaso del silabeo

1. si-guien-tes 2. in-dí-ge-na 3. ro-de-o 4. fe-me-ni-no 5. a-bril 6. an-ti-guo 7. a-grio 8. chu-rro 9. fue 10. in-dio 11. es-truc-tu-ra 12. va-lle

Ortografía: El acento escrito

A. 1. clínica 2. kilómetro 3. capacidad 4. horrible 5. difícil 6. lápices 7. azúcar 8. último 9. interés 10. montón 11. ladrones 12. canción 13. representar 14. alemana 15. rápido 16. aquí 17. mantener 18. química 19. canciones 20. pájaro 21. dificultad 22. juventud 23. animal 24. análisis 25. joven 26. trabajan 27. eléctrico 28. hermosísimo **B.** 1. Qué, te, tu 2. sé, si, él 3. mí, el

Ortografía: Los diptongos y el acento escrito

A. 1. ie 2. ío, 3. ua 4. oi 5. eí 6. ai 7. úe 8. aú 9. íe 10. ía 11. ei 12. oí **B.** 1. siéntese 2. democracia 3. melodía 4. dinastía 5. lecciones 6. gracias 7. actual 8. continuo 9. limpio 10. policía 11. oímos 12. jaula 13. cuéntanos 14. tierra 15. juegan 16. actúan 17. caigo 18. astronauta 19. periódico 20. lío

¡Ojo!

A. 1. piensas de 2. se casaron 3. dependen de 4. Pienso que **B.** 1. baja 2. pienso en 3. trabajan 4. en

Repaso: Párrafo de síntesis

1. estudian 2. aprenden 3. Descubren 4. vivían 5. era 6. participan 7. bailan 8. bailaban 9. se transmiten 10. parecía 11. se ve 12. quieren (desean) 13. busca 14. construye 15. cultiva 16. quieren (desean) 17. desean (quieren) 18. empiezan (comienzan)

CAPITULO 3

Expresión oral y comprensión

LENGUA
14 A. 1. ⤳ 2. ↓ 3. ⤳ 4. ⤳ 5. ⤳ 6. ↓

ENLACE
Voces

A. *Heber:* accidente, una sustancia gaseosa, en su casa, con una o dos personas más; *Elvira:* accidente, una sustancia líquida, niña; *Bertha:* en una clínica u hospital, con muchas otras personas, adulta

Práctica escrita y composición

DESCRIBIR Y COMENTAR

A. 1. Día de las Brujas, un disfraz, dulces 2. gastan una broma 3. monstruos 4. brujas 5. esqueletos, fantasmas 6. cementerio 7. lo sobrenatural, asustan 8. Semana Santa **B.** 1. rechazar 2. la muerte 3. disfrazar 4. morir

LENGUA

11 A. 1. A mis padres les gusta lo tradicional. 2. A nosotros nos cae bien Luisito. 3. A ti no te interesan las películas terroríficas. 4. A mí me cae mal la «generación X». 5. A Vicente le disgustan las personas agresivas. **C.** 1. Los escuchaban porque les gustaban. 2. Los rechazaba porque no le gustaban. 3. La pedían con queso porque les gustaba. 4. Lo leíamos porque nos gustaba. 5. Las compraba porque le gustaban.

12 A. 1. vinieron, quisieron, compré 2. Durmió, pude 3. vine, llegué 4. vieron, denunciaron 5. pusiste, busqué, encontré 6. pidió, sirvió 7. fuimos, vimos, recibió 8. pagué, di 9. anduvo, tomó 10. pedí, murieron

13 C. 1. I have been living (I have lived) here for ten years. 2. Cecilia has been dancing (has danced) in public for a long time. 3. They arrived in the country eight years ago. 4. We have been engaged for several months. 5. We bought the dog two years ago. 6. What a pleasure! I haven't seen you in so long (such a long time)!

14 A. 1. puso 2. tenía 3. Quería 4. Logré 5. di 6. tenía 7. Empecé 8. sabía 9. hice 10. entró 11. agarró 12. metió 13. Estaba 14. castigó **B.** 1. parecía 2. estaban 3. Corrían 4. investigaban 5. volvían 6. contestaba 7. anunció 8. estaba 9. empezó 10. trataba 11. pusieron 12. querían 13. abrocharon 14. pudieron 15. rompió 16. apretaron (apretaban) 17. tenían 18. empezaron 19. iba 20. estaban 21. sonrió 22. desapareció 23. Pasaron 24. oímos 25. nombró 26. preguntó 27. obedecían 28. recordó 29. podía 30. iba 31. hablaba 32. escuchaban 33. eran

15 1. que 2. que 3. quienes 4. que 5. quienes 6. que 7. que 8. quienes

ENLACE
Ortografía: Los sonidos [k] y [s]

A. *Preterite:* almorcé, choqué, empecé, busqué; *present subjunctive:* almuerce, choque, empiece, busque **B.** 1. poquito 2. riquísimo 3. loquísimo 4. pedacito **C.** 1. las voces 2. las veces 3. los peces 4. los disfraces **D.** 1. estaba 2. se puso 3. se preguntó 4. sabía

¡Ojo!

A. 1. hora 2. vez 3. caso 4. un cuento 5. tiempo 6. caso 7. una visita **B.** 1. un cuento, una vez 2. presta atención 3. hora, pagar, cuenta 4. hacer una visita

Repaso: Párrafo de síntesis

1. se nota 2. se despide 3. permanece 4. se conservan 5. se prefería 6. se llamaba 7. duraba 8. se acercaban 9. Se oían 10. estaba 11. avisaban 12. había 13. acompañaba 14. se ven 15. se asocian 16. no se considera 17. se piensa 18. describen 19. se apoderaban 20. se quedaba

ANALISIS Y APLICACION: COMPOSICION
Tarea

Era un día bonito de otoño. No hacía ni calor ni frío. Hacía mucho sol. Para mí, lo más importante fue que ¡era un día de vacaciones! No había clases y mis amigos y yo íbamos al parque estatal para hacer un *picnic*. Era 1996. Cada persona traía de su casa comida que luego pensábamos compartir entre todos. Estábamos seguros que iba a ser un *picnic* perfecto.

——————————————————————————————————— CAPITULO 4

Expresión oral y comprensión

DESCRIBIR Y COMENTAR
C. 3.

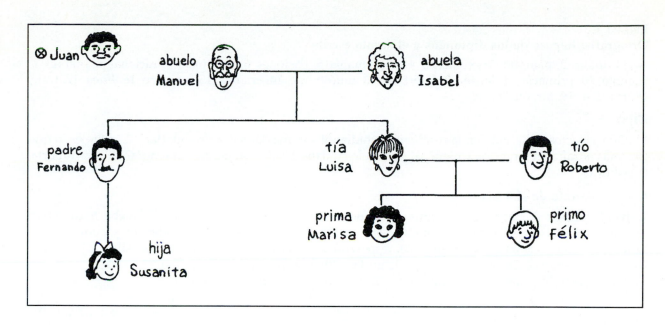

ENLACE
Voces

B. **Alan** *acción:* responder a los padres; *consecuencias* razonar, explicando por qué la acción era mala; dar una bofetada o un cachete. **Carlos** *acción:* responder a los padres; *consecuencias* razonar, explicando por qué la acción era mala; dar un azote. **María José** *acciones:* pegar a los hermanos; ser traviesos; *consecuencias:* dar una bofetada o un cachete; dar un azote; suspender ciertos privilegios durante una temporada

PRONUNCIACION Y ORTOGRAFIA
Ortografía: Los sonidos [k/s/kw]

1. frecuente 2. disfraces 3. poquísimo 4. cuatro 5. paquete 6. líquido 7. encuesta 8. inquilino

Pronunciación: Dictado

Los hijos únicos de hoy son más normales que los hijos únicos de hace dos décadas. En la actualidad muchas parejas deciden libremente no tener hijos o tener sólo uno. Esto hace que las nuevas generaciones de niños únicos sean más normales. Carecer de hermanos tiene cosas buenas y también inconvenientes. En cualquier caso, los padres deben cuidar que ese niño no crezca pensando que él es el centro del universo.

Práctica escrita y composición

DESCRIBIR Y COMENTAR

A. 1. disciplina 2. miman 3. cuidar 4. está a cargo 5. bien educada, se porta 6. castigo
C. 1. Samuel es el bisnieto de Jacinto. 2. Jacinto y Graciela son los abuelos de Ada y Eva. 3. Carolina es la nuera de Jorge. 4. Fausto es el cuñado de Estela. 5. Ada y Eva son las sobrinas de Estela.

LENGUA

16 1. Paco, practique más en el laboratorio. 2. Susana, hágame una lista de los puntos que Ud. no entiende. 3. Carolina, vaya a ver al decano. 4. Pedro, corríjame esta composición. 5. Carmen y Luis, vengan a mi oficina después de clase. 6. Rafael y Jorge, no hablen inglés en clase.

17–18 A. 1. prueben 2. fumen 3. practiquen 4. salgan 5. vuelvan 6. puedan 7. sea 8. afecten 9. tomen 10. tengan **D.** 1. intenten 2. pongan 3. oigan 4. puede 5. vaya 6. hablen 7. tienen 8. se altere 9. cambien 10. sean

19 A. 1. mándalo 2. dime 3. no lo comas 4. hazlo 5. ponlo 6. no vayas 7. no juegues 8. ven

ENLACE
Ortografía: Repaso de los diptongos y el acento escrito

A. 1. mafia 2. piénsalo 3. geometría 4. toxicomanía 5. pasiones 6. precipicio 7. racional 8. premio 9. cuota 10. primacía 11. leíste 12. huérfano 13. muéstrame 14. crianza 15. noruego 16. línea 17. traiga 18. maullar 19. faraón 20. reí

¡Ojo!

1. ¿Qué aspectos de la vida en la residencia estudiantil son más difíciles de soportar? 2. ¿Qué es lo que Ud. más admira en su mejor amigo? 3. ¿Quién le cuidaba a Ud. cuando era un niño/a? 4. ¿Le importa la política?

Repaso: Párrafo de síntesis

1. dijo 2. limpiar 3. Hace mucho tiempo 4. saquen 5. los pongan 6. cargábamos 7. lavaba 8. cantaba 9. terminamos 10. queríamos 11. tenía 12. estar 13. Traigan 14. pásenla 15. olvides 16. sacudan 17. devuélvanlos 18. pasar 19. Somos 20. respondió 21. seas 22. ven 23. estaban 24. sabía 25. Escogí 26. puse 27. empecé 28. apagues 29. No le gustan 30. dile 31. sonreí 32. regresó 33. salió 34. busquemos 35. tenga 36. nos miramos 37. dije 38. te preocupes 39. necesite

CAPITULO 5

Expresión oral y comprensión

DESCRIBIR Y COMENTAR

F. 1. Millones de personas trabajan hoy en día desde su casa, conectadas con su oficina a través de la computadora 2. El internauta explora el mundo desde la computadora con sólo pulsar unos botones del teclado 3. a. cincuenta millones, la red b. internauta (cibernauta), viajero, la luz, un nombre en clave c. 15 a 35 años, elevado, nocturnos, curiosidad

ENLACE
Voces

A. Daniel *el automóvil:* − costo; *el (ómni)bus:* − comodidad, + eficiencia; *el metro (el subterráneo):* + seguridad; el tren: − comodidad, + costo, − rapidez. **Ariel** *el avión:* − costo; *el (ómni)bus:* + costo, + eficiencia, + rapidez; *el correo:* + costo; el teléfono: + rapidez, − costo; *el tren:* + costo, − eficiencia, − rapidez. **Dolores** *caminar:* + comodidad; *el teléfono:* + rapidez.

B. 1. ómnibus, eficiente 2. económicos 3. autobús, lento, eficaz, caro 4. rápido, costoso, el correo 5. andando, coche 6. cartas, el teléfono, felicitar **C.** *Tomás:* + ciudad, + campo, + actividades + emociones; *Eduardo:* + otras personas, + ciudad, + emociones; *María José:* + parientes, + ciudad, + campo, + actividades, + emociones **D.** 1. abuelos 2. maternos 3. pueblo 4. nacíamos 5. libertad 6. juego 7. campos 8. buenos 9. cariñosos 10. nietos 11. dejaban 12. cualquier

PRONUNCIACION Y ORTOGRAFIA
Ortografía: Los sonidos [g/g^w/x]

A. 1. sigue 2. caja 3. recoja 4. Guille 5. vago 6. cigüeña 7. enaguas 8. miguita **B.** 1. roja 2. güero 3. águila 4. guardar 5. peguen 6. general **C.** 1. El agujero del ozono es uno de los diez grandes problemas que agobian a la ecología. 2. Para controlar la erosión, hay que fomentar la regeneración de plantas y vegetales para que no sigan desapareciendo. 3. La Amazonia está en grave peligro de desaparición y, junto con ella, muchas de sus tribus indígenas. 4. La Guerra del Golfo originó grandes perjuicios ecológicos.

Práctica escrita y composición

DESCRIBIR Y COMENTAR

A. 1. resolver, c 2. urbanizar, d 3. desnutrido, a 4. computadora, e 5. analfabeto, b

LENGUA

20 **A.** 1. que 2. que 3. que 4. que 5. quienes 6. quienes 7. que 8. que **B.** 1. las cuales 2. que 3. quienes 4. la cual 5. la cual **C.** 1. que 2. que (cual) 3. que 4. quienes 5. Lo que 6. que (el que/cual) 7. que 8. que **D.** 1. quienes 2. la cual 3. el cual 4. la cual 5. quienes 6. los cuales

21 **A.** *Opinions will vary.* 1. Nadie 2. Yo nunca, ni, tampoco 3. Algunas personas 4. Ya no 5. nunca leen nada

22 **B.** 1. estudien 2. puedas 3. es, encontrar 4. sepamos, viajen 5. toque, contribuye

ENLACE
Ortografía: Los sonidos [g] y [x]

A. 1. recojo, recoja 2. averigüé, averigües 3. choqué, choquen 4. socialicé, socialicemos 5. pagué, pague 6. escojo, escoja 7. sigo, sigas **B.** 1. amiguito 2. larguísimo 3. Dieguito 4. riquito 5. cabecita 6. truquito

¡Ojo!

A. 1. devolvió 2. se mudó 3. Siento 4. moverme 5. regresó 6. Me siento **B.** 1. volviste (regresaste) 2. regresé (volví) 3. la hora 4. un boleto 5. se movía 6. una vez 7. cuento 8. vuelvas (regreses)

Repaso: Párrafo de síntesis

a. 1. enciende 2. tira 3. lo ponga 4. que 5. pasar   b. 1. Hay 2. estacione 3. nadie 4. sea 5. que c. 1. dobla 2. atropella 3. que 4. está 5. lleva 6. puede 7. ve 8. doble   d. 1. acaba 2. baja 3. sofoca 4. cubren 5. Ninguno 6. nota 7. haya 8. alguien   e. 1. empiezan 2. le echa 3. parece 4. pero 5. ni f. 1. contribuye 2. sino 3. busque 4. pero 5. ya que 6. reciba

---

CAPITULO 6

Expresión oral y comprensión

ENLACE
Voces

A. *Semejanzas:* 1. Ocurrió cuando eran adultos. 2. Ocurrió en el trabajo. 3. Empezó primero con la amistad. *Diferencias:* 1. Para Soledad era un encuentro accidental, para Alan fue un proceso normal dentro del trabajo. 2. Para Soledad fue una cosa rápida y no era secreto, para Alan fue una cosa de un año o más y fue un secreto en el trabajo. **C.** **Cecilia** *positivo:* la mujer tiene las mismas oportunidades que el hombre, juega un papel más participativo; todavía no ha cambiado —es difícil para un hombre que una mujer sea su jefe. **Elvira** *positivo:* las mujeres ahora trabajan, no dependen económicamente de su marido, tienen más libertad. **Lorena** *positivo:* los papeles han cambiado, la presidenta de su país es una mujer; todavía no ha cambiado —los hombres siguen haciendo las leyes en la mayor parte del mundo. **D.** *Cecilia:* económico, empleo; personal, político, social; *Elvira:* económico, empleo, personal, social; *Lorena:* educativo, legal, político, social, administrativo, salud

PRONUNCIACION Y ORTOGRAFIA
Ortografía: Repaso de los sonidos [k/x/g]

A. 1. elocuente 2. quesadilla 3. Tajo 4. luego 5. lueguito 6. en cuanto a 7. juguete 8. averigüe 9. blanquísimo 10. identifique **C.** Los anuncios suelen presentar una imagen tradicional de la mujer. Si esto parece exagerado, debemos tener en cuenta lo que dice el ejecutivo de una agencia de anuncios. Cuando alguien le preguntó por qué en los anuncios se seguía insultando a la mujer, implicando que ella tiene la culpa de que la camisa del esposo no esté del todo limpia, él dio una respuesta muy clara. Según este señor, no es cuestión de insultos. Si la camisa del hombre está sucia, es la mujer quien tiene la culpa.

Práctica escrita y composición

DESCRIBIR Y COMENTAR

A. 1. igualdad 2. quehaceres domésticos 3. sueldo 4. meta 5. aspira 6. desempeña el papel 7. carrera 8. en cuanto a **B.** 1. la muñeca 2. la meta 3. la educación 4. el cambio

LENGUA

24 A. 1. hayan decidido 2. te hayan traído 3. haya venido 4. hayan limpiado 5. hayan dejado
6. hayan pasado 7. hayan sacudido 8. hayan hecho 9. haya respetado 10. haya usado 11. las haya roto
12. hayas comido 13. hayas dormido 14. te hayas aplicado 15. hayas gastado **B.** 1. hayan
abandonado 2. han permitido, hayan aceptado 3. ha cambiado 4. han progresado, lo haya hecho
5. han comprendido, se han adaptado **C.** 1. hayan cambiado 2. tengan 3. hayan sido 4. se arregle
5. se ha beneficiado 6. ha sido 7. esté 8. llamen 9. deben 10. han reaccionado 11. puedan 12. se
conviertan

25 A. 1. se corresponda 2. está 3. asistan 4. tema 5. incluye 6. sabe 7. pueda 8. logre (logró)
9. guste 10. tiene **D.** **Anuncio 1.** *Palabras descriptivas:* espectacular, futurista, poderosa, fuerza, pasión.
Identidad del comprador: joven, moderno, aventurero, arriesgado. **Anuncio 2.** *Palabras descriptivas:*
deportivo, versatilidad, original, diferente, confortable. *Identidad del comprador:* persona responsable con
familia, desea seguridad pero algo moderno también. *Opinions will vary.*

ENLACE
¡Ojo!

A. 1. asista 2. logro 3. me puse 4. tuvo éxito 5. se volvió 6. atendió **B.** 1. pasó 2. ayudar
3. devolverlo 4. llegó a ser 5. vez 6. se muda

Repaso: Párrafo de síntesis

1. indican 2. que 3. reciben 4. son 5. que 6. se nota 7. se los han indicado 8. compara 9. se encuentran
10. hay 11. se ven 12. suelen 13. Los vemos 14. jueguen 15. son 16. vivía 17. era 18. tienen 19. son
20. va 21. juegan 22. van 23. aprenden 24. juegan 25. deben 26. son 27. se necesita 28. juega
29. quien 30. puede 31. ponen 32. quieren 33. las admiren 34. aprenden 35. son 36. tiene
37. descubren 38. practicaban 39. eran

--- CAPITULO 7

Expresión oral y comprensión

DESCRIBIR Y COMENTAR

E. *Teléfono:* 92-51-17-45 **G.** 2. Representa algo positivo. 3. Es mucho más beneficioso si los
empleados en todo nivel puedan tomar decisiones rápidas basadas en el conocimiento y el poder
necesarios; es mejor para los empleados, que pueden conseguir sus metas personales y al mismo
tiempo ayudar a la empresa.

ENLACE
Voces

A. 1. sí, carpinteros, herreros, ferreteros, fabricantes, comerciantes 2. sí, academia de inglés y
traducciones 3. sí, reparación y venta de llantas, trabajos para los estudiantes de la
universidad **B.** *Positivo:* trabajar más cerca de casa, se puede dividir el trabajo muy bien; *Negativo:* se
tiene que hacer muchas gestiones (tomar las medidas necesarias) para abrir un negocio, se tiene que
pasar bastante tiempo haciendo cosas que nunca se hacía cuando trabajaba por cuenta ajena, hay que
invertir mucho tiempo en el negocio, no se gana mucho dinero.

PRONUNCIACION Y ORTOGRAFIA

Pronunciación: Las oclusivas sordas: [p/t/k]

C. Desde hace años los países ricos han prestado grandes cantidades de dinero a las naciones pobres.
Pero este dinero no siempre se puede invertir para desarrollar la economía nacional. Brasil, por
ejemplo, es uno de los mayores exportadores de materias primas del mundo y solicitó muchos créditos
para explotar más sus riquezas. Sin embargo, cuando los precios mundiales bajaron, tuvo que vender
sus productos por menos dinero y seguir pagando los préstamos a los intereses altos establecidos
anteriormente. Como resultado, Brasil se encontró frente a la deuda más gigantesca del planeta.

Práctica escrita y composición

DESCRIBIR Y COMENTAR

B. 1. d 2. c 3. a 4. f 5. b, la Bolsa 6. e, el/la accionista **C.** 1. la Bolsa 2. el almacén 3. el sindicato 4. la empresa

LENGUA

26 A. 1. se levantó 2. se puso 3. se fue 4. decidió 5. llegó 6. subió 7. Buscó 8. conversaron 9. consideraron 10. comentaron 11. escogió 12. cargó 13. subió 14. envolvieron 15. bajó 16. dio 17. se despidió 18. dijeron 19. cerró 20. se dirigió 21. Entró 22. se acercó 23. explicó 24. miró 25. preguntó 26. contestó 27. sacó 28. vieron 29. sintieron 30. pagó 31. subió

28 A. 1. pago, pague, pagué, pagara 2. escriben, escriban, escribieron, escribieran 3. ves, veas, viste, vieras 4. da, dé, dio, diera 5. soy, sea, fui, fuera 6. volvemos, volvamos, volvimos, volviéramos 7. diriges, dirijas, dirigiste, dirigieras 8. atacan, ataquen, atacaron, atacaran 9. cuida, cuide, cuidó, cuidara 10. sabemos, sepamos, supimos, supiéramos **B.** 1. tuviera 2. diera 3. se dirigió 4. explicó 5. quería 6. quería *or* quiso 7. se acercara 8. estaba 9. pidió 10. diera 11. empezó 12. va 13. es 14. esté 15. dijo 16. se compre 17. se puso 18. Se sentó 19. le dio 20. quiero 21. me traiga **C.** 1. había ratones en su cuarto. 2. era increíble que no hubiera suficientes lavadoras. 3. Un estudiante dijo que no le gustaba que la cocina común fuera muy pequeña. 4. Un estudiante dijo que era malo que la televisión del área de recreo no funcionara bien. 5. Un estudiante dijo que era importante que el correo se distribuyera correctamente. **D.** 1. entraran 2. esperaban 3. fuera 4. dijo 5. le interesaba 6. beneficie 7. se pierda 8. favorece

29 A. 1. A 2. R 3. A 4. A 5. A 6. A 7. R, A 8. A 9. R 10. A, reciba 11. R, dijo 12. A, sepamos 13. R, estábamos 14. R, veo 15. A, aprendan 16. R, oyes 17. A, volviera **B.** 1. vuelva 2. trabaja 3. pudiera 4. aprobó, están 5. apruebe 6. empezó, efectuar

ENLACE

Repaso: Párrafo de síntesis

1. consiga 2. es 3. son 4. tener éxito 5. encuentre 6. sepan 7. tengan 8. pueda 9. busquen 10. hayan tenido 11. hayan trabajado 12. han pasado 13. venga(n) 14. sepan 15. estén 16. prefieren 17. disfruten 18. siga

¡Ojo!

A. 1. tanto como 2. la fecha 3. cuestión 4. ya que 5. Ambos **B.** 1. cuestión, ambas 2. llevar, vez 3. Como, fecha 4. vez, ambos, asistir 5. llegar a ser, volver, íntimo 6. Tanto, porque (ya que, puesto que), cuidarse

---

CAPITULO 8

Expresión oral y comprensión

DESCRIBIR Y COMENTAR

E. 1. a. los sefardíes b. vivían en España antes de 1492 c. En 1492 fueron expulsados del país por Fernando e Isabel. 2. a. «Sefarad» b. A lo largo de la historia, los judíos fueron expulsados de varios países de Europa. c. Conservan muchas de sus antiguas tradiciones españolas y la lengua, el judeo-español. **F.** 1. a. los indígenas b. México, los Andes c. Es el año del encuentro entre el viejo mundo y el nuevo mundo, entre las creencias indígenas y el cristianismo. 2. a. No abandonaron sus creencias indígenas sino que mezclaron los nuevos ritos con algunas de sus antiguas tradiciones: veneran los antiguos espíritus, dejan ofrendas, celebran una fiesta en la que las creencias indígenas y las cristianas se han mezclado, veneran la cruz. b. La fiesta de Corpus Christi es también la fiesta de Qoyllur Rit'i; la cruz también simboliza los dioses de las montañas.

ENLACE
Voces

A. 1. Xavier 2. Xavier 3. Xavier, Juan 4. Xavier 5. Juan 6. (ninguno) **B.** 1. a. Manolo, Xavier, Juan b. (ninguno) c. Manolo d. (ninguno) 2. a. Es mucho menos importante de lo que se piensa en el extranjero. b. Más o menos un 90 por ciento de la gente es católica, hay muchísimas iglesias católicas, existen varias festividades de origen estrictamente religioso que todo el país sigue. c. La religión juega un papel preponderante; cuando hay un desacuerdo entre gobierno e iglesia la gran mayoría está al lado de la iglesia.

PRONUNCIACION Y ORTOGRAFIA

Ortografía: Repaso de [g/gʷ/x]

1. relajo 2. amiguito 3. fatiga 4. nicaragüense 5. rioja 6. argüir 7. aguinaldo 8. aguafiestas 9. antojo 10. fatigué

Ortografía: Repaso de la acentuación

A. 1. Político 2. demasiado 3. dificultades 4. especial 5. musulmanes 6. papeleo 7. relámpago 8. levanté 9. diciéndoles 10. preguntón **B.** Con la posible excepción de Italia o Irlanda, no hay ningún país de Europa que se asocie más fuertemente con el catolicismo que España. Sin embargo, durante siete siglos España fue un centro religioso tanto de los árabes y de los judíos como de los cristianos. Esta convivencia racial, cultural y religiosa, la cual no sucedió en ningún otro lugar de Europa, le dio a la cultura y civilización españolas gran parte de su carácter único.

Práctica escrita y composición

DESCRIBIR Y COMENTAR

A. 1. musulmanes 2. curas, monjas 3. fe 4. militar 5. fomentar 6. judíos 7. motivar 8. cooperar 9. animaba **B.** 1. c 2. h 3. g 4. b 5. f 6. a 7. d 8. e **C.** 1. b 2. c 3. d 4. a

LENGUA

30 A. 1. ...para (a fin de) establecer la Inquisición en España. 2. ...antes de que la pusieran (cuando la pusieron) en práctica los Reyes Católicos. 3. ...para (a fin de) combatir varios movimientos heréticos de aquella época. 4. ...para que (a fin de que) aceptaran ellos los dogmas de la Iglesia. 5. ...antes de llegar el Inquisidor a su pueblo. 6. ...para que (a fin de que) denunciaran ellos a posibles herejes. 7. ...cuando confesaron sus errores. 8. ...a menos de que se convirtieran ellos al cristianismo. 9. ...aunque no aceptaron realmente la nueva fe. **B.** 1. mueran 2. elijan, tengan 3. ofrezcan 4. se basan 5. conservan, se clone 6. sea, puede 7. cuente

31 A. 1. para, para 2. por 3. Para 4. por 5. para 6. por 7. por 8. Por 9. para 10. por **B.** 1. por 2. por 3. Por 4. por 5. por 6. Por 7. Para 8. Para 9. por 10. por 11. por **C.** 1. por 2. Para 3. para 4. para 5. por 6. por 7. Para

32 B. 1. levantarse 2. se aburren 3. asustan 4. les preocupan 5. nos enfermamos 6. duerme 7. se enfríe 8. me enojaban 9. se enamoren 10. se siente 11. calentar(me) 12. te ofendes

33 1. vivía 2. era 3. causaba 4. cambiar 5. se sintieran 6. modificara 7. efectuar 8. fue 9. declarara 10. sea 11. es

ENLACE
¡Ojo!

1. se dan cuenta de 2. mudarse 3. se sentía 4. se mueven 5. realiza 6. sienten 7. trasladó

Repaso: Párrafo de síntesis

1. es 2. naciera 3. es 4. comenzó 5. conocieron 6. por 7. mostraban 8. fundaran 9. vivían 10. cuidara 11. iba 12. volviera 13. para 14. para 15. encontró 16. viajara 17. pudieran 18. Por 19. era 20. para

—— CAPITULO 9

Expresión oral y comprensión

DESCRIBIR Y COMENTAR

C. 1. *Dirección:* Calle Guadalupe número 1300; *Público/Clientela:* los hispanos de la ciudad; *Número aproximado de clientes:* 676.000 (52% de la población de 1,3 millones de habitantes); *Número de años que ha existido el centro:* 10 2. *Actividades patrocinadas:* cine/teatro, exposiciones de arte, exposiciones de libros, talleres **D.** 2. *Estado +:* tener los mismos derechos que el resto de los norteamericanos, tener poder (votos) en Washington —dos senadores y siete representantes en el Congreso; *Estado −:* es probable que pierda la mayoría de las inversiones norteamericanas, tal vez no pueda preservar sus tradiciones culturales, ni tampoco el idioma español; *Estado Libre Asociado +:* puede preservar sus tradiciones culturales y su idioma, no pagan impuestos federales, envían su propio equipo a los Juegos Olímpicos; *Estado Libre Asociado −:* su representante no tiene voto en el congreso

ENLACE
Voces

A. 1. *Nombre:* Eduardo C.; *país de origen:* Uruguay; *país de origen del padre:* Uruguay; *país de origen de la madre:* España; *país de origen de los abuelos paternos:* Uruguay; *país de origen de los abuelos maternos:* España; *profesión:* agricultura 2. *Nombre:* Inés C.; *país de origen:* Cuba; *país de origen del padre:* Cuba; *país de origen de la madre:* Cuba; *país de origen de los abuelos paternos:* no dice; *país de origen de los abuelos maternos:* no dice; *profesión:* profesional 3. *Nombre:* Viola M.; *país de origen:* los Estados Unidos; *país de origen del padre:* los Estados Unidos; *país de origen de la madre:* los Estados Unidos; *país de origen de los abuelos paternos:* los Estados Unidos; *país de origen de los abuelos maternos:* los Estados Unidos; *profesión:* no dice **B.** 2. 1. estudiara 2. observara 3. estuviera 4. pensara 5. aprendiera 6. trajera 7. obtuviera 8. viniera

Pronunciación: Las vibrantes alveolares: [r/r̄]

F. La mayoría de la población chicana actual es urbana, mientras que los indios suelen vivir en reservaciones y otras áreas rurales. Este hecho garantiza el que los dos grupos tengan trabajos diferentes y que estén en contacto más con los angloamericanos que entre sí. Los que tienen trabajos agrícolas trabajan para patrones blancos; los que tienen trabajos urbanos, en su mayoría, se ocupan en prestar servicios y esto también relaciona ambos grupos con los angloamericanos.

Práctica escrita y composición

DESCRIBIR Y COMENTAR

A. 1. el inmigrante 2. bilingüe 3. asimilarse 4. emigrar 5. orgulloso/a 6. acoger **B.** 1. asimilarse 2. chicano 3. el aporte **C.** 1. exiliado 2. puertorriqueños 3. se adaptan 4. el crisol 5. cubanos, se establecieron 6. anglosajones 7. identidad **D.** 1. **Acostumbrarse** es el verbo que indica que se adquieren ciertas **costumbres.** 2. **El ciudadano** es el habitante de **la ciudad.** **E.** 1. costarricense 2. guatemalteco 3. boliviano 4. hondureño 5. mexicano 6. panameño 7. salvadoreño

LENGUA

34 A. 1. No, *Romeo y Julieta* fue escrito por Shakespeare. 2. No, América fue descubierta por los europeos. 3. No, el primer coche compacto fue hecho por los alemanes. 4. No, las palabras «Veni, vidi, vici» fueron dichas por Julio César. 5. No, la Serie Mundial el año pasado fue ganada por (los Diamondbacks de Arizona). **C.** 1. Se hablan inglés y español. 2. Se transmite a Latinoamérica 24 horas al día. 3. Se comen habichuelas coloradas, arroz blanco, papas rellenas y pasteles de carne. 4. Se han afectado muchos mexicoamericanos que trabajan en el campo. 5. Se protestaron los sueldos bajos en California. **D.** 2, 3, 5 **E.** 1. fue enriquecido 2. son mantenidas 3. fue influenciado 4. se ven 5. fueron influenciadas 6. se expresan

35 A. 1. estaba 2. fueron 3. fue 4. estaba 5. fueron, estaban 6. Fue **B.** 1. estaba totalmente destruido 2. fue leído por miles de personas 3. fueron destruidos 4. fue perdido o robado

36 A. 1. No, papá, es que se me olvidó. 2. No, papá, es que se le perdieron. 3. Sí, papá, es que se les cayó. 4. Sí, papá, es que se nos escapó. 5. (Es que) Se nos acabó.

37 A. 1. a 2. a 3. Al, en 4. en, en 5. a 6. en, a 7. en 8. en 9. a, — 10. En, a, en, en **B.** 1. Los hondureños van a empezar a asimilarse a la cultura anglosajona cuando aprendan a hablar inglés. 2. Se dice que América es el (un) crisol porque consiste en gente de diversos grupos étnicos. 3. Ahora que el país se convirtió (se ha convertido) en una nación bilingüe comienza a aparecer gente que insiste en que sólo se hable inglés. 4. Los cubanos llegaron a Florida después de un viaje en barco. 5. Se prohíbe manejar en coche a más de 70 millas por hora pero en este estado no conozco a nadie que obedezca esa ley.

ENLACE
Las «frases esqueletas»

1. Durante este siglo la mayoría de los inmigrantes ha(n) venido para establecerse definitivamente sin pensar en volver a su patria. 2. Algunos quieren buscar mejores oportunidades políticas y económicas y otros esperan encontrar más libertad social y religiosa. 3. Ya que no piensan volver a su patria, quieren que sus hijos aprendan el nuevo idioma para asimilarse más rápidamente. 4. Hoy en día muchos jóvenes de la tercera y cuarta generaciones han vuelto a las salas de clase a fin de aprender las lenguas que sus padres nunca les enseñaron en casa.

¡Ojo!

A. 1. salvaron 2. echa de menos 3. guárdame 4. llevan 5. salvar 6. ahorrar **B.** 1. darse cuenta de, pensar en, casarse con 2. parecer, tener éxito 3. Pensar, hacer, parecer 4. depender de, pregunta 5. consistir en, importar, creer (pensar), soñar con 6. creer (pensar), parecer, mover 7. devolver, tardar 8. sentirse, sentir

Repaso: Párrafo de síntesis

1. que 2. Para 3. imaginar 4. vista 5. por 6. he viajado 7. como 8. he tenido 9. conocer 10. que 11. nacieron 12. han cambiado 13. Para 14. he aprendido 15. Por 16. son 17. viva 18. Para 19. conociera 20. pienso en

---

CAPITULO 10

Expresión oral y comprensión

DESCRIBIR Y COMENTAR

D. 2. *Niños:* la televisión; *adolescentes:* juegos electrónicos, deportes y ejercicio, música; *adultos:* alcohol, cigarrillos, pastillas 3. *Responses will vary.*

ENLACE
Voces

A. 1. ←——Rosa—Lorena→ 2. ←Lorena—Rosa———→ 3. ←Lorena—Rosa———→ 4. a. Rosa, Lorena b. Rosa c. Lorena d. Rosa e. Lorena f. Rosa g. Lorena **B.** 1. a. *Lorena:* sí; *Carolina:* sí; *Mercedes:* sí b. *Lorena:* alcohol; *Carolina:* cocaína; *Mercedes:* alcohol c. *Lorena:* no dice en esta parte de su testimonio pero sabemos de lo que nos dijo anteriormente que su padre se emborrachaba con frecuencia; *Carolina:* una muchacha de la familia; *Mercedes:* una amiga

PRONUNCIACION Y ORTOGRAFIA
Ortografía: La acentuación

Según algunos toxicólogos, la nicotina es una droga que provoca dependencia física y psíquica. Por lo tanto, los cigarrillos modernos que llevan menos nicotina obligan a fumar un mayor número de cigarrillos cada día, aumentando así la absorción de alquitranes, sustancia que proviene del papel y del tabaco quemado. Es ahí, no en la nicotina, donde se encuentra el peligro de cáncer.

Práctica escrita y composición

DESCRIBIR Y COMENTAR

A. 1. el comilón; Las otras palabras se refieren a las drogas. 2. perjudicial; Las otras palabras se refieren a la buena salud. 3. el contrabando; Las otras palabras se refieren a la dependencia y el alcohol. 4. el televisor; Las otras palabras no se refieren a aparatos sino a estados o problemas. **C.** 1. goloso 2. comportarse 3. perjudicial

LENGUA

38 A. 1. sabrán, sabrían 2. fumaré, fumaría 3. saldremos, saldríamos 4. trabajarás, trabajarías 5. vendrá, vendría 6. irán, irían 7. nos emborracharemos, nos emborracharíamos 8. se pondrán, se pondrían 9. dirá, diría 10. darás, darías **H.** 1. Comerás toda la carne. 2. El dijo que no fumaría nunca más. 3. ¿Me daría un pedazo de pan, por favor? 4. Ella no dejaría de beber. 5. ¿Podría repetir eso? 6. Dijeron que volverían a casa temprano.

39   A.   1. P 2. I 3. I 4. P 5. I 6. I   **B.**   1. Si saco una D en el examen, asistiré a clases de verano. 2. Estaría furioso/a si me hablara así. 3. Si pudiera hablar español, le pagarían más. 4. Si te emborrachas, no manejes. 5. Si tomaran (estuvieran tomando) drogas, lo sabría. 6. No tendría(s) este problema si dejara(s) de fumar.   **C.**   1. escondieran 2. fueran 3. lo conocemos 4. colaboramos 5. se preguntaran

40   A.   1. Juan fuma más cigarrillos que Mario. *o:* Mario fuma menos cigarrillos que Juan. 2. Julia es mayor que su hermanito. *o:* Su hermanito es menor que Julia. 3. Juan Luis pesa tanto como Emilio. *o:* Juan Luis pesa tantos kilos como Emilio. 4. Yo tengo tantos hermanos como tú. 5. Antes la gente fumaba más que ahora. *o:* Ahora la gente fuma menos que antes.

ENLACE
¡Ojo!

A.   1. gran 2. dejaría 3. grande 4. dejó 5. grande 6. duele 7. duelen   **B.**   1. ahorrar, tiempo, tomar, llevar 2. mudarse, por, funcionar, regresar 3. tener éxito, cuestión, llegar a ser 4. Hacerse daño, trabajar 5. íntimo, dejar de, devolver, extrañar

Repaso: Párrafo de síntesis

1. hicieron 2. se convirtieron 3. se ofrecen 4. se hallan 5. se llamaba 6. se encuentran 7. han avanzado 8. representan 9. para 10. se examinaran 11. se descubrirían 12. que 13. fue hecho 14. bebía (*o:* tomaba) 15. había 16. más de 17. Lo que 18. peor 19. murieron 20. fueron provocados 21. intervino 22. fueron cometidos 23. serán

ANALISIS Y APLICACION: COMPOSICION

1. a. Al igual que b. se parecen a / son similares (semejantes) a c. se parece / es similar (semejante) d. Tanto, como e. de la misma manera / del mismo modo / en cambio / por otro lado 2. a. En contraste con / A diferencia de b. En contraste con / A diferencia de c. más, menos d. se diferencian de e. En contraste con / A diferencia de f. sin embargo

--- CAPITULO 11

Expresión oral y comprensión

DESCRIBIR Y COMENTAR

E.   1. ladrones; atracos y asaltos 2. el gángster, ciudadanos; hacer su propio alcohol 3. no menciona una clase de criminal específica; asesinato, robo, violación

ENLACE
Voces

A.   Rosi *el delito:* el robo de dos bicicletas; *el lugar del delito:* el patio de la casa; *la resolución del caso:* no dice; *posible manera de impedir el crimen:* no dejarlas afuera. **José Manuel** *el delito:* un carterista le quitó dinero; *el lugar del delito:* el metro; *la resolución del caso:* el carterista le devolvió el dinero; *posible manera de impedir el crimen:* guardar bien la cartera. **Carlos** *el delito:* le robaron el coche; *el lugar del delito:* en la vía pública; *la resolución del caso:* lo recuperó con la ayuda de la policía; *posible manera de impedir el crimen:* ponerlo en un garaje.   **C.**   1. José Manuel, Carlos 2. Carlos 3. Rosi, José Manuel 4. Rosi 5. José Manuel 6. Rosi

PRONUNCIACION Y ORTOGRAFIA
Pronunciación: El enlace

C. En la cultura occidental, las formas de castigo han cambiado varias veces a través de la historia. Dos de estas formas son antiquísimas. Primero, el castigo corporal. Hoy día la aplicación de la tortura física se considera una práctica bárbara y casi todas las sociedades modernas la han condenado. El segundo tipo, la pena capital, es tan antiguo como la historia humana. Aunque se acepta y se emplea en muchas partes del mundo, el uso de la pena capital es menos frecuente hoy que en años anteriores. En varios países ha sido abolida por completo y en casi todos ha provocado mucha controversia.

Práctica escrita y composición

DESCRIBIR Y COMENTAR

A. 1. seguro/a 2. encarcelar 3. el delito 4. el asalto 5. la multa **B.** 1. asesinar 2. violar la ley 3. el delincuente 4. las autoridades **C.** 1. Crimen de matar a alguien con premeditación. 2. Profesional que se dedica a defender las leyes, los intereses de las personas y a aconsejar en cuestiones jurídicas. 3. Un delito grave. 4. Lugar donde se castiga legalmente a los criminales y delincuentes. 5. Acción de tomar lo que pertenece a otra persona. 6. Cobrar dinero por una infracción a la ley.

LENGUA

41 A. 1. han asistido, han tenido 2. ha dicho 3. habían visto 4. hemos leído 5. se habían despertado 6. murió, ha llevado **B.** 1. hemos 2. había 3. habían 4. había

42 A. 1. había, haya 2. has, hubieras 3. ha, había, haya, hubiera 4. hemos, habíamos, hayamos, hubiéramos 5. habéis, hubierais 6. habían, hayan **B.** 1. haya salido 2. hubieran recibido 3. no se hubieran olvidado 4. nos hubiera tocado 5. hayan entendido/comprendido, han visto 6. hubiera entrado

43 A. 1. haya 2. había 3. llegara 4. había 5. pasaban 6. había 7. pudo 8. lo trasladaba 9. lo asesinó 10. había 11. asesinara 12. pagaron 13. asesinara 14. pudiera 15. han 16. habían 17. supiera 18. han 19. pruebe 20. ha 21. haya 22. tenían 23. han **C.** 1. ha hecho 2. detuvo 3. es 4. fue 5. se cure 6. tomar 7. se le ocurra 8. dio 9. llamara 10. le contesta 11. ha pasado 12. ayude 13. es 14. fueron 15. parece 16. es 17. es 18. haya decidido

ENLACE
¡Ojo!

A. 1. pero 2. sino 3. sino que 4. pero 5. No sólo, sino que **B.** 1. se sintió, se hizo 2. echaría(s) de menos (extrañaría[s]) me mudara 3. nos habíamos puesto, puesto que (ya que, porque), nos habíamos dado cuenta de, asistiría 4. prestara atención, pero, el hecho es 5. tener éxito, nos apoyen 6. dolieran, pedirías

Repaso: Párrafo de síntesis

1. sabía 2. estaba 3. había 4. lucían 5. se encargaran 6. olvidé 7. había sido 8. a causa del / por el 9. que 10. esa 11. decidieron 12. mudarse 13. arreglaron 14. que 15. por 16. vieron 17. habían visto 18. Por 19. navegaban 20. volvieran 21. pero 22. advirtieron 23. dieron parte 24. Unos 25. fueron 26. empezaron a cavar 27. parecía 28. sacaron 29. volvieron 30. sabe

Expresión oral y comprensión

DESCRIBIR Y COMENTAR

E. 1. **españoles** *más importante:* la buena salud; *sigue en importancia:* la armonía familiar; *alguna importancia:* el trabajo; *menos importante:* el amor. **franceses** *más importante:* el amor; *sigue en importancia:* la salud; *menos importante:* el trabajo. 2. una manera de ganarse la vida. **F.** 1. a. Es la bicicleta, un medio de transporte. b. Es económico, no contamina, es bueno para la salud, ahorra energía. c. Holanda y China. 2. a. La manera en que la mujer se sienta en la bicicleta de su novio indica el progreso de la relación amorosa. Si ella se sienta atrás, es todavía temprano; si abraza al chico por la cintura, la relación está más avanzada. Pero si se sienta en la barra, ¡van a casarse! b. A los franceses les gusta más la moda con respecto a la bici: la ropa (los zapatos especialmente) y los otros accesorios.

ENLACE
Voces

A. 1. *William:* del mundo de la educación; intelectual, social. *Daniel:* manual; artístico. *Vikki:* en una oficina, del mundo de los negocios. *Francisco:* del mundo de la naturaleza; artístico, intelectual. 2. *William:* fue un lector ávido, le interesan las humanidades, le gusta el estudio de los idiomas, viajar y tratar con diferentes personas; *Daniel:* le gusta la creatividad y el trabajo aislado; *Vikki:* su papá ya trabajaba en él, ya entendía bien el negocio; *Francisco:* le gusta el arte, está unido al paisaje y al medio natural, le interesan los monumentos históricos y los fenómenos naturales

B. ←Vikki————Francisco————William————Daniel————→

PRONUNCIACION Y ORTOGRAFIA
Pronunciación: Repaso general

C. En los Estados Unidos el vaquero es una figura superfamiliar. Lo vemos en la televisión, el cine, las novelas, incluso en los paquetes de cigarrillos y en otros anuncios comerciales. Con su sombrero, sus botas, su pistola y su caballo, el vaquero es una figura que todos reconocemos, y algunos hasta han llegado a considerarlo un símbolo nacional.

Pero el vaquero no fue invención norteamericana. En realidad, en muchas regiones del mundo existen o han existido jinetes similares. Son conocidos por varios nombres: gaucho, vaquero, *cowboy* o cosaco. Igual que en los Estados Unidos, estos hombres a caballo han provocado emociones diferentes: asombro, admiración, temor y crítica. Aventurando por las regiones abiertas, menos civilizadas, han inspirado leyendas populares y obras literarias.

Práctica escrita y composición

DESCRIBIR Y COMENTAR

A. 1. el oficinista: Ejerce sus tareas adentro en su oficina; los otros trabajan afuera. 2. el enfermero: No tiene relación con los otros, que se refieren al arte. 3. el prestigio: No tiene relación con los otros, que se refieren al descanso. 4. la entrevista: Los otros son profesiones. **B.** 1. d 2. a 3. f 4. g 5. c **C.** 1. el ocio, el tiempo libre, relajarse, el pasatiempo, (tomar / estar de / ir de) vacaciones 2. el entretenimiento, el pasatiempo 3. la preparación, la especialización 4. valorar 5. el oficio, la especialización

LENGUA

44 A. 1. pago, pagué, he pagado, pagaré, pague, pagara 2. salgo, salí, he salido, saldré, salga, saliera 3. escribes, escribiste, has escrito, escribirás, escribas, escribieras 4. señalas, señalaste, has señalado, señalarás, señales, señalaras 5. puede, pudo, ha podido, podrá, pueda, pudiera 6. saca, sacó, ha sacado, sacará, saque, sacara 7. traemos, trajimos, hemos traído, traeremos, traigamos, trajéramos 8. damos, dimos, hemos dado, daremos, demos, diéramos 9. duermen, durmieron, han dormido, dormirán, duerman, durmieran 10. empiezan, empezaron, han empezado, empezarán, empiecen, empezaran **B.** 1. Dijeron que no sabía nada. 2. Iban a venir si era posible. 3. Salieron tan pronto como pudieron. 4. No lo pensaban leer porque ya lo habían leído. 5. Nos alegró (alegraba/alegraría) mucho que se hiciera músico. 6. Lo escogerían con tal de que estuviera en buenas condiciones.
C. 1. Nos especializaremos en física nuclear en cuanto lleguemos. 2. Se lo comprarán para que lo tenga más rápido. 3. ¿Lo habrá señalado ya? 4. Me casaré con un hombre que me quiera. 5. Tendrá el poder hasta que vuelva el capitán. 6. Esperarás que sea banquero. **F.** 1. tenía 2. insistieron 3. solicitara 4. quería 5. interesaban 6. preguntaron 7. haría 8. tenía 9. escribí 10. aceptaron 11. he 12. estoy 13. hubieran 14. estaría 15. habría (hubiera) 16. ha 17. he 18. recordaré 19. pregunto 20. voy 21. hacer 22. he 23. puedo (podré) 24. seré 25. hubiera

45 A. 1. sirviendo 2. ayudando 3. comenzando 4. haciendo 5. diciendo 6. oyendo 7. rompiendo 8. leyendo 9. escribiendo 10. siendo 11. pidiendo 12. robando **B.** 1. estaban saliendo 2. estarás bebiendo 3. estoy trabajando 4. estuviste poniendo 5. estoy cayendo 6. estaría hablando 7. estaban creyendo 8. estarán volviendo **C.** 1. vienen 2. está(s) diciendo 3. estábamos comiendo 4. llevaba 5. estudia(s) 6. Están regresando 7. hacemos preguntas 8. se estaba muriendo **E.** 1. están 2. estuviera 3. siguiera 4. estábamos 5. siguen 6. vayas 7. estuviera 8. estén 9. está 10. estuviera

46 A. 1. que explicaba 2. trabajar 3. Escribir 4. cantando 5. leer 6. que volaba **B.** 1. explicando 2. que entra 3. fomentar 4. prohibir 5. prohibiendo 6. Poner 7. que tienen 8. dar 9. dando
C. 1. necesita 2. lo haga 3. Viajando 4. ofrecidas 5. por 6. tendrá 7. podrá 8. llegará 9. preocuparse 10. para 11. vaya

ENLACE

¡Ojo!

A. 1. a, funciona 2. Como, regresan, se pusieron 3. pero, logra 4. Ya que, salir 5. importa, en 6. se dan cuenta de, cuestión, parecen 7. veces, te muevas 8. Lleva, se siente 9. guardara 10. ahorró, se hizo **B.** 1. trataba de (quiso), se lastimó 2. Tardaron, el cuento 3. He pensado en, echo de menos (extraño) 4. citas, se enamoró de él se casó con él 5. Puesto que (Ya que, Como), perdí 6. mirar los datos, apoyan 7. Parecía, por (a causa de) 8. No dejes, Es hora, devolverlos 9. salvó 10. la cuenta, dejó

Repaso: Párrafo de síntesis

1. le 2. Tenía 3. Pasando 4. estaba 5. estuviera 6. había comido 7. decidió 8. Pidió 9. vio 10. ven 11. siéntate 12. fuiste 13. Estuviste 14. perder 15. es 16. se duerme 17. se pone 18. dio hace dos semanas 19. me siento 20. asisto 21. terminara 22. llegue 23. conseguir 24. mudo 25. te quedaras 26. vivir 27. sería 28. cuestión 29. quería 30. tomara 31. tuviera 32. Estudiando 33. me graduaré 34. viviera 35. tendría 36. paguemos 37. me han dicho 38. Buscaré 39. haya 40. salido

ANALISIS Y APLICACION: COMPOSICION

1. a. A b. E c. E d. A e. E f. A

Literary Credits

Chapter 2   "Los Chicos '16 válvulas' aceleran las noches del verano," *Blanco y negro,* July 1990.
"Misterios y razones de la cultura maya," *Vivir mejor,* March 1988.

Chapter 4   "Los segundones sí que valen," *Muy interesante,* February 1991.
"Al supermercado con el bebé," *Ser padres hoy,* April 1990.
"Divorcio," *Ser padres hoy,* February 1990.

Chapter 6   "¿Son los hombres más vulnerables al estrés . . . ?" *Buenhogar,* June 8, 1989.

Chapter 7   "Los profesionales más buscados por las empresas," *Cambio 16,* December 26, 1988.

Chapter 8   "Sefardíes o la melancolía . . . judío español," text with line art map showing exodus, *ABC,* June 3, 1990. Reprinted with permission of *ABC,* Madrid.
"El caso de Osel, el niño lama," *Muy especial,* Winter 1991.

Chapter 9   "Donde vive la cultura," *Más Magazine*/Univision Publications, Spring 1990.

Chapter 11   "Detienen a unos actores por simular un atraco," *El Periódico,* July 31, 1986.
"El crimen perfecto," Enrique Anderson Imbert, in *Cuentos en miniatura: Antología,* Equinoccio, Editorial de la Universidad Simón Bolívar, Caracas, Venezuela, 1976. Used by permission of Anabel Anderson Imbert.

Chapter 12   "Una reina para todo servicio," *Hoy,* January 15–21, 1990.

_____³⁴ solo, (I would have) _____³⁵ que pagar un